Dietz Berlin / Biografische Miniaturen

Michael Krätke (Hrsg.)

Friedrich Engels oder: Wie ein »Cotton-Lord« den Marxismus erfand

Dietz Berlin

Bibliografische Informationen der Deutschen Nationalbibliothek
Die Deutsche Nationalbibliothek verzeichnet diese Publikation in der Deutschen Nationalbibliografie; detaillierte bibliografische Daten sind im Internet über http://dnb.dnb.de abrufbar.

Alle Zitate und Dokumente in diesem Band sind den Regeln der neuen Rechtschreibung angeglichen.

Gefördert von der Rosa-Luxemburg-Stiftung

Mit 7 Abbildungen, Dietz Berlin

1. Auflage 2020

Franz-Mehring-Platz 1, 10243 Berlin

Gestaltung: Andreas Homann
Druck und Bindung: CPI, Leck
Printed in Germany
ISBN 978-3-320-02368-3

Inhalt

Friedrich Engels, um 1850

MICHAEL KRÄTKE

Friedrich Engels, der erste Marxist

Kein Marx ohne Engels

Ohne diesen Friedrich Engels wäre Karl Marx nicht so rasch von der Philosophie zur politischen Ökonomie gekommen. Ohne den Einfluss seines zwei Jahre jüngeren Freundes hätte Marx den zeitgenössischen Sozialismus und Kommunismus nicht so bald und so gründlich kennengelernt, ohne Engels wäre es ihm erheblich schwerer gefallen, in Kontakt zur Arbeiterbewegung seiner Zeit zu kommen. Ohne Engels wäre Marx erst viel später mit der Nase auf die neue Welt des industriellen Kapitalismus gestoßen. Ohne Engels wäre das berühmteste und einflussreichste Pamphlet in der Geschichte der modernen sozialen Bewegungen, das »Manifest der Kommunistischen Partei«, vermutlich nie geschrieben worden. Ohne Engels hätte Marx es in den Revolutionsjahren 1848/49 kaum geschafft, die *Neue Rheinische Zeitung* zum führenden Sprachrohr der radikalen Demokraten zu machen.

Ohne Engels hätte Marx im britischen Exil nicht überlebt, sondern wäre mit Frau und Kindern untergegangen. Ohne ihn hätte er als Journalist und Korrespondent der damals auflagenstärksten Zeitung der Welt, der *New York Daily Tribune,* nicht reüssiert. Zu Anfang, 1851, war Marx noch kaum imstande, Englisch zu schreiben, die ersten Artikel schrieb Engels für ihn, und das ging zwölf Jahre so weiter; wann immer Marx in Verlegenheit war, sprang Engels ein und lieferte die Artikel, die nicht unter seinem Namen erschienen und für die Marx das Honorar und den gelegentlichen Ruhm einstrich. Von Engels stammten alle militärischen und viele außenpolitische Beiträge dieser Zeit. Ohne seinen Freund Engels wäre Marx' Hauptwerk »Das Kapital« nie geschrieben worden. Außer Bergen von Exzerpten, Notizen und fragmentarischen, unvollendeten Manuskripten hätten wir Nachgeborenen nichts Brauchbares, um die Welt des modernen Kapitalismus besser zu verstehen. Ohne Engels' hartnäckiges Drängen wäre der erste Band des »Kapital« im September 1867 nicht erschienen, vielleicht wäre er zu Marx' Lebzeiten nie gedruckt worden. Ohne Engels wären der zweite und der dritte Band des »Kapital« erst Jahrzehnte später, vielleicht auch nie veröffentlicht worden. Ohne Engels hätte es in Europa keine sozialistische Arbeiterbewegung gegeben, die wenigstens in Deutschland, in Österreich und in der Schweiz auf Marx schwor. Ohne Engels hätte es keinen Marxismus gegeben.

Wer von Engels reden will, kommt um Marx nicht herum. Kein anderer hat im Leben des Friedrich Engels eine solche Rolle gespielt wie Karl Heinrich Marx. Im Sommer 1844 trafen sich die beiden im Café de la Régence in Paris. Engels war 24, Marx 26 Jahre alt. Es war ihr zweites Zusammentreffen, das erste, zwei Jahre davor in Köln, verlief kurz und reserviert. In Paris verstanden sie sich auf Anhieb und redeten sich die Köpfe heiß über das Projekt ihres Lebens: die moderne Welt richtig interpretieren, um sie zu verändern. In diesen zehn Tagen in Paris wurden sie Freunde fürs Leben und darüber hinaus. Seither arbeiteten sie eng zusammen. Sie schrieben einander fast täglich, teilten ihre großen und kleinen Gedanken, ihre Entdeckungen, ihre Zweifel, ihre Sorgen und Nöte. Eine seltene Freundschaft zwischen zwei sehr ungleichen Partnern, die Folgen hatte, sogar weltgeschichtliche Folgen, wenn man an die spätere Geschichte des Marxismus denkt. Der entsprang letzten Endes aus diesem unwahrscheinlichen Bündnis zweier ebenbürtiger Köpfe, und Engels spielte dabei die entscheidende Rolle. Er war der erste Marxist, der Mann, der den Marxismus erfand.

Engels steht bis heute im Schatten seines großen Freundes, er hat die schlechtere Presse. Ist von Engels die Rede, denkt man an Marx; umgekehrt ist das seltener der Fall. Mehr als eine Handvoll Engels-Biografien gibt es bis heute nicht, kein Vergleich mit dem Rummel um Marx und den Konjunkturen der Marx-Industrie. Erst 1920 erschien der erste Band von Gustav Mayers umfangreicher Engels-Biografie, der zweite erst 1930; sie ist bis heute die beste. Mit Mayers Arbeit begann die eigenständige Engels-Forschung.[1] Nach wie vor galt und gilt Engels vielen als eine Art Beigabe zum Gesamtkunstwerk Marx, ein begabter Handlanger, ein Popularisator. Bisweilen wird er als ein Stichwortgeber, Mäzen für den großen Mann, eine Nebenfigur im Marx-Drama hingestellt. Engels-Forscher wie Gustav Mayer sehen das anders. Sie halten Engels für so wichtig in Marx' Leben, die Lebens- und Werkgeschichte der beiden für so eng verwoben, dass es manchen geboten schien, eine »Doppelbiografie« der beiden zu verfassen.[2] Tatsächlich nimmt Engels in den meisten Marx-Biografien breiten Raum ein. Die Zeitgenossen, Freund wie Feind, sahen Engels und Marx durchaus als unzertrennliches Duo.

Zwischen Marx und Engels gab es keine Eifersüchteleien. Nur Marx' große Liebe, Jenny von Westphalen, die er mit 25 Jahren geheiratet hatte und mit der er bis zu ihrem Tod zusammenlebte, litt darunter, ihren Liebsten mit »Herrn Engels« teilen zu müssen. Noch nach Jahren ihrer Bekanntschaft, wohl wissend, was Marx und die ganze Marx-Familie an ihm hatten, wahrte sie Distanz. Doch war Engels – von Marx und seinen Töchtern »Fred« oder »General« genannt – eine feste Größe im Leben der gesamten Familie, die Töchter betrachteten ihn als ihren zweiten Vater, auf den sie sich bedingungslos verlassen und den sie jederzeit um Rat und Hilfe angehen konnten.

Dass Engels so gewaltig unterschätzt worden ist, daran war er selbst nicht unschuldig. Nach Marx' Tod hat er seine Rolle stets heruntergespielt: Er habe immer nur »das getan, wozu ich gemacht war, nämlich zweite Violine spielen«, schrieb er an seinen alten Freund Johann Philipp Becker.[3] Jedoch hat er in der Tat für etliche Jahre die erste Geige gespielt, ja das ganze Orchester der sozialistischen Bewegung dirigiert. Den obersten Guru des gerade kreierten Marxismus zu spielen, behagte ihm zwar nicht recht, aber er tat es – mit Erfolg. Er habe wohl »einen gewissen selbstständigen Anteil« an der Begründung und Ausarbeitung ihrer Theorie gehabt, aber »der größte Teil der leitenden Grundgedanken, besonders auf ökonomischem und geschichtlichem Gebiet, und speziell ihre schließlich scharfe Fassung, gehört Marx«, so Engels in einer Fußnote zu seiner Schrift »Ludwig Feuerbach und der Ausgang der klassischen deutschen Philosophie« von 1886. »Was Marx geleistet, hätte ich nicht fertiggebracht. [...] Ohne ihn wäre die Theorie heute nicht das, was sie ist«. 1888 setzte er hinzu: »Marx war ein Genie, wir Andern höchstens Talente.«[4] Kurzum: Engels war von einer fast unverschämten Bescheidenheit und Marx war sein Idol.

Marx sah das allerdings ganz anders. Er hat seine Bewunderung für Engels nie verhehlt. Er war stolz auf seinen Freund, hatte höchsten Respekt vor der Vielseitigkeit seiner wissenschaftlichen Kenntnisse. Nur ihn betrachtete er als ernst zu nehmenden Gesprächspartner und Kritiker, nur ihn sah er als ebenbürtigen Kopf an, nur sein Urteil war ihm so wichtig, dass er sich in umfangreiche Studien stürzte, um ihn zu überzeugen – auch in Nebensächlichkeiten.[5] Für Marx war Engels weit mehr als nur ein Talent. Er wusste sehr wohl, dass er ohne ihn nicht weit gekommen wäre. Engels ist mein »intimster Freund. Ich habe kein *Geheimnis* für ihn", schrieb Marx 1866 an Ludwig Kugelmann.[6] »[D]er Gedanke an Dich und Deine Freundschaft [hat mich immer] aufrecht gehalten und die Hoffnung, dass wir noch etwas Vernünftiges in der Welt zusammen zu tun haben«, schrieb Marx nach dem Tod seines Sohns Edgar 1855 an Engels.[7] »Lieber Boy, unter all diesen Umständen fühlt man *more than ever* das Glück solcher Freundschaft, wie sie zwischen uns existiert. [...] Du weißt Deinerseits, dass keine Beziehung für mich so hoch gilt.«[8]

Engels hat sich dieser Freundschaft nie gerühmt. Er nahm sich zurück und trat ganz bewusst in den Schatten seines großen Freundes. Und er war damit überaus erfolgreich. Von einer Hegemonie marxscher und engelsscher Ideen und Konzepte konnte damals selbst in der sozialistischen Arbeiterbewegung in Deutschland keine Rede sein, geschweige denn in Europa oder international. Es gab zahlreiche Rivalen, tote wie lebende, darunter einige Prominente mit schwer zu erschütterndem Nimbus wie Ferdinand Lassalle, Pierre-Joseph Proudhon, Michail Bakunin und Karl Rodbertus.[9]

Im Marxismus-Leninismus wurde aus den Freunden Marx und Engels eine Art heilige Zweifaltigkeit fabriziert. Die Doppelperson der parteimarxistischen Heiligenlegenden hat es aber nie gegeben. Beide waren starke Charaktere und nicht nur äußerlich grundverschieden. Marx war eher untersetzt und hatte schwarzes Haar und Bart, einen mächtigen Brustkasten, breite Stirn sowie dunkle Augen. Er war liebenswürdig im Umgang, ein imposanter Kopf mit scharfer Zunge, aber ohne Talent zum Volkstribun. Engels war hochgewachsen, schlank, mit blauen Augen, rotblondem Bart und Haarschopf. Von untadeliger Haltung war er jeder Zoll ein Herr, bestens gekleidet, ein Sozialist mit Krawatte, Gehrock und Zylinder, fröhlich und witzig, nur bisweilen kurz angebunden und ein ziemlich guter Redner. Mit seinen fast 180 Zentimetern war Engels ein großer Mann für seine Zeit, zudem kräftig und durchtrainiert. Während seiner Jugendjahre in Deutschland hat er viel Sport getrieben, er ist geritten, geschwommen, hat gefochten. In England setzte er das fort, wurde zu einem passionierten Reiter, und beteiligte sich an den Fuchsjagden der guten Gesellschaft Lancashires. Bis ins hohe Alter machte er täglich ausgedehnte Spaziergänge – in seinen letzten Lebensjahren durch die Londoner Parks – und verblüffte seine weit jüngeren Freunde und Bekannten mit seinem leichtfüßigen Sturmschritt. Arrogant waren sie beide, jeder auf seine Art, zusammen konnten sie unausstehlich sein.

Grundverschieden war ihre Arbeitsweise. Der junge Engels hatte sich als angehender Kaufmann eine strikte Arbeitsdisziplin angewöhnt. Bummelei konnte er sich schon damals nicht leisten. So arbeitete er diszipliniert bis ins hohe Alter, nach Plan, setzte sich feste Termine und hielt sie ein. In der Regel lieferte er seine Texte pünktlich. Engels hatte Mut zur Lücke, er war ein exzellenter Journalist, anders als Marx, der sich mit dem journalistischen Arbeiten schwertat. Engels war in der Lage, sich durch enorme Gebirge von Material zu arbeiten, aber er konnte das Material auch ordnen und gewichten. Er schrieb flott, seine Manuskripte gingen ihm viel leichter von der Hand als Marx. Seine Handschrift war klar, Manuskripte von Engels' Hand sind leicht zu lesen. Dagegen hatte Marx bisweilen Mühe, seine eigene Krakelschrift zu enträtseln. Ohne seine Frau Jenny, die seine Manuskripte ins Reine schrieb, wäre er aufgeschmissen gewesen. Und ohne Engels, der seine Handschrift entziffern konnte, wären Marx nachgelassene Manuskripte unveröffentlicht geblieben. Doch beim jahrelangen Entziffern der marxschen Manuskripte hat sich der alte Engels seine Augen verdorben.

Der Mythos

Einen Marx-Engels-Mythos gab es schon bevor er im Marxismus-Leninismus unseligen Angedenkens kanonisiert wurde. Marx wie Engels haben sich bisweilen darüber lustig gemacht, dass sie als klassisches Zweigestirn dargestellt wurden.[10] Das Gegenstück zu diesem Mythos war das Märchen vom schwarzen Marx, der die unschuldige Seele des jungen Engels verführt habe. Und die Mär vom frivolen Engels, der der böse Dämon des armen Marx gewesen sei.

Franz Mehring hat in seiner Marx-Biografie dem Verhältnis von Marx und Engels ein ganzes Kapitel gewidmet. Er folgte Engels' Selbstdarstellung: Engels sei das mindere Genie, der weniger tiefe Denker gewesen.[11] Max Adler hat sich schon 1908 gegen die verbreitete Auffassung gewandt, »als ob Engels' geistesgeschichtliche Bedeutung wesentlich nur darin bestände, ein allerdings genialer Erklärer und Popularisator der schwierigen Gedankengänge von Marx gewesen zu sein«; dies durchaus schiefe Bild gelte es zu berichtigen und die »Eigenbedeutung« von Engels als Theoretiker adäquat zu würdigen.[12]

Heute haben wir es mit einer gesteigerten Form dieses Mythos zu tun. Engels habe angeblich die genialen Gedankenblitze seines Freundes Marx verballhornt und der späteren Verwandlung der marxschen Theorie in eine abstruse Partei- und Staatsideologie Vorschub geleistet. Zwischen dem Theoretiker Marx und Engels klaffe ein Graben. Je mehr die Vertreter dieser Lesart Engels heruntermachen, desto höher sehen sie den schönen Geist von Marx schweben, der nur für Eingeweihte zugänglich sei.[13]

Traurig, aber wahr: Unter Marxisten und solchen, die es werden wollen, hat das Engels-Bashing in jüngster Zeit Karriere gemacht. Seine Popularität verdankt dieser Sport auch der Tatsache, dass der historische Engels nicht in jedes linke Weltbild passen will.

Kapitalist, Unternehmer, Rentier und Mäzen

Engels wurde am 28. November 1820 in Barmen geboren, als ältester Sohn einer alteingesessenen und hoch angesehenen Fabrikantenfamilie. Sein streng protestantisches Elternhaus stand in einer Region, in der das Zeitalter der modernen Industrie schon begonnen hatte. Barmen wurde damals schon als das »deutsche Manchester« bezeichnet. Mit der ländlich geprägten Idylle der alten Bischofsstadt Trier, in der Marx aufwuchs, hatte das Barmer Industrierevier wenig gemein.

Der aufgeweckte Fabrikantenspross war ein guter Schüler, lernte leicht und schaute mit offenen Augen in die Welt. Aber er tat sich schwer mit der Schuldisziplin und litt unter der geistigen Enge seines Elternhauses. Er war ein begeisterter und unersättlicher Leser, kein Bücherwurm. Denn sportlich war er schon als Schüler. Als Siebzehnjähriger träumte er davon, Schriftsteller zu werden. Einige seiner ersten literarischen Versuche sind erhalten. Er schrieb Gedichte, bessere als der junge Marx, Dramen und eine Komödie. Sogar ein Seeräuberroman ist erhalten. Mit der Literatur befreite er sich von der erstickenden Frömmigkeit seiner Umwelt.

Friedrich Engels' Senior, der erfolgreiche Textilunternehmer und Fabrikherr, hatte beschlossen, in der Oberliga der weltweit expandierenden Baumwollindustrie mitzuspielen und bei der Textilfirma der Gebrüder Ermen in Manchester einzusteigen. Fortan hatten alle sich den Sachzwängen eines expandierenden Familienunternehmens unterzuordnen. Friedrich Senior nahm seinen Ältesten aus der Schule, fast ein Jahr vor dem Abitur. Dem gefiel das gar nicht, er hätte lieber Abitur gemacht und dann studiert.[14] Stattdessen musste er Kaufmann werden. Er wurde nach dem ersten kurzen Aufwärmen im väterlichen Betrieb in Barmen zur weiteren Ausbildung nach Bremen geschickt. Dort blieb er fast drei Jahre lang, machte eine regelrechte Lehre und lernte von den Bremer Pfeffersäcken die Kniffe des Kaufmannsberufs. Der Ort war gut gewählt, die Stadt war damals einer der wichtigen Knotenpunkte des Welthandels, insbesondere für die deutsche Textilindustrie. Im Vergleich zu Barmen war Bremen eine Großstadt, dort gab es Zeitungen, öffentliche Bibliotheken, Buchhandlungen, Cafés und Vereine, die Engels eifrig frequentierte. Für einen jungen Kaufmann war es geradezu Pflicht, Fremdsprachen zu lernen und die Weltpresse zu lesen, um über den Gang der Dinge auf den Weltmärkten informiert zu sein.[15]

Es hatte seine Vorteile, Junior in einem aufstrebenden Textilunternehmen mit Beteiligungen im Ausland und weitgespannten Absatznetzen zu sein. Mit seinem Vater reiste der junge Friedrich durch die Schweiz und weiter durch Oberitalien bis nach Mailand. Er genoss die Geschäftsreise, weil er viel lernen konnte. Kurz darauf, im Juli und August 1838, nahm ihn sein Vater mit nach London und Manchester. Zum ersten Mal sah Engels die Straßen und Plätze von »Cottonopolis«, der Welthauptstadt der florierenden Baumwollindustrie und der ersten modernen Industriestadt Europas. Die Fabrikbetriebe waren hier auf dem neuesten Stand der Technik. Hier sollte er mehr als 20 Jahre seines Lebens verbringen.

Doch Kaufmann, Manager werden? Davor graute es dem jungen Engels. Nach dem Militärdienst in Berlin schickte ihn sein Vater für längere Zeit wieder nach Manchester, dort sollte er seine Ausbildung abschließen. Von November 1842 bis zum August 1844 arbeitete er als Assistent der Geschäftsleitung in der Baumwollspinnerei Ermen & Engels. In diesen entscheidenden Jahren lernte er seine Lebensgefährtin Mary Burns kennen, hier kam er zum ersten Mal mit der realen Arbeiterbewegung in Berührung und hier begann er den modernen industriellen Kapitalismus zu begreifen.

Auf die Lehrjahre in Barmen, Bremen und Manchester folgte seine wildeste Zeit. Er lernte Marx kennen, in Paris, Brüssel und Köln arbeiteten beide eng zusammen, erlebten ihre ersten großen Erfolge als Schriftsteller, als Journalisten sowie

Friedrich Engels, Manchester, 1860er-Jahre

politische Aktivisten und erlitten ihre ersten schweren Niederlagen. Im Winter 1849, nach dem Scheitern der demokratischen Revolution in Europa, fanden sie sich in London wieder. Um dem Elend der Emigration zu entfliehen und um seinen Freunden helfen zu können, nahm Engels das letzte Angebot seines Vaters an und kehrte zurück nach Manchester.

Er begann bei der Firma Ermen & Engels zunächst noch in untergeordneter Stellung. Seinem Vater wurde er bald unentbehrlich. Doch es dauerte viele Jahre, bis er den Aufstieg zum Teilhaber der Firma geschafft hatte. Engels wurde bald Mitglied der Börse von Manchester (damals die größte in Europa) und ein bisweilen kurioser Kapitalist. Er freute sich über jedes Anzeichen einer Flaute, die Sturmvögel der nächsten Krise versetzten ihn in freudige Erregung, während seinen Mitfabrikanten der Frack schlotterte. Mit dem lang erwarteten Ausbruch der Weltwirtschaftskrise im Herbst 1857 war Engels schlagartig blendender Laune. Aufgekratzt berichtete er Marx, wie sehr seine demonstrative Fröhlichkeit seine Bourgeoiskollegen irritierte.[16]

Der »hündische Commerz« kostete ihn am Ende mehr als 20 Jahre seines Lebens. Erst 1864 war es ihm gelungen, vollwertiger Teilhaber der Firma Ermen & Engels zu werden, erst da ging in Erfüllung, wovon Jenny Marx 1850 geträumt hatte: Engels war ein richtiger »Cotton-Lord« geworden.[17]

Doch Engels wollte raus aus dem Geschäft, 1869 verkaufte er seine Firmenanteile an die Ermen Brüder. Noch ein weiteres Jahr musste er als Unternehmensberater schuften und verdiente gut dabei, war auch an der Börse erfolgreich. Am Ende bekam er, was er wollte, seine Freiheit. Marx' Tochter Eleanor hat Engels an seinem letzten Arbeitstag erlebt: »Ich werde niemals das triumphierende ›zum letzten Mal‹ vergessen, das er ausrief, als seine Röhrenstiefel am Morgen anzog, um zum letzten Mal seinen Weg zum Geschäft zu nehmen. Einige Stunden später [...] sahen wir ihn [...] daherkommen. Er schwang seinen Stock in der Luft und sang und lachte mit dem ganzen Gesicht. Dann tafelten wir festlich und tranken Champagner und waren glücklich.«[18]

Mit fast 50 Jahren hatte er genug verdient und ein hinreichend großes Privatvermögen angehäuft, um fortan als Privatier von seinen Kapitaleinkünften zu leben. Bis zu Marx' Tod und darüber hinaus finanzierte er die Familie Marx. Engels war ein guter Geschäftsmann, verstand genug von Börsengeschäften, um sein Vermögen zu mehren. Am Ende hatte er es mehr als verdoppelt, trotz seiner großzügigen Hilfsbereitschaft gegenüber seinen Freunden und Genossen in der sozialistischen Bewegung. Obwohl er ein offenes Haus führte und Gastlichkeit liebte, blieb seine Lebensweise für einen Privatier und ehemaligen Textilunternehmer bescheiden. Er wohnte sein Leben lang zur Miete, in Manchester oft in möblierten Zimmern, sein privater Luxus bestand aus einem Reitpferd und in London aus einer gut ausgestatteten Bibliothek und einem gut bestückten Weinkeller. Ferien machte er an bekannten Badeorten in England.

Engels war eine rheinische Frohnatur, ein Bursche von unendlichem Humor und wacher Spottlust, ein stets gutgekleideter Herr in Gehrock und Zylinder, mit Manieren und Vergangenheit, ein Mann, der die Frauen liebte und das Leben genoss. Er konnte sich in der urbanen, bourgeoisen guten Gesellschaft Manchesters ebenso leicht und sicher bewegen wie in Arbeiterkneipen. Er war ein Gentleman, in Bibliotheken und Seminaren ebenso zu Hause wie auf dem Börsenparkett und bei der Fuchsjagd, dem Lieblingssport der britischen Elite. Er glänzte als Vorsitzender einer literarischen Vereinigung wie der Schiller-Anstalt in Manchester. Er war ein Privatgelehrter von hohem Rang, eine Kapazität und weithin anerkannte Autorität auf vielen Gebieten – jedenfalls in den Korrespondenznetzwerken, in denen sich ein Großteil der wissenschaftlichen Kommunikation im 19. Jahrhundert abspielte.

Eine flotte Feder ...

Zu allem Überfluss konnte der Kerl auch noch schreiben. Als der junge Friedrich mit dem jungen Karl zusammentraf, hatten beide schon einen Ruf als Journalisten und Schriftsteller. Engels stand Marx in nichts nach, war sogar der geschicktere und gewandtere von beiden. Seine ersten Aufsätze und Artikelserien musste er anonym publizieren. Die Artikelserie »Briefe aus dem Wuppertal« über die Zustände im Industrierevier von Barmen sorgte für heftige Aufregung unter den Eingeborenen. Denn darin hielt Engels seinen Landsleuten einen Spiegel vor, in den sie nicht gerne blickten. Er schilderte die erbärmlichen Lebens- und Arbeitsbedingungen der Fabrikarbeiter im Wuppertal, die Armut der einst stolzen Handwerker, die unsäglichen Wohnverhältnisse in den Arbeitervierteln, die Umweltzerstörung durch die Industrie, die die Flüsse und Bäche in stinkende Kloaken verwandelte und die Luft verpestete. Hätte sein Vater den Verfasser gekannt, er hätte ihn rausgeschmissen.[19] Unter dem Pseudonym Friedrich Oswald erschienen 1842 Aufsätze, in denen er den Altmeister Hegel gegen den Philosophen Schelling und sonstige Hegel-Verächter verteidigte.[20] Es ist durchaus möglich, dass Marx, bevor er mit Engels zusammentraf, schon einiges von ihm gelesen hatte, ohne zu wissen, dass es sich bei dem Autor um Friedrich Engels handelte. 1844 hat der junge Engels zum ersten Mal unter seinem eigenen Namen publiziert, doch viele seiner Arbeiten erschienen danach anonym oder unter Marx' Namen.

Schreiben fiel ihm in der Regel leicht. Engels schrieb flott, ohne Schnörkel, sein Stil war kräftig, bisweilen schön polemisch. Als angehender Kaufmann und späterer Manager hatte er gelernt, sich klar und präzise auszudrücken, internationale Geschäftskorrespondenzen vertrugen kein Geschwurbel. Engels war in seinen Schriften äußerst sparsam mit Fußnoten, was er zu sagen hatte, sagte er ohne Umschweife; Protzerei mit angelesenem Wissen war ihm ein Gräuel. Marx hat seinen Freund seines klaren Stils wegen bewundert, auch weil er zu jeder Tages- und Nachtzeit arbeitsfähig war, rasch und präzise zum Punkt kam.

Auch Engels' Weg war mit unvollendeten Projekten gepflastert. Oft waren es Gemeinschaftsprojekte mit seinem Lieblingskumpel Marx, von einer geplanten Kritik an Friedrich List bis zu einer Darstellung der Weltwirtschaftskrise von 1857/58, einer weiteren Streitschrift gegen Proudhon und einer Studie über Gemeineigentum in der Vor- und Frühgeschichte. Engels hat, wie Marx, manche als Artikelserien begonnene Projekte nicht beenden können. Erstaunlich viele hat er zu Ende gebracht, bedenkt man seine Dreifachbelastung als Manager, Journalist und Wissenschaftler.

Ohne Engels' Einsatz wäre die berühmteste und bis heute erfolgreichste Schrift des Duos Marx-Engels nie zustande gekommen. Er stellte den Kontakt zum Bund der Gerechten her, einem von deutschen Arbeitsmigranten gegründeten Geheimbund. Er überzeugte die Mitglieder des Bundes auf mehreren Konferenzen von der Notwendigkeit, die radikale Arbeiterbewegung neu auszurichten. Es brauchte ein neues Grundsatzdokument für den Verein, der sich bald in Bund der Kommunisten umbenannte. In wenigen Wochen, von Ende Oktober bis Anfang November 1847, schrieb Engels einen eigenen Entwurf, die »Grundsätze des Kommunismus«.[21] Mit dem war er nicht zufrieden. Besser wir »titulieren das Ding: Kommunistisches *Manifest*«, denn in dem Text müsse doch »Geschichte erzählt werden«.[22] Marx bediente sich reichlich bei Engels, als er den Entwurf umschrieb. Gerade in den Passagen des »Manifest«, in denen die moderne Industrie, die Lebenslage der modernen Proletarier, der moderne Weltmarkt und seine Krisen beschrieben werden, ist der Ursprung in Engels' früherem Entwurf leicht zu sehen. Die Liste mit zwölf Maßregeln, um das Privateigentum anzugreifen, übernahm Marx fast vollständig. Zwar hat Marx die Endfassung allein in knapp drei Wochen niedergeschrieben; Engels kam erst spät wieder dazu und schrieb einiges um. Dennoch gilt das »Manifest der Kommunistischen Partei« zu Recht als Gemeinschaftsarbeit zweier linker Edelfedern.

… und ein Gelehrter

Polemiken, Pamphlete, Manifeste, Zeitungsartikel, Broschüren schreiben konnte Engels genauso wie Bücher. Gleich sein erstes, die »Lage der arbeitenden Klasse in England«, war ein großer Erfolg, selbst bei den deutschen Ökonomen. Bruno Hildebrandt, wichtigster Repräsentant der alten Historischen

Schule und scharfer Kritiker der klassischen politischen Ökonomie, widmete dem Buch des jungen, unbekannten Mannes ohne akademische Titel eine ausführliche Besprechung und Kritik; er pries ihn als den begabtesten und kenntnisreichsten der »Sozialschriftsteller«.[23] Es war eine Art Ritterschlag für den 24-jährigen Autor.

Dem jungen Engels waren seine Bildungslücken wohl bewusst. Er kannte Selbstzweifel und seine fast unverschämte Bescheidenheit war keineswegs gespielt. An Arnold Ruge, damals Redakteur der *Rheinischen Zeitung,* schrieb er 1842: »Doktor bin ich übrigens nicht und kann es nie werden, ich bin nur Kaufmann.«[24] Wenig später teilte er Ruge mit, er wolle vorläufig nicht mehr schreiben, sondern studieren: »Ich bin jung und Autodidakt in der Philosophie. Ich habe genug gelernt, um mir eine Überzeugung zu bilden und sie nötigenfalls zu vertreten. Aber nicht genug, um mit Erfolg und gehörig für sie wirken zu können.«[25] Das war ehrlich, aber übertrieben. Dank seiner privilegierten Stellung als Einjährig-Freiwilliger in Berlin mit eigener Wohnung, genug Taschengeld und freier Zeit konnte er Vorlesungen an der Berliner Universität besuchen. Eifrig hörte er als Gasthörer schon im Wintersemester 1841 Vorlesungen über Philosophie und Theologie, über Literatur und Geschichte, sogar einige über Kameralistik, wie damals in Deutschland die politische Ökonomie genannt wurde.[26] Engels hat auch die Vorlesungen des frisch berufenen Schelling gehört. Einige Zeit gehörte er zu den Junghegelianern, verkehrte in ihren Kreisen, wo man ihn offenbar freundlich aufnahm. Schon bald emanzipierte er sich vom Hegelianismus, bewahrte sich aber einen Heidenrespekt und eine tiefe Verehrung für den Mann, den er, der Anti-Philosoph, als den letzten der großen Philosophen betrachtete.

Engels besaß viele Talente, eine außergewöhnliche Sprachbegabung gehörte dazu. Er sprach und schrieb zwei Dutzend Sprachen, fast die Hälfte davon fließend. Er sprach und schrieb ein bemerkenswert korrektes Englisch. Lange vor Marx machte er sich die Mühe Russisch zu lernen und machte dann gleich weiter: keltische Sprachen, Persisch, Arabisch, Sanskrit. Als er nach Marx' Tod zum de facto führenden Kopf der europäischen sozialistischen Bewegung aufstieg, kamen ihm seine Sprachtalente sehr zupass. Gerade in den ersten Jahren der Zweiten Internationale führte er eine Art Ein-Mann-Korrespondenzbüro und schrieb an Parteiführer und linke Intellektuelle in ganz Europa und darüber hinaus – auf Deutsch, Dänisch, Englisch, Französisch, Italienisch, Spanisch, Portugiesisch, Russisch und Serbisch. Erst nach Engels' Tod fanden die Führer der Zweiten Internationale heraus, dass es ohne eine Zentrale nicht ging und richteten ein eigenes Büro mit einem bezahlten Sekretär ein.

Von Engels sind viel weniger Arbeits- und Exzerpthefte überliefert als von Marx, nur zwei Dutzend, dazu etliche Bündel Notizen. Er scheint sich nicht die Mühe gemacht zu haben, seine umfangreichen Vorarbeiten und Manuskripte zu archivieren. Nur von den Projekten, die er nicht zu Ende führen konnte, blieben seine Aufzeichnungen erhalten, so einige Vorarbeiten zu seiner geplanten Geschichte Irlands und die umfangreichen Manuskripte und Notizen zur modernen Naturwissenschaft und Mathematik. Vom Autodidaktentum hielt er nichts, er wollte seine Studien ernsthaft betreiben und sich am letzten Stand der wissenschaftlichen Forschung orientieren. Deshalb hat er, wann immer er konnte und wo sich die Gelegenheit bot, Vorlesungen gehört, Seminare und Konferenzen besucht. Als Engels sich Anfang der 1850er-Jahre auf die Militärwissenschaft warf, holte er sich Rat bei seinem und Marx' Freund Joseph Weydemeyer, der als ehemaliger Offizier Bescheid wusste. Er wollte das Wissen erwerben, das ein Berufsoffizier in einer europäischen Armee parat haben musste. Als er ab 1873 seine naturwissenschaftlichen Studien wieder aufnahm, ging er ähnlich vor und las Hand- und Lehrbücher – nur leider nicht immer die besten.

Für die akademische Wissenschaft seiner Zeit hatte Engels, der Autodidakt ohne Diplom und Doktortitel, wenig übrig. Naturwissenschaftler, echte Forscher respektierte er, manche Historiker und Ethnologen achtete er hoch. Die Philosophen und Ökonomen seiner Zeit machten ihm wenig Eindruck. Die

Arroganz der »Jebildeten« konnte er nicht ausstehen. Darwins Leistung imponierte ihm, abgesehen von der uneleganten, englischen Manier der Darstellung. Seinen engen Freund Carl Schorlemmer bewunderte er als originellen Forscher, der wirklich etwas Neues gefunden und ein neues Gebiet, die anorganische Chemie (mit)begründet hatte. Obendrein war Schorlemmer, von Marx und Engels »Jollymeier« genannt, ein trinkfester Kumpan und Kommunist. Sein Ideal eines Mannes der Wissenschaft hat Engels farbenfroh geschildert: Das waren die Gelehrten der Renaissance und die Männer der Aufklärung. Das waren ganz andere Kerle als die zeitgenössischen Sesselfurzer. Es waren »Riesen an Denkkraft, Leidenschaft und Charakter, an Vielseitigkeit und Gelehrsamkeit. [...] Fast kein bedeutender Mann lebte damals, der nicht weite Reisen gemacht, der nicht vier bis fünf Sprachen sprach, der nicht in mehreren Fächern glänzte. [...] [Sie] waren noch nicht unter die Teilung der Arbeit geknechtet, [...] sie [standen] fast alle mitten in der Zeitbewegung, im praktischen Kampf«, sie haben Partei ergriffen und mitgekämpft, »mit Wort und Schrift, [...] mit dem Degen, manche mit beidem. Daher die jene Fülle und Kraft des Charakters, der sie zu ganzen Männern macht.«[27]

Engels war so ein ganzer Mann mit vielen Talenten, als Gelehrter in vielen Fächern bewandert. Er war Historiker, Sozialforscher, Ökonom, Politikwissenschaftler, er kannte sich in der vergleichenden Sprachwissenschaft aus und war mit der ethnologischen und anthropologischen Literatur seiner Zeit vertraut. Engels, so Marx 1853, ist »ein wahres Universal-Lexikon [...], arbeitsfähig zu jeder Stunde des Tags und in der Nacht, voll und nüchtern, quick im Schreiben und Begreifen, wie der Teufel«.[28] Viele Zeitgenossen waren von Engels' außerordentlichem Wissen auf vielen Gebieten tief beindruckt. Aber Engels, der wusste, wovon er sprach, blieb bescheiden, er kannte seine Grenzen.[29]

Engels ging voran: Kritik der politischen Ökonomie

Für Marx' Entwicklung war die Begegnung mit Engels in verschiedener Hinsicht entscheidend. Er lernte zu Anfang weit mehr von Engels als umgekehrt, Engels war der Gebende, Marx der Nehmende. Marx war Freund und Manns genug, um das offen anzuerkennen. »Du weißt, dass alles 1) bei mir spät kommt, und 2) ich immer in Deinen Fußstapfen nachfolge«, schrieb er noch 1864 an Engels.[30] Da ging es um das Studium der Naturwissenschaften, zu dem Marx gerade wieder zurückgekehrt war. Immer wieder hatte ihm Engels gute Dienste geleistet – als Wegweiser, als Anreger, als Ideengeber, als Vordenker und als Kritiker – und tat das weiter, bis an sein Lebensende. Der junge Engels war es, der in Manchester mit der Nase darauf gestoßen wurde, »dass die ökonomischen Tatsachen, die in der bisherigen Geschichtsschreibung gar keine oder nur eine verachtete Rolle spielten, wenigstens in der modernen Welt eine entscheidende geschichtliche Macht sind; dass sie die Grundlage bilden für die Entstehung der heutigen Klassengegensätze«.[31] Daher warf er sich auf das Studium der politischen Ökonomie, las die englischen und französischen Ökonomen, Adam Smith, Ricardo, Malthus, Mill, Jean-Baptiste Say, ebenso wie die Schriften der englischen und französischen Sozialisten, die die liberalen Ökonomen kritisierten. Er las, was er kriegen konnte, hörte Vorträge, besuchte Versammlungen und studierte die sozialistische Presse, die gerade in Manchester florierte. Die Frucht dieser Anstrengungen war ein längerer Aufsatz, in deutscher Sprache, für die *Deutsch-Französischen Jahrbücher* geschrieben. Mit diesem Text des jungen Engels begann die Kritik der politischen Ökonomie, ein gigantisches Projekt, das Marx zu seinem Lebenswerk machen sollte und nie abschließen konnte. Auch Engels, der ihn auf diese Spur gebracht hatte, schaffte es nicht.

Engels' jugendfrischer Aufsatz »Umrisse zu einer Kritik der Nationalökonomie«, niedergeschrieben in knapp sechs Wochen, erschien im Februar 1844 in der ersten (und einzigen) Nummer der *Deutsch-Französischen Jahrbücher.* Marx, der das Manuskript zuerst zu Gesicht bekam, war schwer beeindruckt davon, er las den Aufsatz gründlich. Seine Exzerpte sind erhalten und sie zeigen, dass Marx das grundstürzend Neue dieser Kritik der Ökonomie sofort begriffen hatte.[32] In der Einleitung zu seinen »Ökonomisch-philosophischen Manuskripten«, die im Sommer 1844 entstanden, pries er Engels' Schrift als eine der beiden »inhaltsvollen und originalen deutschen Arbeiten für diese Wissenschaft«. Im ersten Band des »Kapital« werden Engels' »Umrisse« drei Mal zitiert, jeweils an entscheidenden Stellen.[33] In der Pionierarbeit des 23-jährigen Engels steckte schon das komprimierte Programm der späteren Kritik der politischen Ökonomie.

Liberale Ökonomen wie Adam Smith und Ricardo haben laut Engels die ältere »Bereicherungswissenschaft« der Merkantilisten in ein »System der Handelsfreiheit« transformiert. Doch die veränderte Programmatik hatte aus der Ökonomie keine Wissenschaft gemacht, die imstande wäre, in ökonomischen Fragen richtiger zu entscheiden. Sozialisten hatten der politischen Ökonomie der Liberalen eine bloß moralische entgegengestellt. Es galt jedoch, systematisch »die Grundkategorien [zu] untersuchen«, die Widersprüche aufzudecken, in die die Ökonomen sich verstricken und die Konsequenzen daraus zu ziehen.[34]

Engels entwickelte die Reihe der Grundkategorien, deren Zusammenhang die Ökonomen selbst nicht verstanden: Das Privateigentum bedingt Handel, das heißt Austausch, Kauf und Verkauf. Der Handel bedingt wiederum den Wert. Über die Grundkategorie des Werts waren sich die Ökonomen auch nach jahrzehntelangem Streit nicht im Klaren, der Streit »ist eingeschlafen, nicht entschieden«.[35] Also galt es, diese Grundkategorie zu kritisieren, die Konfusion der Ökonomen über Wert, Tauschwert, Gebrauchswert und Produktionskosten aufzulösen. Da verhedderten sich die Ökonomen heillos, wie der Wert bestimmt wird, und wie der Wert seinerseits die Preise bestimmen soll, blieb ihnen *völlig unklar. Klar* war nur, wie Engels betonte (und Marx später zustimmend im »Kapital« zitierte), dass der Wert einer Ware verschieden ist von dem im Handel erzielten Preis der Ware. Das *heißt* aber, dass das von den Ökonomen behauptete Äquivalent keines ist. Die Ökonomen flüchteten vor diesem Problem in die Empirie des Marktes und der Konkurrenz.

Der junge Engels griff die herrschende Lehre direkt an, wonach die Produktionskosten, mithin der wahre Wert einer Ware sich aus der Summe von Arbeitslohn, Kapitalgewinn (oder Zins) und Grundrente ergibt. Das kann nicht sein, denn Kapital ist nur »aufgespeicherte Arbeit«, wie die Ökonomen sagen. Und wie kann der »Boden« einen Preis haben? Ricardo hat das zu erklären versucht, aber seine Theorie der Grundrente ist unvollständig und regelrecht falsch.[36]

Engels bemängelte, dass die Ökonomen noch etwas Entscheidendes übersahen. Die übliche Trias von Kapital, Boden, Arbeit konnte im Zeitalter der industriellen Revolution nicht mehr stimmen. Denn in der modernen Industrie wie in der modernen Agrikultur spielten Wissenschaft und Erfindungsgeist, Technologie und Naturwissenschaften, mithin intellektuelle Arbeit eine Hauptrolle, ohne Wissenschaft gibt es keine moderne Ökonomie.[37] Der in der »Theorie der Produktionsfaktoren« bis heute gängige Dreiklang von Kapital, Boden und Arbeit ist demnach falsch.

Die modernen Ökonomen wie Ricardo und seine Anhänger wollten die Arbeit zur Hauptsache machen. Sie begriffen nicht, dass die Arbeit unter den Bedingungen des Privateigentums nur in Gegensätzen und Spaltungen existieren kann: Die Arbeit ist und bleibt von ihrem Produkt getrennt, ebenso wie von den Produktionsbedingungen, dem Kapital und dem Boden, die beide privates Eigentum sind. Zum ersten Mal fasste der junge Engels hier den Zentralbegriff der Kritik der politischen Ökonomie: Kapital ist ein Verhältnis, das Resultat einer Spaltung oder Entzweiung der Arbeit, die sich selbst gegenübertritt.[38] Alle weiteren Spaltungen und Gegensätze »entstehen aus der ursprünglichen Trennung des Kapitals von der Arbeit und der Vollendung dieser Trennung in der Spaltung der Menschheit in Kapitalisten und Arbeiter«.[39]

Bei jeder Schwierigkeit flüchteten die Ökonomen zu ihrer »Hauptkategorie« Konkurrenz, die alles erklären soll, was sie nicht erklären können. Im unablässigen Spiel von Nachfrage und Zufuhr meinen sie nicht nur *ein*, sondern sogar *das* zentrale *ökonomische Gesetz zu entdecken. Das Gesetz der ständigen Schwankungen und Ausgleichungen,* »wo, was hier verloren, dort wieder gewonnen wird, findet der Ökonom wunderschön«.[40] Mit der schönen Theorie von Nachfrage und Zufuhr beweist der liberale Ökonom, dass alles zum Besten steht in der besten aller Marktwelten. Doch Engels stieß die *Ökonomen auf das unleugbare empirische Faktum der Krisen, die seit Jahrzehnten* regelmäßig wiederkehren. Diese Krisen sind eine Art von ungewollten und ungeplanten »Handelsrevolutionen«, und sie beweisen gegen die herrschende Lehre der Ökonomen, dass ihr schönes Konkurrenzgesetz ein »Naturgesetz« ist: »Was soll man von einem Gesetz denken, das sich nur durch periodische Revolutionen durchsetzen kann? Es ist eben ein Naturgesetz, das auf der Bewusstlosigkeit der Beteiligten beruht.«[41]

Engels' Jugendschrift enthält etliche Perlen, die Marx wohl zu schätzen wusste. So die knappe Bemerkung, dass in der modernen Ökonomie »der Abstraktion des Wertes im Gelde die Ehre einer besonderen Existenz« gegeben wird; die klare Erkenntnis des modernen industriellen Zyklus – die Abfolge von »Blüte und Krisis, Überproduktion und Stockung«, die schlie*ß*lich in eine Phase der Stagnation münden kann; die scharfe Kritik und Widerlegung des Malthusschen Bevölkerungsgesetzes, die auf der sinnreichen Unterscheidung von Beschäftigungs- und Subsistenzmitteln beruht; die erste klare Formulierung des Zusammenhangs von Konkurrenz und Monopol; die erste Formulierung eines Gesetzes der Zentralisation des Besitzes und des Kapitals; die klare Einsicht, dass unter den gegenwärtigen Bedingungen die Wissenschaft und die Erfindungen gegen die Arbeiter gerichtet und als Kriegsmittel gegen sie eingesetzt werden. Engels schloss mit der Ankündigung, er werde sich demnächst eingehender mit dem modernen Fabriksystem und seinen Wirkungen befassen.[42]

Marx sprach 1859 von der »genialen Skizze zur Kritik der ökonomischen Kategorien«, die Engels vorgelegt habe.[43] Im Lauf ihrer jahrzehntelangen Korrespondenz kam er mehrfach voll des Lobes auf die »Umrisse« zurück. Aber Engels blieb bescheiden. Er hielt einen Wiederabdruck für überflüssig, denn das Ding sei »ganz veraltet und voller Unrichtigkeiten«, obendrein noch »ganz in der hegelschen Manier«.[44] Nur ein einziges Mal *räumte er* in einem Privatbrief ein, er sei »noch immer ein bisschen stolz auf diese meine erste gesellschaftswissenschaftliche Arbeit«.[45]

Marx verdankte seinem Freund Engels seine allererste Bekanntschaft mit der realen Welt des industriellen Kapitalismus. Im Sommer 1845 nahm ihn Engels mit auf eine sechswöchige Reise nach London und Manchester, das Reisegeld hatte er sich von seinem Vater besorgt. Zum ersten Mal sah Marx die Wunder der modernen Industrie mit eigenen Augen. Damals war England das fortgeschrittenste kapitalistische Land und Lancashire die fortgeschrittenste industrielle Region, mit Manchester im Zentrum, der führenden Industriestadt der Welt. Dort verbrachten beide Wochen mit dem Studium der ökonomischen Literatur in den gut bestückten Bibliotheken, und davon zehrten sie noch lange.[46]

Engels ging voran: Sozialforschung

Engels berühmteste und bei weitem erfolgreichste Jugendschrift, das Buch über die »Lage der arbeitenden Klasse in England«, stand nicht allein. Es sollte nur ein Teil einer weit umfangreicheren Arbeit zur Sozialgeschichte Englands werden. Die Entstehungsgeschichte der modernen Lohnarbeiterklasse wie die Schilderung ihrer aktuellen Lebenslage konnte nur ein Teil der Gesamtanalyse der entstehenden Gesellschaft des industriellen Kapitalismus sein. Denn es ging ihm um nichts weniger als die kritische Geschichte all jener Umwälzungen, die er als einer der ersten unter dem Begriff »industrielle Revolution« fasste. Leider ist Engels nie dazu gekommen, diesen Plan auszuführen.[47]

In kurzer Zeit, von September 1844 bis Mitte März 1845 hat Engels das Buch niedergeschrieben. Mitte Mai 1845 erschien es in Leipzig. Das Material hatte er in Manchester gefunden und zusammengetragen. Nicht nur in Bibliotheken, sondern auch in vielen Stunden und Tagen, die er in den Arbeiterbezirken Manchesters verbracht hatte. »Nach eigener Anschauung und authentischen Quellen«, so heißt es im Untertitel des Buchs. Viele der darin genutzten Dokumente waren in Deutschland völlig unbekannt. Engels war der erste, der in Deutschland von den *bluebooks* des britischen Parlaments Gebrauch machte, ebenso wie von den Berichten der englischen und schottischen Fabrikinspektoren. Damit hat er Marx auf eine richtige Fährte gebracht.[48]

Für Marx war Engels' Buch eine Offenbarung. Er hat es auch im ersten Band des »Kapital« nicht weniger als acht Mal zitiert und darauf verwiesen.[49] Es war eine Jugendarbeit und nach 20 Jahren in vieler Hinsicht überholt. Aber eine Pioniertat blieb es, und viele der frechen Prognosen waren »bis ins Kleinste durch die spätere Entwicklung seit [18]44 bestätigt worden«. Wie »frisch, leidenschaftlich, kühn vorausgreifend und ohne gelehrte und wissenschaftliche Bedenken wird hier noch die Sache gefasst! Und die Illusionen selbst, dass morgen oder übermorgen das Resultat auch geschichtlich ans Tageslicht springen wird, gibt dem Ganzen eine Wärme und lebendigen Humor.«[50] In der Tat erlaubte sich Engels in dem Buch, das seinen Ruhm begründete, einige gewagte Prognosen, er sah die soziale und politische Revolution schon hinter der nächsten Ecke im Anmarsch.

Da das Buch zu seinen Lebzeiten neu aufgelegt und übersetzt wurde – 1887 in englischer Sprache in New York und 1892 in London, die zweite deutsche Ausgabe erschien 1892 – hatte Engels Gelegenheit, den Text zu aktualisieren. Zur amerikanischen Ausgabe von 1887 schrieb er einen Anhang, in dem er die Veränderungen in den Lebens- und Arbeitsbedingungen der industriellen Arbeiterklasse seit 1845 zu skizzieren versuchte. Denn inzwischen hatte sich viel verändert in der Welt des real existierenden Kapitalismus, und Engels war der Letzte, das zu verschweigen.

Bis heute genießt die »Lage der arbeitenden Klassen« einen guten Ruf, auch als historische Quelle, da von einem Augenzeugen verfasst, der die Verhältnisse aus erster Hand kannte. Engels hat als einer der ersten eine detaillierte Darstellung der Entwicklung der modernen Fabrikindustrie in England gegeben, nicht nur in dem damals führenden Industriezweig, der Textilindustrie, sondern auch in den Schwerindustrien Eisen und Stahl, Maschinenbau, in der Landwirtschaft und im Bergbau. Die industrielle Revolution hatte das ganze Land ergriffen. Kanäle, Eisenbahnen, asphaltierte Chausseen, Dampfschiffe hatten es gründlich verändert. Alles beschleunigte sich rasant, die herkömmlichen Zeit- und Raumstrukturen wurden über den Haufen geworfen. Doch ging es Engels um mehr als Industriegeschichte, er betrieb, was wir heute als empirische Sozialforschung bezeichnen würden. Er schilderte die Entstehung einer neuen Klasse, eines modernen Proletariats von schwer arbeitenden Armen, samt ihrem Gegenpol, einer neuen besitzenden Klasse von Kapital- und Grundeigentümern. Für den jungen Engels war es das wichtigste Resultat der industriellen Revolution. Die industrielle war zugleich eine soziale Revolution, die die gesamte Struktur der alten Gesellschaft umwälzte.[51] Zu dieser Zeit war das Proletariat für den jungen Marx noch eine philosophische Idee, doch der junge Engels wusste, wovon er sprach.

Engels untersuchte die Arbeits- und Lebensbedingungen der modernen Proletarier, die Arbeitszeiten, die Entlohnungssysteme, die Fabrikdisziplin, die Fabrikarbeit und ihre verheerenden Folgen für die körperliche und geistige Gesundheit der arbeitenden Männer, Frauen und Kinder. Dazu beschrieb er die elenden Wohnverhältnisse in den Arbeitervierteln, die katastrophalen hygienischen Verhältnisse und die Umweltzerstörung, unter der vor allem die Armen zu leiden hatten. Schlechte Konsumgewohnheiten, falsche Ernährung, Unterernährung, daher körperliche Degradation, gesteigerte Kindersterblichkeit, hohe Sterblichkeitsquoten in den Arbeiter- und Armenvierteln der Industriestädte, wo Hunderttausende auf engstem Raum zusammengedrängt wurden. Demoralisiert waren diese Proletarier, dem Alkohol verfallen, auf die niedrigsten und brutalsten Formen der Sexualität reduziert, aber nicht aus eigener Schuld. Ihre Demoralisierung war die Folge der Fabrikarbeit, in der Handwerksgeschick und selbst Körperkraft keine Rolle mehr spielte. Die Arbeit wurde leichter, aber monoton, öde, geist- und nervtötend. Es war eine endlos wiederholte Zwangsarbeit, zwölf Stunden am Tag.[52]

Engels schilderte die englische Arbeiterklasse keineswegs als bessere Menschen. Er sah sie mit nüchternen Augen und zeigte, wie die bürgerliche Gesellschaft es verstand, das Elend der Proletarier zu verstecken. Engels beschrieb die Aufteilung des urbanen Raumes in Geschäfts-, Arbeiter- und Wohnviertel für die Mittelklasse und die neue besitzende Klasse der Bourgeoisie nicht nur in Manchester, sondern auch in den übrigen Industriestädten und in London, Dublin, Glasgow und Edinburgh. In den Arbeitervierteln konzentrierten sich enge und baufällige Wohnungen, schlechte Luft, Abfall, und Schmutz, Lärm und Gestank. Sie waren überfüllt, ein wahres Brutbecken für Krankheiten und Epidemien. Die Städte des Industriezeitalters brachten eine systematische räumliche Scheidung der Bevölkerung nach sozialen Klassen hervor – und diese Segregation bestimmte das Alltagsleben.[53] Wegen seiner treffenden Beschreibung der neuen Großstädte gilt Engels' Buch bis heute als ein Klassiker der Stadtsoziologie.

Fast nebenbei, im Kapitel über die »Konkurrenz«, analysierte Engels den besonderen Status der modernen Lohnarbeiter. Der ist nämlich kein Sklave, sondern ein Freier, allerdings einer, der sich als Ware (und zugleich Warenbesitzer) auf einem besonderen Markt befindet, dem Arbeitsmarkt. Der »heutige Arbeiter«, so Engels, scheint frei zu sein, weil er sich seinen Brötchengeber aussuchen kann und weil er sich selbst auf eigene Rechnung verkauft. Die Verfügung über sein eigenes Arbeitsvermögen gibt er »nicht auf einmal« ab, sondern »stückweise, pro Tag, pro Woche, pro Jahr«, ohne damit je seine persönliche Freiheit ganz aufzugeben. Diese scheinbare Freiheit auf dem Arbeitsmarkt gibt ihm auch »einige wirkliche Freiheit«, sie nimmt ihm jedoch alle Existenzgarantien, sodass er von den Konjunkturen des Arbeitsmarkts und von der gesamten Klasse der potenziellen Brotherrn abhängig bleibt.[54] Diese Abhängigkeit von der kollektiven Herrschaft der neuen Klasse der Kapitaleigentümer bekommt jeder Arbeiter zu spüren, sobald er arbeitslos wird. Er bekommt sie ebenso sehr tagtäglich zu spüren, solange er unter dem Regime der Fabrikdisziplin steht, einer Privatgesetzgebung der Kapitalisten, wie sie sich in jeder Fabrikordnung findet.[55] Der moderne Lohnarbeiter ist frei und unfrei zugleich.

Dazu lieferte Engels noch die erste schlüssige Widerlegung des Malthusschen Bevölkerungsgesetzes: Die wachsende Masse der »Überzähligen« ergibt sich schlicht aus der Entwicklung und dem eigenartigen Bewegungsrhythmus der großen Industrie. Technischer Fortschritt, der erweiterte Einsatz von Maschinen und der industrielle Krisenzyklus erzeugen eine schwankende »unbeschäftigte Reserve von Arbeitern«. Die Arbeitslosen, Unterbeschäftigten, offiziellen und inoffiziellen Armen versuchen auf die eine oder andere Weise zu überleben – durch »Betteln und Stehlen, durch Straßenkehren, Einsammeln von Pferdemist, Fahren mit Schubkarren oder Eseln, Herumhökern oder einzelne gelegentliche kleine Arbeiten«.[56]

150 Jahre vor Karl Polanyi analysierte Engels in seinem Buch die Wirkungen des neuen Fabrikgesetzes von 1834, mit dem das alte Regime der kommunalen Armenfürsorge in England (auch bekannt als Speenhamland-System) vom neuen Regime des institutionalisierten Arbeitszwangs abgelöst wurde. Damit wurde den Besitzlosen jede Alternative zum Arbeitsmarkt abgeschnitten, jedem arbeitslosen Freien drohte von nun an der Terror in den Arbeitshäusern. In diesen Zwangsarbeitsanstalten verloren die Insassen jegliche persönliche Freiheit.

In der »Lage« gab Engels zum ersten Mal eine komplette Schilderung des Verlaufs der modernen industriellen Zyklen, obwohl er die Länge des gesamten Zyklus mit fünf bis sechs Jahren zu kurz schätzte. Dank der zentralisierenden Tendenzen der modernen Industrie, so Engels, verlaufen die Schwankungen in den einzelnen Industriezweigen immer gleichzeitiger und münden in große, allgemeine Krisen, die die meisten Industrien, Märkte und Länder erfassen. Die Dynamik von Boom und Krise wird befeuert durch die Industriellen, die spekulativ auf maximale Expansion setzen und für unbekannte, zukünftige Märkte produzieren. Und durch die Börsenspekulanten, die »mit fiktivem Kapital arbeiten« und »vom Kredit leben«, daher die Mittel haben, die Märkte in ein hektisches Chaos und die gesamte Weltwirtschaft in Panik zu versetzen, mithin allgemeine Krisen loszutreten.[57]

Am Schluss wagte der junge Engels einige kühne Prognosen. In den nächsten 20 Jahren werde die englische Fabrikindustrie ihr Weltmarktmonopol verlieren, die deutsche und vor allem die junge US-amerikanische Industrie würden dem jetzigen *workshop of the world* den Rang ablaufen. Damit würden sich alle Machtverhältnisse in der kapitalistischen Welt radikal verändern, die Lage der Arbeiter in England werde noch übler wegen der wachsenden Masse von »Überzähligen«. Die Handelskrisen würden immer verheerender werden und unweigerlich die jetzigen Mittelklassen ruinieren. Daher werde dem industriellen Kapitalismus kein sehr langes Leben mehr beschieden sein, die Proletarier vieler Länder würden revoltieren.[58]

40 Jahre später war klar, dass Engels zumindest in einem Punkt recht behalten hatte: Die Vorherrschaft der britischen Industrie auf dem Weltmarkt war dahin, die neuen Industrieländer hatten sie eingeholt und waren dabei, sie zu überholen. Nur die spezifisch britische Form des Imperialismus, die der Kolonialpolitik der europäischen und amerikanischen Rivalen weit voraus war, bewahrte die Industrienation Großbritannien vor dem Absturz.

Engels ging voran: Natur und Naturwissenschaft

Die Geschichte von Natur und Gesellschaft hängen zusammen. Da die Menschen selbst ein Teil der Natur und ein spätes Produkt einer langen geschichtlichen Entwicklung sind, lässt sich die Veränderung und Entwicklung der Formen des menschlichen Zusammenlebens nur im Kontext ihrer veränderbaren – und durch die Menschen veränderten – natürlichen Umgebung auf der Erde verstehen. Ihren Charakter als hochintelligente Tiere können Menschen nie ganz abschütteln, trotz aller Kulturentwicklung. So dachten Marx und Engels, und in diesem Sinn entwarfen sie ihr anti-philosophisches Forschungsprogramm. Und zwar schon 1845/46, in einem Konvolut von fragmentarischen Texten und Entwürfen, die viel später, nach ihrem Tode als »Die Deutsche Ideologie« bekannt wurden. Damals wussten sie noch wenig von der Evolutionstheorie, die sie erst 1859 kennen und schätzen lernten.

Wer aus der Geschichte klug werden will, braucht positive Kenntnisse über die Natur und über die menschlichen Gesellschaften, und beide sind nur zu haben, wenn man sich den empirischen Wissenschaften zuwendet und die Philosophie hinter sich lässt. Wer nicht nur sein Jahrhundert, sondern gleich die gesamte Epoche der Moderne in die Schranken fordern will, braucht genaue Kenntnisse in den Sozialwissenschaften wie in den Naturwissenschaften. Und wer diesem Programm folgt, muss transdisziplinär arbeiten.

Engels begann seine naturwissenschaftlichen Studien 1843, Marx folgte ihm nach. Beide haben sich intensiv mit den Naturwissenschaften ihrer Zeit befasst, ihre umfangreichsten Studien machten sie in den 1870er-Jahren. Einen kleinen, aber entscheidenden Unterschied gab es: Marx hat zwar einen Haufen Exzerpte hinterlassen, die seine Beschäftigung mit den Naturwissenschaften dokumentieren. Aber nur Engels hat je versucht, daraus eine Arbeit über die Entwicklung der modernen Naturwissenschaften im 19. Jahrhundert zu machen. Von 1873 bis 1882 arbeitete er daran und hinterließ am Ende vier umfangreiche Mappen mit insgesamt fast 200 längeren und kürzeren Manuskripten.[59] Von Marx gibt es keinen Versuch, die Entwicklung der Naturwissenschaft im Zusammenhang nachzuzeichnen. Nur bei ihren mathematischen Studien ist das anders, da gibt es ausgearbeitete Versuche von beiden.[60]

Engels' geplantes Buch, das eine Kritik der zeitgenössischen Naturphilosophie und der in den verschiedenen Naturwissenschaften gängigen Theorien umfasste, blieb unvollendet. Nach Engels Tod erschienen zwei längere Manuskripte: »Der Anteil der Arbeit an der Menschwerdung des Affen« (1896) und »Die Naturforschung in der Geisterwelt« (1898) in der *Neuen Zeit*. Erst 1925 kam unter dem Titel »Dialektik der Natur« ein Buch heraus, das Engels nie geschrieben hatte. Es war von den Herausgebern aus Engels' nachgelassenen Fragmenten, Notizen und unvollendeten Manuskripten zusammengebastelt worden. Engels hätte seine unfertigen Manuskripte und Entwürfe nie in dieser Form veröffentlicht. Die »Dialektik der Natur« wurde zum Klassiker des Marxismus-Leninismus befördert und sollte den sogenannten dialektischen Materialismus begründen. Damit hatte Engels nichts zu tun. Am Schluss des letzten Manuskripts hatte er notiert: »Alles dies stark zu revidieren.«[61]

Den Anstoß zu seinen Studien gab Ludwig Büchner, einer der »naturwissenschaftlichen Materialisten«, die damals Furore machten. Büchner propagierte eine neue, materialistische Weltanschauung, und wollte die Sozialisten dazu bekehren. Mit Büchner fing er daher an, sein erstes Manuskript trägt den Titel »Büchner«. Zum sogenannten Materialismusstreit, der in den 1850er-Jahren die Gemüter der Naturwissenschaftler in Deutschland bewegte, hatten sich Marx und Engels nie öffentlich geäußert. Auf die Propaganda der »naturwissenschaftlichen Materialisten« mussten sie wohl oder übel reagieren; Ludwig Büchners und Ernst Haeckels Schriften waren Bestseller und bei lesenden Arbeitern populär. Engels störte »die Anmaßung, die Naturtheorien auf die Gesellschaft anzuwenden und den Sozialismus zu reformieren«.[62]

Engels hatte sich damit auf ein weites Feld begeben. Von der Physik, Chemie, Biologie, Geologie bis zur Astronomie, von der Mechanik bis zur Physiologie, von der griechischen Naturphilosophie bis zur newtonschon Physik und den allerneuesten Entdeckungen auf allen Gebieten der Naturwissenschaft. Doch seine Grundthese ist klar: Die Natur, soweit wir sie kennen, bildet einen Gesamtzusammenhang und sie hat eine Geschichte. Die Naturphilosophen haben den Zusammenhang immer schon vermutet, die empirischen Naturforscher interessierte es weniger. Aber in jüngster Zeit war die etablierte Praxis der empirischen Naturforschung dank ihrer enormen Entdeckungen und Erkenntnissen in eine Krise geraten. Die Naturforscher versuchten, die neu entdeckten Phänomene in den Begriffen der traditionellen Naturtheorien zu fassen und scheiterten damit. Zum Beispiel bei der Elektrizität war die dominierende Tradition des Empirismus an ihre Grenze gelangt, Theorie war wieder gefragt, und daher kam unweigerlich die ältere und neuere Naturphilosophie wieder ins Spiel. Die Physiker, Chemiker, Biologen, Astronomen seiner Zeit mussten ihre gesamte Naturauffassung neu durchdenken. Und dabei würden sie, so Engels, zum dialektischen Denken gedrängt. Denn nur so könnten sie Bewegung, Veränderung, Entwicklung im Zusammenhang denken. Seine Notizen und Manuskripte sind daher als Kritik eines falschen Empirismus zu lesen, der in eine Sackgasse geführt habe und »in das Gegenteil von wirklicher Empirie« umgeschlagen sei.[63] Engels sah klar, dass die Fortschritte in den Naturwissenschaften mit Fortschritten in der Mathematik zusammenhingen. Jede reife Wissenschaft nehme mathematische Form an. So suchte Engels, wie Marx, auch nach dialektischen Elementen in der Mathematik seiner Zeit.

Erst 1878 und dann noch einmal 1880 hat Engels sich eine Gliederung notiert, die auf die Konturen des geplanten Buchs verweist. Demnach wollte er nach einer historischen Einleitung über den Gang der Entwicklung in den Naturwissenschaften in vielen Einzelheiten und auf verschiedenen Gebieten zeigen, wie in der Tat das naturwissenschaftliche Denken zur Dialektik dränge.[64] Ob Dialektik überhaupt eine zuverlässige Methodik des Argumentierens und der Gedankenexperimente sein könne, ob sie unweigerlich zur Scheinlogik verkommen müsse oder aber die adäquate Form des spekulativen, vernünftigen Denkens sei, ob sie zu guter Letzt doch wieder einen legitimen Platz in den empirischen, positiven Wissenschaften finden und behaupten könne (wie Marx und Engels meinten), das war und ist umstritten. Noch strittiger ist, ob sich die Quintessenz der Dialektik, in Hegels' oder in Marx' Fassung, überhaupt als eine bestimmte Folge von »Denkgesetzen« festnageln lässt. Engels hat in seinen Fragmenten und Entwürfen damit experimentiert, ohne zu einer definitiven Position zu kommen. Er wollte jedoch demonstrieren, dass auch Naturwissenschaftler dialektisch denken können und es letzten Endes auch müssen, auch ohne Hilfestellung von Philosophen, nur der Logik der Sache bzw. der Forschung folgend. Die marxistischen Philosophen halten dagegen, aus bestreitbaren Gründen. Der Frankfurter Philosoph Alfred Schmidt behauptete, die Naturwissenschaft seien nun einmal »formallogisch orientiert« und könnten mit historischen Prozessen oder deren Vermittlungen nicht umgehen. Die Natur sei von Natur aus »vordialektisch«.[65]

Sehen wir davon ab, dass Engels in seiner Arbeit nur einen Gedanken weiterspann, den Marx mehrfach explizit verkündet hat, und zwar im ersten Band des »Kapital«. Schmidt wiederholt nur die Behauptung, gegen die Engels argumentiert hat. Und er reproduziert die altfränkische Dichotomie zwischen Natur und Kultur und die falsche Hierarchie von – angeblich höheren – Geistes- oder Kulturwissenschaften und – angeblich niederen – Naturwissenschaften, die traditionell bei deutschen Philosophen damit verknüpft wird.[66] Es ist offensichtlich, dass Schmidt sich nicht die Mühe gemacht hat, Engels' Kommentare zu den methodologischen Problemen der Naturwissenschaften seiner Zeit zur Kenntnis zu nehmen. Für heutige Naturwissenschaftler ist der von Engels propagierte Entwicklungsgedanke gar nicht abwegig, auch wenn sie mit Gesetzen der Dialektik wenig anfangen können.

Engels ist mit seinem enormen Projekt nie fertig geworden, er hat es abgebrochen. Trotzdem ist ihm bei seiner Analyse des Stands der Dinge in vielen Einzelwissenschaften gelungen, die ungelösten Probleme zu bestimmen – und sogar ihre möglichen Lösungen anzudeuten, die dann in der Tat einige Jahre später gefunden wurden.[67] Nur die Revolution, die sich in der Mathematik seiner Zeit abspielte, blieb ihm verborgen. Er griff auf längst überholte Lehrbücher zurück und widerholte längst wiederlegte Behauptungen, Hegel galt ihm noch stets als Autorität der Wissenschaftsgeschichte.

Allerdings hatte Engels in diesen Manuskripten einige höchst bemerkenswerte Einsichten festgehalten, die erst Jahrzehnte später wieder erreicht wurden. Er zeigte, dass Wissenschaft keine Folge von zufälligen Geniestreichen einzelner

Forscher war. Es handelte sich um einen sozialen Prozess mit einer langen Geschichte. Forschung und Wissenschaft sind besondere historische Formen gesellschaftlicher Arbeit. Die Forschungsmittel spielen ebenso eine Rolle wie die soziale Organisation der Wissensproduktion und -reproduktion, in Schulen, Universitäten, Bibliotheken und Laboratorien. Es gibt wissenschaftlichen Fortschritt, aber er kommt in Sprüngen zustande, bei denen ein herrschendes Weltbild durch ein anderes abgelöst wird. Unbestreitbar war der Aufschwung der Naturwissenschaften, unbestreitbar war im 18. und 19. Jahrhundert eine Revolution in den Naturwissenschaften im Gang und diese hing mit der industriellen Revolution zusammen, in der die angewandten Naturwissenschaften eine Schlüsselrolle spielten. Damit hat Engels eine sozialwissenschaftliche Erkenntnis- und Wissenschaftstheorie in ihren Grundzügen – einschließlich der Theorie wissenschaftlicher Revolutionen – vorweggenommen, die erst 70 Jahre später zum State of the Art werden sollte. Jede naturwissenschaftliche Erkenntnis ist sozial und historisch bedingt, durch die materiellen, kulturellen und geistigen Voraussetzungen wissenschaftlicher Arbeit.

Engels gibt Marx heraus ...

»Das Kapital« gilt als Marx' Hauptwerk, Engels' entscheidender Anteil daran wird oft unterschlagen. Als Marx im März 1883 starb, fiel es Engels zu, die immer wieder angekündigten, lange erwarteten Bände 2 und 3 des »Kapital« herauszugeben.[68] Seit Februar 1845 taucht in der Korrespondenz zwischen Marx und Engels die ewig wiederholte Frage auf: »Wie weit bist Du mit Deinem Buch?«[69] Da Marx es eifrig vermieden hatte, ihm über den wirklichen Stand seiner Arbeiten reinen Wein einzuschenken, wusste Engels nicht, was ihn erwartete. Er mag es geahnt haben, denn er betrachtete die ständig wiederholten, ihm wohl bekannten Ausreden und übertriebenen Erfolgsmeldungen seines Freundes mit wachsender Skepsis. Marx kämpfte tatsächlich mit zahlreichen ungelösten Problemen seiner Kritik der politischen Ökonomie und hätte besser daran getan, Engels beizeiten zu Rate zu ziehen.

Nach dessen Tod konnte Engels sich nur langsam einen Überblick verschaffen. Er verbrachte Tage und Wochen damit, den Nachlass seines Freundes zu sichten. Es war so viel, dass er beschloss, Marx' Haus für ein weiteres Jahr zu mieten, um all die Papiere in Ruhe und sorgfältig ordnen zu können. Verzeichnisse waren anzulegen, ganze Stapel von Manuskripten und Notizen in die richtige Reihenfolge zu bringen.

Seine erste Sorge: Wo war das Wichtigste, wo lagen die Manuskripte zum zweiten und dritten Band des »Kapital«? Dank Helena Demuth, der Haushälterin der Familie Marx, fand er die Manuskriptberge, damit war der größte Schatz geborgen. Doch die Arbeit des Suchens, Sammelns, Sichtens und Ordnens dauerte noch Wochen. Und Engels war der einzige, der Marx' Handschrift entziffern und seinen Gedankengängen folgen konnte, er allein hatte eine, wenn auch ungefähre Vorstellung davon, womit Marx gekämpft hatte und was in dessen Kopf vorgegangen war. Marx hatte das offenbar genauso gesehen und Engels über seine Tochter Eleanor einen Auftrag erteilt. Kurz vor seinem Tode, so berichtete Engels, habe er ihr gesagt, Engels solle aus seinen nachgelassenen Manuskripten »etwas machen«.[70]

Engels begriff rasch, dass er eine wahre »Heidenarbeit« vor sich hatte: »Neben vollständig ausgearbeiteten Stücken andres rein skizziert, alles Brouillon [...]. Die Belegzitate ungeordnet, haufenweise zusammengeworfen, bloß für spätere Ausarbeitung gesammelt.« Wie war es möglich, »dass gerade mir geheim gehalten wurde, wie weit das Ding fertig war? Sehr einfach: Hätte ich das gewusst, ich hätte ihm bei Tag und Nacht keine Ruhe gelassen, bis es ganz fertig und gedruckt war. Und das wusste Marx besser als jeder andre«, schrieb er nach der ersten Sichtung an August Bebel.[71]

Engels' Leistung als Herausgeber kann sich sehen lassen. Er entzifferte die vorhandenen marxschen Manuskripte und erstellte mithilfe seines Sekretärs Oskar Eisengarten ein vollständiges Transkript aller vorhandenen Marx-Texte. Engels wollte einen lesbaren und einigermaßen abgerundeten Text herstellen, er musste daher auswählen und bearbeiten. Für den zweiten Band des »Kapital« hat er nur einen Teil der zahl- und umfangreichen Manuskripte übernommen. Er nahm stets das chronologisch letzte Manuskript auf, in der Annahme, dass jeder spätere Entwurf einen Fortschritt über die früheren darstelle. Darin hat er sich gelegentlich getäuscht. Was entschuldbar ist, denn Marx war sich selbst bisweilen nicht über die Bedeutung seiner Entdeckungen im Klaren und ließ sie liegen.[72] In den jeweiligen Einleitungen zum zweiten und dritten Band des »Kapital« hat Engels über seine Tätigkeit als Herausgeber und Bearbeiter Rechenschaft gegeben. Er habe sich bemüht, aus den vielen vorhandenen Manuskripten ein »zusammenhängendes und möglichst abgeschlossenes Werk« zu machen, das aber das Werk des Verfassers und nicht des Herausgebers sein sollte. Marx' Texte habe er »so wörtlich wie möglich« wiedergegeben und wirkliche, nicht bloß technische Schwierigkeiten im Text seien »im Geist des Verfassers« gelöst worden. Bei der Bearbeitung des dritten Bandes habe er »den Charakter des ersten Entwurfs [...] möglichst beibehalten«, wo er über Marx' Text hinausging, habe er seine Änderungen und Zusätze »im marxschen Geist« gehalten.[73] Marx ganz und gar in Marx' Worten war es nicht, was Engels da publizierte, denn des Öfteren war es Marx in Engels' Worten. Aber in Marx' Geist. Darauf konnte er sich sehr wohl berufen.

Gleichwohl hat sich eine weitere Variante des Engels-Bashing eingebürgert, gesteigert bis zum Vorwurf, der tumbe Engels habe mit seiner Herausgebertätigkeit Marx' »Kapital« verfälscht. Es geht um Textänderungen und Zusätze, im zweiten Band im Umfang von etwas über zehn Druckseiten, im dritten Band deutlich mehr, über 60 Druckseiten. Gerade bei seinen Umformulierungen, so der Vorwurf, habe Engels seinen Freund Marx immer wieder missverstanden.

... und schreibt ihn um?

Nach recht kurzer Zeit, im Herbst 1885, erschien der zweite Band des marxschen »Kapital«, herausgegeben von Friedrich Engels. Im Vorwort kündigte Engels frohgemut an, der dritte Band werde rasch folgen. Aber es dauerte noch neun Jahre, bis dieser Band im Sommer 1894 endlich erschien. Eine ungeheure Leistung, wenn man sich den Zustand der marxschen Manuskripte vor Augen führt, die aus einem Zeitraum von mehr als 18 Jahren stammten. Marx hatte große Lücken gelassen, immer wieder abgebrochen und viele selbst zentrale Punkte seiner Theorie sind unausgeführt geblieben. Den ersten Gesamtentwurf für den dritten Band aus dem Jahre 1864/65 hatte Marx nicht wieder angefasst. Auf keinen Fall hätte Marx irgendetwas davon in dieser ersten, rohen Form publiziert, auf keinen Fall konnte dieser unfertige erste Entwurf als Marx' letztes Wort zu allen im dritten Band erörterten Problemen gelten. Das zeigten schon seine nachgelassenen Manuskripte, in denen er sich mit einigen formalen und analytischen Problemen seiner Theorie herumschlug, ohne zu einer befriedigenden Lösung zu kommen. Außerdem wusste Engels, dass Marx unablässig weitere Studien getrieben hatte, über die kapitalistische Agrikultur und die Grundeigentumsverhältnisse und über das Geld- und Kreditsystem, die Banken sowie Finanzmärkte in verschiedenen kapitalistischen Ländern. Engels war begeistert vom Inhalt der marxschen Manuskripte und schwärmte davon. Der dritte Band »ist ein Prachtwerk, das den ersten wissenschaftlich noch in den Schatten stellt«.[74] Die Schwächen und Lücken sah er auch, und damit musste er als Herausgeber umgehen.

Engels hat die marxschen Manuskripte bearbeitet, er hat ausgewählt, gekürzt und manches nicht aufgenommen. Er hat zum Teil umgeschrieben, die Texte ergänzt und Zusätze gemacht, er hat die Einteilung in Kapitel und Abschnitte geändert sowie Titel eingefügt. Gelegentlich unterliefen ihm Fehler, was nicht verwunderlich ist bei dem Zustand, in dem er die ungeordneten Manuskriptberge im marxschen Nachlass antraf. Das mögen die selbsternannten Freunde des authentischen Marx verdammen. Den gibt es allerdings nicht, letzte Worte und schlüssige Selbstinterpretationen hat Marx nicht hinterlassen. Engels stand ihm zwar intellektuell näher als jeder andere und kannte seine Intentionen und Pläne weit besser als alle Nachgeborenen. Aber Marx hatte ihn viele Jahre lang im Unklaren über den Stand seiner Arbeiten gelassen und ihn für gewöhnlich nur in Detailfragen konsultiert. Nur selten setzte Marx seinen Freund über den letzten Stand seines Projekts ausführlich ins Bild. Zum Beispiel als er mit der Niederschrift des ersten Entwurfs seiner Kritik der politischen Ökonomie nicht mehr weiterkam, fuhr er mit dem Manuskript nach Manchester, besuchte Engels und besprach die Sache eine gute Woche lang mit ihm; das war im Mai 1858 und das Manuskript, das Marx seinem Freund zum Lesen gab, ist heute unter dem Namen »Grundrisse« bekannt.[75] Als er vier Jahre später mit seinen Forschungen wieder einmal fest steckte, versuchte er seinen Freund zu überreden, doch für einige Tage nach London zu kommen, um die kniffligen Fragen in aller Ruhe zu besprechen.[76] Engels war ihm da immer zu Diensten, wenn nicht persönlich, dann brieflich. Er lieferte schnell und zuverlässig die Informationen, die Marx brauchte. Engels war auch der Einzige, dem Marx eine populäre Darstellung des Inhalts seines Hauptwerks zutraute.[77]

Selbstverständlich war Engels berechtigt, Marx' Texte zu überarbeiten. Denn zu Ende gedacht und ausformuliert war dort wenig. Engels hatte nicht vor, die vorhandenen Manuskripte als Quellenedition, im Stil einer historisch-kritischen Ausgabe zu präsentieren. Er wollte eine lesbare Fassung für den wissenschaftlichen Hausgebrauch erstellen. Das ist ihm gelungen, ohne den Manuskript- und Entwurfscharakter des Ganzen zu kaschieren. Jedoch blieb das »Kapital« auch in Engels' Bearbeitung unvollständig, ein unvollendetes Meisterwerk.

Bei den Textänderungen, die Engels vor allem im dritten Band reichlich vornahm, stellt sich eigentlich nur die Frage, ob Engels den Sinn der Aussagen getroffen hat und ob die Änderungen mit Marx' Intentionen vereinbar sind. Das kann heute jeder selbst nachprüfen, da die marxschen Originalmanuskripte publiziert sind.[78] Den Engels-Verächtern geht das natürlich alles zu weit. Wer jedoch Engels und Marx mit nüchternen Augen sieht, wird konstatieren, dass Engels' Formulierungen sich in aller Regel mit Marx' Intentionen deckten. Nehmen wir zum Beispiel den berühmt-berüchtigten tendenziellen Fall der

Profitrate, bis heute ein überaus beliebter Streitpunkt der Marxisten. Im Originalmanuskript zum dritten Band des »Kapital« hatte Marx keine stimmige Begründung des Gesetzes gefunden, das er seit 1858 für eins der wichtigsten ökonomischen Gesetze des Kapitalismus hielt. Sein erster Entwurf war konfus, er verstrickte sich in allerlei Tendenzen und Gegentendenzen und notierte, dass die Profitrate unter bestimmten Bedingungen auch steigen oder gleichbleiben könne. Engels änderte daran nichts, setzte aber die Behauptung hinzu, dass die Profitrate »auf Dauer« fallen müsse. Seine Formulierung »wie bereits gesehen« ging sachlich zu weit, aber die Intention von Marx hatte er voll getroffen.[79] Was wäre die Alternative gewesen? Zu sagen, Marx hat den schlüssigen Beweis für sein Gesetz hier nicht geliefert und auch in seinen späteren Manuskripten ist ihm das nicht gelungen. Also kommt hier, statt Marx, eine hieb- und stichfeste Begründung seines Gesetzes von seinem alten Kumpel Friedrich Engels. Das wäre Engels zu weit gegangen, Marx-Kritik und Marx-Verbesserung wollte er gerade nicht betreiben.

Ein unabhängiger Kopf und guter Freund

Sein Umgang mit Marx' Manuskripten zeigt, dass Engels ein unabhängiger Kopf und weit davon entfernt war, die Schwächen seines Freundes nicht zu sehen. Er war alles andere als bloß die Stimme seines Herrn, und sehr wohl imstande, die Arbeit, die dieser begonnen hatte, selbstständig fortzuführen. Jedoch verzichtete er darauf, an Stelle des marxschen Torsos eine durch und durch engelssche Version der fehlenden bzw. von Marx nur vorläufig skizzierten Teile der Kritik der politischen Ökonomie zu liefern. Er sah sich in erster Linie als Herausgeber, nicht als Interpret und er wollte keineswegs eine engelssche Kritik der politischen Ökonomie an die Stelle der marxschen setzen.

Nur wenige Jahre hatte Engels' Freiheit vom Joch des Kommerzes gedauert. Seine letzten Lebensjahre vom März 1883 bis zu seinem Tod am 5. August 1895 waren in der Hauptsache dem Dienst am Erbe seines toten Freundes gewidmet. In den

Friedrich Engels, Karl Marx und seine Töchter Laura, Eleanor, Jenny (v.l.n.r.), Mai 1864, London

mehr als zwölf Jahren, die er Marx überlebte, hat er sich drei Aufgaben mit Vorrang gewidmet. Erstens galt es, die nachgelassenen Manuskripte zu ordnen, sie in eine für gewöhnliche Sterbliche lesbare Form zu übertragen. Aus Marx' vergriffenen und unveröffentlichten Werken sollten Marx' Gesammelte Werke werden – später eine Gesamtausgabe, die Engels schon seit 1885 plante. Zweitens wollte Engels eine gründliche Marx-Biografie schreiben und eine Darstellung der Geschichte der Ersten Internationale, in der beide wichtige Rollen gespielt hatten. Es gelang ihm nur zum Teil. Immerhin wurde seine Kurzbiografie im »Handwörterbuch der Staatswissenschaften« abgedruckt, dem damals maßgeblichen Handbuch für alle deutschsprachigen Sozialwissenschaftler und Historiker.[80] Drittens wollte er möglichst viele von den älteren, längst vergriffenen Texten von Marx neu herausbringen und übersetzen lassen. Aus seinen letzten Jahren stammen eine ganze Reihe von Neuveröffentlichungen älterer Schriften von Marx – und eine Serie von Vorworten, in denen er jeweils den Entstehungszusammenhang des Textes und seine Relevanz erörterte.

Noch zu Marx' Lebzeiten, als Engels eigentlich sein eigenes Ding machen wollte, hat er seine Projekte auf Eis gelegt, um Marx beizuspringen. Sein eigener Nachruhm interessierte ihn nicht, aber der von Marx lag ihm am Herzen. Ihm schob er einen überproportionalen Anteil an dem zu, was Marx selbst als ihre gemeinsame Auffassung oder Anschauung bezeichnet hatte. Zuviel der Bescheidenheit. Denn nach einem kurzen Versuch 1845/46, sich über die Grundlagen ihrer neuen Konzeption von Sozialwissenschaft klar zu werden und mit ihrem »ehemaligen philosophischen Gewissen abzurechnen«,[81] änderten sie den Kurs. Statt über das Forschungsprogramm zu sinnieren, begannen beide, jeder für sich, gelegentlich zusammen, immer im Austausch miteinander, ihre neue Auffassung von Geschichte und Gesellschaft auszuprobieren. Das geschah recht chaotisch, sie waren ja keine Akademiker, die im Windschatten der Universität vor sich hinforschen konnten; und sie wurden es nie.

Kaum im englischen Exil angekommen, schrieb Engels eine ganze Reihe von Beiträgen in rascher Folge. Darunter seine Darstellung des Verlaufs der 1848er-Revolution, die Artikelserie über »Revolution und Konterrevolution in Deutschland«. Sie erschien unter Marx' Namen und wurde jahrzehntelang Marx zugeschrieben. Dazu eine historische Studie über den deutschen Bauernkrieg, eine gescheiterte Revolution zu Anfang des 16. Jahrhunderts sowie die erste Darstellung der »Reichsverfassungskampagne«, also des kurzen Revolutionskriegs in Deutschland im Sommer 1849, an dem Engels selbst teilgenommen hatte.[82] Der junge Engels lieferte hier Probestücke einer Analyse der ökonomisch bedingten Klassenstrukturen der Gesellschaft ab, für Deutschland im 16. und im 19. Jahrhundert. Und er kombinierte sie mit detaillierten Untersuchungen über die vorhandenen politischen Formen und die herrschenden Ideen der Zeit. Warum wird der Kampf der Bauern gegen ihre Grundherren in religiöser Form ausgetragen? Warum denken die revoltierenden Bauern an das »alte Recht«, warum berufen sie sich auf urchristliche Vorstellungen der Gleichheit aller Christenmenschen vor Gott? Warum kämpfen die deutschen Revolutionäre des Jahres 1848/49 für die »einige deutsche Republik«? Es ging stets um Gesellschaftsanalyse, um die kausale Erklärung großer sozialer und politischer Konflikte, die in jedem Land, in jeder Epoche von den handelnden Parteien anders interpretiert werden. Wie schon in seinem früheren Versuch über den »Status quo in Deutschland« wollte Engels den Gebrauchswert sozialwissenschaftlicher Analysen für politisches Handeln demonstrieren.[83] Es war ihm wichtig, historische Niederlagen stimmig erklären zu können. Marx arbeitete zur gleichen Zeit an zeithistorischen Analysen der Ereignisse in Frankreich, von der Februarrevolution 1848 bis zum Sturz der zweiten Republik durch den Staatsstreich Louis Bonapartes im Dezember 1851. Engels unterstützte ihn dabei und steuerte eine eigene Untersuchung bei, um den verblüffenden Sieg des Abenteurers Bonaparte über die Republik zu erklären.[84]

Wie Engels den historischen Materialismus erfand

Von Engels stammt das Buch »Herrn Eugen Dührings Umwälzung der Wissenschaft«, kurz »Anti-Dühring«. Mehr als jede andere Schrift hat dieses Buch von Engels dem zum Durchbruch verholfen, was später »Marxismus« genannt wurde. Dank dieser Streitschrift, die zuerst als Artikelfolge von Januar 1877 bis Juli 1878 im damaligen SPD-Zentralorgan *Vorwärts* erschien, bekamen die Marx-Anhänger zum ersten Mal eine genauere Vorstellung von Inhalt und Reichweite der Theorie von Marx und Engels. Bis dahin kannten sie nur Kurzfassungen. So war Marx' berühmtes Vorwort von 1859 zu »Zur Kritik der Politischen Ökonomie« weniger als eine und eine halbe Seite lang geraten.

Engels' Polemik gegen einen heute längst vergessenen Privatdozenten der Berliner Universität sorgte zunächst nur für einige Aufregung in der SPD. Viele fanden Engels' Artikel zu lang, zu theoretisch und zu scharf. 1878 erschienen die Artikel als Buch, es wurde aber schon zum Jahresende verboten. Weitaus erfolgreicher war eine überarbeitete Fassung von drei Kapiteln des Buchs, die Engels unter dem Titel »Die Entwicklung des Sozialismus von der Utopie zur Wissenschaft« 1880 in französischer Sprache herausgab. 1882 folgt die deutsche Ausgabe. Einige zehntausend Exemplare wurden davon gedruckt und verkauft, die Schrift in mehrere Sprachen übersetzt. Sie war ein sozialistischer Bestseller.

Marx hatte Engels zu dieser Polemik gedrängt. Denn Dühring hatte ihn persönlich angegriffen. Ohne diesen Angriff wäre es Engels kaum in den Sinn gekommen, sich für Herrn Eugen Dühring zu interessieren. Es gefiel ihm ganz und gar nicht, sich durch Dührings Schriften quälen zu müssen.[85] Als er seinen Schlachtplan mit Marx besprach, hat er die Chance wohl schon gesehen, die diese Polemik bot. Zu Beginn ihrer Partnerschaft, 1845/46, hatten beide einen größeren Versuch zur Selbstverständigung unternommen, in Form einer Streitschrift gegen ihre ehemaligen Freunde, die Junghegelianer. Das Projekt war gescheitert, das Manuskript der »nagenden Kritik der Mäuse« überlassen worden. Engels hielt auch nur den unvollendeten Abschnitt über Feuerbach davon für brauchbar.[86] Marx hatte mit seiner kurzen Skizze des »allgemeinen Resultats« ihrer ersten Studien, das fortan ihren »Studien zum Leitfaden diente«, Neugier und Appetit bei Freund und Feind geweckt, aber mehr Fragen aufgeworfen als beantwortet und keineswegs für Klarheit gesorgt.[87] Nun bot sich die Gelegenheit, ihre Anschauungsweise ausführlicher als bisher darzustellen.

Marx hat das Projekt voll unterstützt. Von ihm stammt ein ganzes Kapitel über die Geschichte der ökonomischen Theorie.[88] Marx' aktive Beteiligung am »Anti-Dühring« ist den Engels-Verächtern seit jeher peinlich. Wenn's stimmt, dass Marx den Text kannte und mit dieser Art der Zusammen- und Kurzfassung seiner Ansichten einverstanden war, das Projekt gar aktiv unterstützte, dann wird's schon enger für die beliebte Mär vom tumben Engels, der den genialen Marx nie verstanden hätte. Engels schrieb im Vorwort zur zweiten Auflage von »Herrn Eugen Dührings Umwälzung der Wissenschaft«, seine Darstellung ihrer gemeinsamen Anschauungsweise habe selbstverständlich »nicht ohne seine [Marx'] Kenntnis« erfolgen können. »Ich habe ihm das ganze Manuskript vor dem Druck vorgelesen.«[89] Marx scheint zufrieden gewesen zu sein. Für die Kurzfassung schrieb er 1880 ein Vorwort und pries die Schrift als »Einführung in den wissenschaftlichen Sozialismus«.[90] Dühring hatte Marx als spinnerten Hegelianer abgekanzelt, ja verspottet. Für Marx war das eine doppelte Beleidigung, denn mit Hegelianismus verbanden die Zeitgenossen damals eine erstens hoffnungslos veraltete und zweitens durch und durch spekulative Philosophie. Hegel galt als zu Recht vergessener toter Hund. Für Engels waren Dührings Angriffe auf Marx eine Provokation in mehrfacher Hinsicht, denn er hatte als erster versucht, Marx' wenig verstandene Methode zu erklären.[91] Dank seiner naturwissenschaftlichen Studien hatte er Hegel wieder für sich entdeckt und war daher bestens vorbereitet. Dühring, als echt akademischer Schnösel, lebte in dem Wahn, für alle Streitfragen in Philosophie, Natur- und Sozialwissenschaften die ultimative Lösung zu haben.

Also beschimpfte er alles und jeden. Engels antwortete ihm ruhig, machte sich die Mühen, die wilden Behauptungen des Herrn zu widerlegen, bevor er zurückholzte. Engels' Polemik war vernichtend, aber Herr Dühring hatte sich die Prügel reichlich verdient.[92]

Engels' Schrift hat heute einen unverdient schlechten Ruf. Seine Wirkung war durchschlagend, viele Intellektuelle, nicht wenige Arbeiterbewegte lernten daraus, was sie sich unter dem »Marxismus« vorzustellen hatten. Für viele angehende Marxisten war die Lektüre dieses Textes ein zentrales Bildungserlebnis, das sie zum Marxismus bekehrte.[93] Die Kanonisierung des Buchs im Marxismus-Leninismus hat viel zu seiner Abwertung beigetragen.[94] Bis heute herrscht ein völliges Missverständnis über diese Schrift. Sie ist zwar ausführlicher als die früheren Kurzdarstellungen, aber bietet keine systematische, erschöpfende Darstellung der neuen, kritischen und materialistischen Wissenschaft, die die moderne Welt erklären soll. Das konnte sie auch nicht, denn Engels verwarf ausdrücklich, gegen Dühring und seinesgleichen, alle Systeme und Systembasteleien. Empirische Wissenschaft sah Engels als einen ergebnisoffenen, unabgeschlossenen und nie abschließbaren Prozess, und die neue Sozialwissenschaft, die ihm vorschwebte, harrte noch der Ausarbeitung. Die ganze Geschichte war neu zu studieren, alle tradierten Wissensbestände und Wissenschaften neu zu überprüfen. Niemand, auch der große Marx nicht, konnte das allein. Der Marxismus blieb in großen Teilen ein *work in progress*, eine Sozialwissenschaft, die noch zu machen war. Der Sozialismus, so Engels, war im Prinzip schon zu einer Wissenschaft geworden, dank der neuen, der »materialistischen Geschichtsauffassung« und dank der Kritik der politischen Ökonomie. Nun ging es darum, diese Wissenschaft »in allen ihren Einzelheiten und Zusammenhängen weiter auszuarbeiten« und, in ihren vorhandenen, aber unvollendeten Teilen, wie der Kritik der politischen Ökonomie, fortzusetzen.[95]

Im »Anti-Dühring« steht die »negative Kritik« eindeutig im Vordergrund, nur gelegentlich schlägt die Polemik gegen Dühring um in das, was Engels eigentlich wollte, eine »mehr oder minder zusammenhängende Darstellung« der neuen Sozialwissenschaft, die Marx und er selbst vertraten. Einiges davon ist Engels gut gelungen. Zum Beispiel im zweiten Teil, in dem es um die politische Ökonomie geht, eine Wissenschaft, die in weiten Teilen »jedoch erst geschaffen werden« soll.[96]

Im ersten Teil schöpfte er sichtlich aus dem Vollen, seine naturwissenschaftlichen Studien halfen ihm sehr. Was Marx machte, hatte mit Hegelei oder spekulativer Begriffskonstruktion gar nichts zu tun, im Gegenteil. Marx argumentierte nicht dialektisch, sondern bewies ökonomisch und historisch, und wenn ein Prozess oder Zusammenhang dialektischen Charakter zeigte, sagte er das.[97] Allgemeine Gesetze der Bewegung und Entwicklung könne man aufstellen und zeigen, dass sie in der Natur wie in der Geschichte und im Denken gültig und relevant seien. Trotzdem bleibe die neue materialistische Geschichtsauffassung ein Forschungsprogramm und -konzept, das sich in »den wirklichen Wissenschaften zu bewähren und zu betätigen« habe, also keine Philosophie.[98]

Im dritten Teil des »Anti-Dühring« hatte Engels seinen Genossen und Freunden einen Gefallen getan. Er ließ sich auf etwas ein, was Marx und er selbst sich sonst stets verkniffen hatten. Wer einen wissenschaftlichen Sozialismus propagierte und damit die sozialistischen und kommunistischen Utopisten kritisierte, konnte nicht gut selbst ein Rezept für den Bau der künftigen Gesellschaft aus der Tasche ziehen. Engels hatte die Utopisten früh gelesen und stets geliebt, besonders Charles Fourier hatte es ihm angetan. Aber, so Engels, wissenschaftlich ernst zu nehmen seien Sozialisten nur dann, wenn sie die Mittel und Wege der sozialen Emanzipation sich nicht ausdächten, sondern sie »in den vorliegenden materiellen Tatsachen der Produktion zu *entdecken«* versuchten.[99] Was Engels dann vorführte, ist ein Glanzstück sozialistischer Utopie, ohne die auch die wissenschaftlichsten Sozialisten nicht auskommen: Zwar benennt er stets die materiellen Vorbedingungen einer nachkapitalistischen Ökonomie und Gesellschaft. Zur Aufhebung der Klassen, zum Absterben des Staates, zur Überwindung von Wert, Geld und Markt, zur Begründung eines künftigen »Reichs der Freiheit« sind das eben nur Bedingungen, die manches ermöglichen, aber nichts zwingend vorgeben.[100]

Geschichte verstehen, um Geschichte zu machen

Engels schaffte es in seinen populärsten Schriften, dass er Einführung mit Ausführung verband. Jedoch war er nicht ausführlich genug, wie er bald merkte. Damals wie heute wurde seine Botschaft als Zumutung und Kränkung empfunden. Wir alle sollen dem Wirken blindwirkender Quasi-Naturgesetze unterworfen sein? Unser Wille und Bewusstsein, auf die wir so stolz sind, spielt keine Rolle? Kommt nicht in Frage, das ist »Determinismus«, noch schlimmer »ökonomischer Determinismus«, scholl es vielstimmig zurück.

Allerdings hatte Marx schon 1845, in der »Heiligen Familie«, dem ersten Gemeinschaftswerk mit Engels, betont: »Die Geschichte tut nichts, [...] sie ›kämpft keine Kämpfe‹! Es ist vielmehr der Mensch, der wirkliche, lebendige Mensch, der das alles tut [...] und kämpft; es ist nicht etwa die ›Geschichte‹, die den Menschen zum Mittel braucht, um ihre [...] Zwecke durchzuarbeiten, sondern sie ist nichts als die Tätigkeit des seine Zwecke verfolgenden Menschen.«[101] Wenige Jahre später überraschte Marx das Publikum mit dem lakonischen Satz: »Die Menschen machen ihre eigene Geschichte, aber sie machen sie nicht aus freien Stücken, nicht unter selbstgewählten, sondern unter unmittelbar vorgefundenen, gegebenen und überlieferten Umständen.«[102] Umstände klang noch weniger bedrohlich als Gesetze, zumal Marx die Tradition dazu gezählt hatte.

Engels mühte sich 25 Jahre später, der neuen, materialistischen Auffassung von Geschichte und Gesellschaft zum Durchbruch zu verhelfen. Er war sich der Unzulänglichkeit ihrer früheren Versuche wohl bewusst. Was er damals, mit Marx, in dem alten Manuskript von 1845/46 (»Die Deutsche Ideologie«) über die materialistische Geschichtsauffassung geschrieben hatte, »beweist nur, wie unvollständig unsere damaligen Kenntnisse der ökonomischen Geschichte noch waren«.[103] In »Ludwig Feuerbach und der Ausgang der klassischen deutschen Philosophie« versuchte er 1886 noch einmal zu erklären, was mit dieser neuen Wissenschaft von der Gesellschaft gemeint war. In der Geschichte der Gesellschaft sind es immer »lauter mit Bewusstsein begabte, mit Überlegung oder Leidenschaft handelnde, auf bestimmte Zwecke hinarbeitende Menschen«, die das Geschehen bestimmen. Dennoch wird, entgegen allem Anschein, »der Lauf der Geschichte durch innere allgemeine Gesetze« beherrscht. Denn nur »selten geschieht das Gewollte, in den meisten Fällen durchkreuzen und wiederstreiten sich die vielen gewollten Zwecke oder sind diese Zwecke selbst von vornherein undurchführbar oder die Mittel unzureichend. So führen die Zusammenstöße der zahllosen Einzelwillen und Einzelhandlungen auf geschichtlichem Gebiet einen Zustand herbei, der ganz dem in der bewusstlosen Natur herrschenden analog ist. Die Zwecke der Handlungen sind gewollt, aber die Resultate, die wirklich aus den Handlungen folgen, sind nicht gewollt, oder soweit sie dem gewollten Zweck zunächst doch zu entsprechen scheinen, haben schließlich ganz andere als die gewollten Folgen.«[104] Engels berief sich hier also auf die »nichtbeabsichtigten Handlungsfolgen«. Diesem Phänomen verdanken die Sozialwissenschaften bis heute ihre Existenz und Legitimität. Aber das reichte ihm keineswegs, um die Herrschaft von Gesetzen in der Geschichte zu behaupten. Dazu musste nach Ursprung und Inhalt der gewollten Zwecke gefragt werden: Welche historischen, gesellschaftlichen Bedingungen sind es, die »sich in den Köpfen der Handelnden zu solchen Beweggründen umformen«?[105] Hier kommen nun die Ideologien ins Spiel, zusammen mit den sie tragenden Institutionen wie dem Staat, der lange vor dem modernen Kapitalismus existiert. Engels führt ihn sogleich als »ideologische Macht« ein.[106] Engels Fazit lautet: In der modernen Gesellschaft, in der die Anarchie des Marktes, der permanente soziale Krieg und die universelle Konkurrenz herrschen, bestimmen soziale, ökonomische Quasi-Naturgesetze das chaotische Geschehen, weil und solange es kein bewusstes Gemeinschaftshandeln gibt.

Engels war sich über die Unzulänglichkeit seines Versuchs im Klaren. Ein »allgemeiner Umriss«, ergänzt durch »einige Illustrationen«[107] war nicht genug, um Zweifler oder Gegner zu überzeugen. In England hatte er genug des praktischen Empirismus aufgenommen, um seither der pragmatischen Maxime anzuhängen: *The proof of the pudding is in the eating.* Daher sah er es als seine eigentliche Aufgabe an, das zusammen mit Marx entworfenen Forschungsprogramm zu benutzen, um die ganze Geschichte neu zu studieren und neu zu schreiben. Genau das hatte er seit 1846 immer wieder getan.

Über den späten Ruhm seines Freundes Marx war Engels hocherfreut, die Marxisten erfreuten ihn weniger. Er reagierte auf das Treiben der neuen Marx-Anhänger verhalten. Einige Jüngere pickte er sich heraus, Eduard Bernstein, Karl Kautsky, Conrad Schmidt, die er für fähig hielt, die begonnene Arbeit fortzusetzen. Wer Talent zeigte, wie Franz Mehring oder der junge Werner Sombart, war ihm willkommen. Mehrings »Lessing-Legende« machte ihm die Freude zu sehen, dass »die materialistische Geschichtsauffassung, nachdem sie – in der Regel – seit 20 Jahren in den Arbeiten der jüngeren Parteileute als großmäulige Phrase hat herhalten müssen, endlich anfängt, als das benutzt zu werden, was sie eigentlich war: ein Leitfaden beim Studium der Geschichte«.[108] So lautete auch seine Ermahnung an Conrad Schmidt, den er hoch schätzte: »Unsere Geschichtsauffassung ist vor allem eine Anleitung beim Studium, kein Hebel der Konstruktion à la Hegelianertum. Die ganze Geschichte muss neu studiert werden.«[109] Gegen einen »krampfhaft verzerrten ›Marxismus‹«, wo alles zur Phrase verkomme, hatte er sich schon 1890 gewandt.[110] Wer mit dem Leitfaden arbeiten wolle, dürfe sich von der Komplexität des historischen Geschehens nicht irre machen lassen. Es sei durchaus erklärbar, dass sich gesellschaftliche Institutionen herausbilden und verselbstständigen könnten, die dann als eigene, selbstständige Mächte erscheinen müssten wie Staat, Recht oder Kirche. In politischen, juristischen oder religiösen Formen erschienen gesellschaftliche Verhältnisse den handelnden Subjekten notwendig verkehrt, trotzdem stünden Staat, Politik, Recht und Religion »selbst wieder unter dem beherrschenden Einfluss der ökonomischen Entwicklung«.[111]

Franz Mehring antwortet er, indem er regelrecht Selbstkritik übte. Marx und er selbst hätten in der Tat zu Anfang »die Form über den Inhalt vernachlässigt«. Er sei da als »älterer Mitschuldiger« nicht berechtigt, den Jüngeren wie Mehring einen Vorwurf zu machen.[112] Aber wenn man richtig die historischen Zusammenhänge entwickeln wolle, sei die formelle Seite, also wie bestimmte Vorstellungen in die Köpfe der handelnden Personen kämen, nun einmal unerlässlich. Ideologien, Theorien, Denkprozesse seien historisch wirksam, auch wenn sie nicht als letzte Ursachen gelten könnten. In seiner Antwort an Walther Borgius ging Engels noch ein Stück weiter mit seiner Selbstkorrektur. Die ökonomischen Verhältnisse, die »wir als bestimmende Basis der Geschichte der Gesellschaft ansehen«, seien sehr weit zu fassen; die Technologie, das technische Wissen und die technischen und sonstigen materiellen Bedürfnisse einer Gesellschaft gehörten auch dazu. Dann nimmt er die Rede von der Bestimmung zurück und ersetzt sie durch Bedingungen. Von einer »automatische[n] Wirkung der ökonomischen Lage« könne keine Rede sein, »die Menschen machen ihre Geschichte selbst, aber in einem gegebenen, sie bedingenden Milieu, aufgrund vorgefundener tatsächlicher Verhältnisse«. Unter diesen jeweils tatsächlich gegebenen Bedingungen seien die – weit gefassten – »ökonomischen, sosehr sie auch von den übrigen politischen und ideologischen beeinflusst werden mögen, doch in letzter Instanz die entscheidenden«, und nur diese ökonomischen Bedingungen (und deren Veränderung) würden den zum Verständnis nötigen »roten Faden bilden«.[113] Es ist bemerkenswert, dass Engels hier auf seine alten Tage den Schritt von der Bestimmung (Determination) zur Bedingung macht. Und damit Überlegungen vorwegnimmt, die erst ein Jahrhundert später im sogenannten Kritischen Realismus wieder eine Rolle spielen sollten.[114]

Warum es keinen »Engelsismus« gab und auch nicht geben wird

Marx war kein Marxist und hielt von Marxisten wie Anti-Marxisten gar nichts. Engels hat diesen marxschen Stoßseufzer –

»Tout ce que je sais, c'est que je ne suis pas marxiste!« – mehrmals bestätigt. Es gibt insgesamt ein halbes Dutzend Belege für Marx' Aversion gegen Marxisten und Marxismus.[115] Über seinen Schwiegersohn Paul Lafargue gelangte die Botschaft zu Engels, und der verbreitete sie weiter. Allerdings war es auch Engels, der in den 1880er-Jahren schon seine Freunde und Genossen in der europäischen sozialistischen Bewegung Marxisten zu nennen pflegte. Halb im Ernst, halb im Scherz hat er die anfänglichen Schimpfnamen »Marxist« und »Marxismus« akzeptiert. Unsere Feinde werden sich noch wundern, »sie werden darüber verrückt werden, dass sie uns diesen Namen gegeben haben!«, schrieb er triumphierend an Laura Lafargue.[116] Und so kam es auch. Aus einem Schimpfwort wurde ein Ehrentitel, den sich die Sozialisten in vielen europäischen Ländern ans Revers hefteten, in wachsender Zahl. Marxisten waren diejenigen, die die fortgeschrittenste Form der Sozialwissenschaft für sich in Anspruch nahmen – und gerade so wurde der »Marxismus« in vielen Ländern gesehen, in Russland wie in China und in Japan.

Man kann, darf und soll unter *Marxismus* Verschiedenes verstehen: Erstens die intellektuelle Biografie von Karl Marx selbst, also die Nachzeichnung seiner intellektuellen Entwicklung, die im Lauf seines Lebens zu einer Reihe von mehr oder weniger gut zusammenpassenden Ideen, Theorien und Konzepten geführt hat. Man kann zweitens versuchen, aus dem vorhandenen Bestand an Texten und Manuskripten von Marx so etwas wie eine konsistente, zusammenhängende Theorie zu schneidern. Das wird allerdings schon bei der Kritik der politischen Ökonomie schwierig, die Marx unvollendet, voller ungelöster Probleme hinterlassen hat. Einen Marxismus von Marx gibt es daher nicht, allerdings einen von Engels. Denn Engels war der erste Marxist, der eine zusammenhängende Darstellung einiger Grundsätze und vieler zentraler Einsichten versucht hat. Er sah diese Theorie bis zuletzt als ein *work in progress*, keinesfalls als ein geschlossenes System.[117] Seine Version blieb unvollständig und daher versuchte er gelegentlich, in seinen sogenannten Altersbriefen Erläuterungen nachzuschieben. Was das Forschungsprogramm taugte, das er mit Marx entworfen hatte, musste sich in historischen und zeitgeschichtlichen Analysen erweisen, und da bot sich ein weites, noch kaum beackertes Feld. Drittens kann man unter Marxismus die in der deutschen, österreichischen und französischen sozialistischen Bewegung zeitweilig herrschende Parteidoktrin verstehen, zu der Marx wie Engels beigetragen haben. Engels war dabei erfolgreicher. 1891 gelang es ihm, das Erfurter Programm der SPD von seinen Freunden und Schülern Kautsky und Bernstein schreiben zu lassen; er selbst wirkte im Hintergrund daran mit. Will man die Sache weiter fassen, also die Programmatik vieler sozialistischer Parteien – und mancher Staaten – sowie die in den sozialistischen Bewegungen verbreiteten Lehren mit berücksichtigen, wird man viertens von Marxismen im Plural, von Leninismus, Stalinismus und so weiter sprechen müssen. Daran hatte Engels keinerlei Anteil. Fünftens kann man unter Marxismus auch die Geschichte der theoretischen und empirischen Studien und Forschungen verstehen, die vielerlei Leute innerhalb wie außerhalb der Arbeiterbewegung und der sozialistischen Parteien angestellt haben – im Anschluss an Marx, Engels und deren direkte Nachfolger. Allerdings wird man wenig finden, was einer marxschen oder engelsschen Schule gleichkommt, vielleicht mit der einen Ausnahme der Austromarxisten.

Engels hat ebenso wenig wie Marx eine Studie über seine eigene intellektuelle Entwicklung geschrieben. Er hat auch nie versucht, seine eigene Lesart der Kritik der politischen Ökonomie oder der materialistischen Geschichtsauffassung in zusammenhängender Form, als eine besondere Lehre zu präsentieren. Noch haben das andere versucht. In der Geschichte der Marxismen gab und gibt es, trotz zahlreicher -ismen, keinen Engelsismus, weder einen von Engels, noch einen von anderen erdachten.

Der »Engelsismus« ist bis heute ein Schimpfname. Marxistische bzw. in Marxismus machende Philosophen haben ihn erfunden, die aus Meinungsunterschieden zwischen Marx und Engels und einem gelegentlich unterschiedlichen Sprachgebrauch einen grundlegenden theoretischen Unterschied konstruieren wollten. Nur bleibt davon bei näherem Hinsehen nicht viel übrig, sodass der Engelsismus auf eine angebliche Neigung von Engels zusammenschnurrt, auf alles eine Antwort zu haben. Zwar waren die Marxisten groß in der Erfindung von Personenkulten, gleich ob Lenin, Luxemburg, Gramsci, Trotzki, Stalin oder ein anderer dafür herhalten musste. Die Anhänger dieser -ismen klammern sich an den Mythos ihres großen Gurus und pflegen sich gegenseitig als jeweils beste Feinde zu bekämpfen. Mit dem Engelsismus steht es jedoch so, dass sich niemand diesen Stiefel anzieht, das Etikett wird nur abwertend gebraucht und dient als Distinktionsmerkmal im Streit gegen vermeintlich illegitime Lesarten marxscher Theorien.

Engels und Marx – Schlussbetrachtung

Für Biografen ist Engels ein dankbares Thema, anders als Marx, in dessen Schatten er steht. Er ist die farbigere Persönlichkeit, seine an Konflikten und Stürmen reiche Lebensgeschichte zu schreiben, lohnt sich. Tristram Hunts Engels-Biografie ebenso wie die schon ältere Engels-Biographie von Hans-Peter Bleuel zehren denn auch in der Hauptsache davon, Episoden und Schwänke, auch vermeintlich Skandalöses aus Engels' bewegtem Leben zu erzählen.[118] Das Leben unseres Helden war in der Tat in vieler Hinsicht abwechslungsreicher, er hat mehr erlebt, sich auf mehreren schwierigen Terrains bewähren müssen, als Marx. Er war ein Mann mit Lebenslust und Appetit, der die Frauen liebte und Duelle focht. Mehr als einmal hat er die Kugeln pfeifen gehört. Seine Persönlichkeit ist farbiger, facettenreicher als die marxsche. Nur an Krankengeschichten und Zipperlein hat er nicht so viel zu bieten. Denn Engels war nicht wehleidig und weit weniger zum Klagen aufgelegt als Marx. Er ertrug die Widrigkeiten des Alltagslebens mit stoischer Ruhe und einer gehörigen Portion Humor. Dafür gibt es in seinem Leben mehr Action und Abenteuer, von den Barrikaden in Elberfeld zum badischen Aufstand bis zu seiner Reise durch Frankreich und die Schweiz auf der Flucht vor der Polizei. Von seinen ersten Turnübungen bis zu seinen wilden Fuchsjagden über die Heiden und Hügel von Lancashire, die er als himmlisches körperliches Vergnügen beschrieb. Mit Ausnahme des unübertroffenen Werks von Gustav Mayer stellen alle Biografen seine Lebensgeschichte samt Liebschaften und politischen Aktivitäten klar in den Vordergrund. Manche, wie John Green, wollen ihn in erster Linie als politischen Aktivisten sehen.[119] Nicht ganz zu Recht, denn das war er nur gelegentlich und nur für kurze Zeit. Ein politisches Amt hatte er nie, und öffentliche Stellungen hatte er wenige. Nur in der Ersten Internationale hat er einige Zeit die Position eines Sekretärs und war damit Teil der Führungsriege. Von Berufsrevolutionären hielten Engels wie Marx nichts und bekämpften sie, von Parteibonzen hielten sie noch weniger – mit einigen Ausnahmen wie August Bebel und Viktor Adler. Von Leuten, die ständig mit dem Wort »Revolution« um sich warfen, hielten sie am allerwenigsten.

Klar sind Engels-Anekdoten unterhaltsamer, aber der Mann war auch ein ernst zu nehmender Wissenschaftler. Marx schwärmte nicht von Ungefähr für ihn, so sehr, dass selbst seine geliebte Frau Jenny ihre Eifersucht nie ganz unterdrücken konnte.[120] Der Marxismus war wesentlich sein Werk, auf verschiedenen Gebieten hat er versucht, das einzulösen, was sie beide seit 1845 immer wieder versprochen hatten, dem europäischen Sozialismus eine solide sozialwissenschaftliche Grundlage zu geben. Engels ist es in erstaunlichem Maß gelungen, seiner und Marx' Auffassung zum Sieg in der deutschen und in Teilen der weiteren europäischen Arbeiterbewegung zu verhelfen. Allem Hohn und Spott der zahlreichen Gegner, die gegen ihn und Marx wüteten und den »Marxiden« wie der ganzen »Marxerei« den Garaus machen wollten, zum Trotz. Nach mehr als 20 Jahren Inkubationszeit und nur für eine Weile, bevor die neue Theorie zur Parteisache wurde – und aus jedem wissenschaftlichen Streit ein politischer wurde. Der Marxismus machte Furore auch in der akademischen Welt – dank Engels. Denn die regelrechte Marx-Kritik begann erst in den 1890er-Jahren, als immer mehr marxsche Schriften wieder oder zum ersten Mal verfügbar wurden, nicht zuletzt die beiden noch ausstehenden Bände des »Kapital«.

Anhänger des Engels-Bashing sollten überlegen: Was wäre wohl aus Marx geworden, wenn er mehr als 20 Jahre seines Lebens mit kräftezehrender, nerv- und geisttötender Erwerbsarbeit hätte verbringen müssen? Vielleicht ein besserer Familienvater und Ehemann, aber kaum ein besserer Wissenschaftler. Und was hätte der ihm an Talenten zumindest ebenbürtige Engels leisten können, wenn er nicht 20 Jahre seines Lebens dem »hündischen Kommerz« geopfert hätte? Wenn er nicht die letzten zwölf Jahre seines Lebens mit der Herausgabe des unvollendeten Hauptwerks seines Freundes hätte zubringen müssen? Was hätte er wohl leisten können, wenn er von der Bürde frei gewesen wäre, den Oberlama für die europäische sozialistische Bewegung spielen zu müssen, die in Gestalt ihrer Parteiführer und Intellektuellen ständig an ihm zerrte?

Engels war sich über die begrenzte Haltbarkeit wissenschaftlicher Zeitdiagnosen im Klaren, das zeigen die Vorworte zu den Neuausgaben und Übersetzungen von Marx' Arbeiten und seinen eigenen Schriften, die er in seinen letzten Lebensjahren reichlich schrieb. Wieder und wieder hat er den historischen Kontext erklärt, in dem die Texte entstanden sind, die später zu »Klassikern« erklärt wurden, vermeintlich unantastbar wie heilige Schriften. Dagegen betonte Engels ungeniert, wie oft und wie sehr er und Marx sich geirrt hatten: Wir waren noch nicht mit uns im Reinen, wir haben zur »Selbstverständigung« geschrieben, wir hatten noch kaum eine Ahnung und die Geschichte hat uns gründlich widerlegt. Engels erfand den Marxismus und war doch kein richtiger Marxist. Er war ebenso gut ein Revisionist und damit in guter Gesellschaft.

Anmerkungen

1 Vgl. Gustav Mayer: Friedrich Engels. Eine Biographie, Erster Band: Friedrich Engels in seiner Frühzeit, 1820–1851, Berlin 1920; ders.: Friedrich Engels. Eine Biographie. Zweiter Band: Engels und der Aufstieg der Arbeiterbewegung in Europa, Berlin 1930. Die beiden Bände erschienen zusammen, der erste in einer verbesserten Auflage, noch einmal 1934. Eine Studienausgabe in zwei Bänden erschien 1975. Gustav Mayer war auch der erste, der eine Ausgabe der engelsschen Jugendschriften besorgte (Friedrich Engels: Schriften der Frühzeit. Aufsätze, Korrespondenzen, Briefe, Dichtungen aus den Jahren 1838–1844 nebst einigen Karikaturen und einem unbekannten Jugendbildnis des Verfassers, gesammelt und hrsg. von Gustav Mayer, Berlin 1918). Damals eine Sensation, allerdings machten diese Frühschriften von Engels viel weniger Furore als die von Marx, die erst 1932 erschienen. Insgesamt gibt es bisher neben Mayers Biografie nur drei weitere große Engels-Biografien mit wissenschaftlichem Anspruch: William O. Henderson: The Life of Friedrich Engels, 2 Vols., London/New York 1976; John Green: A Revolutionary Life: A Biography of Friedrich Engels, London 2008; Tristram Hunt: Friedrich Engels –Der Mann, der den Marxismus erfand, Berlin 2012.

2 So Mayer: Friedrich Engels, Bd. I, S. VI und Klaus Körner: »Wir zwei betreiben ein Compagniegeschäft«. Karl Marx und Friedrich Engels, Hamburg 2009, S. 11. Einer hat das tatsächlich versucht, Heinrich Gemkows Doppelbiografie »Unser Leben« erschien 1981 im Dietz Verlag Berlin. Die außergewöhnliche Freundschaft und intellektuelle Partnerschaft zwischen zwei außergewöhnlichen Männern haben die Historiker immer wieder gereizt. Die jüngste und bestinformierte Darstellung stammt von Jürgen Herres: Marx und Engels. Porträt einer intellektuellen Freundschaft, Stuttgart 2018.

3 Engels an Johann Philipp Becker, 15. Oktober 1884, in: Karl Marx/Friedrich Engels: Werke [MEW], Berlin 1956ff., Bd. 36, S. 218.

4 Friedrich Engels: Ludwig Feuerbach und der Ausgang der klassischen deutschen Philosophie, in: MEW, Bd. 21, S. 291, 292.

5 Vgl. das Zeugnis von Paul Lafargue: Persönliche Erinnerungen an Karl Marx, in diesem Band S. 185–194.

6 Marx an Ludwig Kugelmann, 25. Oktober 1866, in: MEW, Bd. 31, S. 535.

7 Marx an Friedrich Engels, 12. April 1855, in: Karl Marx/Friedrich Engels: Gesamtausgabe [MEGA^2], Berlin 1975ff., Bd. III/7, S. 189.

8 Marx an Friedrich Engels, 20. Februar 1866, in: MEW, Bd. 31, S. 183.

9 Das ist nicht der einzige Grund, warum die flotte Rede vom »Engelsismus« Unsinn ist. Engels war übrigens sehr erfolgreich in seinem Bestreben, Marx zu erhöhen und in den Vordergrund zu schieben. In der Ikonographie der europäischen Sozialdemokratie tauchte Marx regelmäßig neben Lassalle (und anderen) auf, Engels dagegen kaum. Er kämpfte im Hintergrund, nicht für sich, nicht um selbst Macht und Einfluss zu erringen, sondern für einen Anderen, Größeren, der aber für die »sozialistischen Machthaber« bzw. Prätendenten den Vorteil hatte, ihnen nicht mehr gefährlich werden zu können.

10 Marx sprach ironisch von ihrer »Orestes-Pyladesschaft« (vgl. Marx an Friedrich Engels, 20. Januar 1864, in: MEW, Bd. 30, S. 387).

11 Vgl. Franz Mehring: Karl Marx. Geschichte seines Lebens, Berlin 1974 [1918], S. 232–244.

12 Vgl. Max Adler: Engels als Denker, in: ders.: Marx und Engels als Denker, Frankfurt a. M. 1972, S. 151, 152. In der ganzen austromarxistischen Schule gab es nie einen Versuch, Marx gegen Engels auszuspielen, obwohl man die Unterschiede zwischen beiden klargesehen hat.

13 Die Vertreter dieser inzwischen weit verbreiteten Sicht auf Engels finden sich im deutschsprachigen wie im angelsächsischen Raum, das Engels-Bashing scheint vor allem für Leute unwiderstehlich zu sein, die Marx am liebsten als Hegelianer sehen (vgl. für viele: George Lichtheim: Marxism. A Historical and Critical Study, London 1961; Norman Levine: The Tragic Deception. Marx contra Engels, Oxford 1975; ders.: Divergent Paths. Hegel in Marxism and Engelsism, New York/Toronto 2006; Terrell Carver: Marx and Engels. Their intellectual relationship, Brighton 1983). In Deutschland sind es überwiegend die Anhänger der sogenannten Neuen Marx-Lektüre, die Engels als Marx-Nichtversteher schmähen. Ehrenrettungen zu Engels' Gunsten sind eher selten (vgl. als eine dieser Ausnahmen: Gareth Stedman Jones: Engels und die Geschichte des Marxismus, in: ders.: Klassen, Politik und Sprache, Münster 1988).

14 Aber die Praxis war damals weit verbreitet in Unternehmerkreisen. Bei den Fabrikanten herrschte die Ansicht, dass ihre Söhne auf der Universität nur fürs Geschäft verdorben würden. Ein Management- oder Betriebswirtschaftslehre-Studium gab es damals noch nicht. Der junge Engels stand vor einer ungemütlichen Alternative: Abitur, danach Jurastudium und preußische Beamtenlaufbahn oder Geschäftsmann werden.

15 Vgl. über Engels' Zeit in Bremen Johann-Günther König: Friedrich Engels. Die Bremer Jahre 1839–1841, Bremen 2008.

16 Engels an Karl Marx, 15. November 1857, in: MEW, Bd. 29, S. 208–212.

17 In Manfred Kliems Dokumentation finden sich einige Tabellen, sowohl für Engels' Jahreseinkommen in seiner Zeit in Manchester, als auch für die Zahlungen, die er an die Marx-Familie im Lauf der Zeit geleistet hat (vgl.: Friedrich Engels. Dokumente seines Lebens 1820–1895, Leipzig 1977, S. 330, 342, 346, 408). Sie zeigen, dass Engels' Gehalt relativ bescheiden blieb, er verdiente vor allem dank seiner Gewinnbeteiligungen, die im Lauf der Jahre erheblich stiegen. Viele Details hat schon Gustav Mayer ermittelt, einige wenige Dokumente (Firmenverträge) befinden sich noch heute im Lancashire Record Office in Preston.

18 Eleanor Marx-Aveling: Friedrich Engels, in: Mohr und General, Berlin 1983, S. 402–403.

19 Vgl. Friedrich Engels: Briefe aus dem Wuppertal, in: MEW, Bd. 1, S. 413–432.

20 Friedrich Engels: Anti-Schelling, in: MEW, Bd. 41, S. 163–245.

21 Vgl. Friedrich Engels: Grundsätze des Kommunismus, in: MEW, Bd. 4, S. 363–380.

22 Engels an Karl Marx, 23./24. November 1847, in: MEW, Bd. 27, S. 107.

23 Vgl. Bruno Hildebrand: Nationalökonomie der Gegenwart und Zukunft. Erster Band, Frankfurt a. M. 1848, S. 155–247.

24 Engels an Arnold Ruge, 15. Juni 1842, in: MEW, Bd. 27, S. 404.

25 Engels an Arnold Ruge, 26. Juli 1842, in: MEW, ebd., S. 408.

26 Vgl. Friedrich Engels: Tagebuch eines Hospitanten, in: MEW, Bd. 41, S. 249–254.

27 Friedrich Engels: Dialektik der Natur, in: MEW, Bd. 20, S. 312.

28 Marx an Adolf Cluß, Mitte Oktober 1853, in: MEW, Bd. 28, S. 596.

29 Als Bruno Schoenlank ihn als Vater bzw. Erfinder der deskriptiven Ökonomie preisen wollte, wehrte Engels entschieden ab. Davon könne keine Rede sein, die klassischen Ökonomen, Petty, Boisguillebert, Vauban, Adam Smith und viele andere hätten das schon lange vor ihm getan, Untersuchungen der Lebensverhältnisse der Armen und der Proletarier hätten auch schon vor ihm andere angestellt. Er habe nur das Glück gehabt, »ans Zentrum der modernen Großindustrie geworfen zu werden und der erste zu sein, der dort offene Augen für die Zusammenhänge – wenigsten die oberflächlichsten – hatte« (Engels an Bruno Schoenlank, 29. August 1887, in: MEW, Bd. 36, S. 697).

30 Marx an Friedrich Engels, 4. Juli 1864, in: MEW, Bd. 30, S. 418.

31 Friedrich Engels: Zur Geschichte des Bundes der Kommunisten, in: MEW, Bd. 21, S. 211.

32 Vgl. Karl Marx: Ökonomisch-philosophische Manuskripte, in: MEW, Bd. 40, S. 468. Vgl. auch Karl Marx: Engels in den deutsch-französischen Jahrbüchern, in: MEGA², Bd. IV/2, S. 485–486.

33 Marx: Ökonomisch-philosophische Manuskripte, S. 468; ders.: Das Kapital. Erster Band, in: MEW, Bd. 23, S. 89, 166, 178, 663.

34 Friedrich Engels: Umrisse zu einer Kritik der Nationalökonomie, in: MEW, Bd. 1, S. 502.

35 Ebd., S. 505.

36 Auch in diesem Punkt stimmen Marx und Engels völlig überein. Sie haben sich später noch des Öfteren hierüber ausgetauscht.

37 Engels: Umrisse zu einer Kritik der Nationalökonomie, S. 508, 509.

38 Ebd., S. 511.

39 Ebd., S. 511–512.

40 Ebd., S. 514.

41 Ebd., S. 515. Genau diesen Satz aus Engels' Aufsatz zitiert Marx im ersten Kapitel des ersten Bandes des »Kapital«, wo er den Begriff des Werts erläutert (Vgl. Marx: Das Kapital. Erster Band, S. 89).

42 Engels: Umrisse, S. 513–520, 522–524.

43 Karl Marx: Zur Kritik der Politischen Ökonomie. Vorwort, in: MEW, Bd. 13, S. 10.

44 Engels an Wilhelm Liebknecht, 13. April 1871, in: MEW, Bd. 33, S. 208.

45 Engels an Jewgenija Eduardowna Papritz, 26. Juni 1884, in: MEW, Bd. 36, S. 170.

46 Ihre Notizbücher und Exzerpthefte aus dieser Zeit, die Manchester-Hefte, sind erhalten und inzwischen auch publiziert: 5 von Marx' Hand, 3 von Engels (vgl. MEGA², Bd. IV/4).

47 Noch in der Einleitung zur »Lage der arbeitenden Klasse in England« sprach er von einer »künftigen, umfassenderen Arbeit«. Vgl. Friedrich Engels: Lage der arbeitenden Klasse in England, in: MEW, Bd. 2, S. 237.

48 *bluebooks* – Blaubücher – wurden die dem britischen Parlament vorgelegten Berichte der von ihm bzw. von der Regierung eingesetzten Untersuchungskommissionen genannt, wegen ihrer blauen Einbände. Ab dem 17. Jahrhundert enthielten sie auch Statistiken in tabellarischer Form.

49 Vgl. Marx: Das Kapital. Erster Band, S. 245, 259, 269, 283, 421, 445, 447, 448, 468, 633, 683.

50 Marx an Friedrich Engels, 9. April 1863, in: MEW, Bd. 30, S. 342, 343.

51 Vgl. Engels: Lage der arbeitenden Klasse, S. 237–252.

52 Vgl. ebd., S. 347. Dahinter steht ein normatives Argument: »Wenn die freiwillige produktive Tätigkeit der höchste Genuss ist, den wir kennen, so ist die Zwangsarbeit die härteste, entwürdigendste Qual« (ebd., S. 346).

53 Ebd., S. 259–294.

54 Ebd., S. 310. Allerdings konnte der junge Engels der Versuchung nicht widerstehen, die damals beliebte Sklaven-Rhetorik zu bemühen. Die Rede von der »Lohnsklaverei« kommt auch bei Marx gelegentlich vor.

55 Vgl. ebd., S. 397–408. Darüber hinaus gibt Engels in dieser Schrift auch eine erste Darstellung der englischen Fabrikgesetzgebung von 1802 bis 1844 und ihrer Auswirkungen auf die Lage der Arbeiter. Wieder ein willkommener Anstoß für Marx (vgl. ebd., S. 391–397).

56 Ebd., S. 315, 315–319.

57 Ebd., S. 314, 312–314.

58 Vgl. ebd., S. 503, 504.

59 Wer diese Manuskripte und Notizen sowohl in der Reihenfolge ihrer Entstehung als auch in thematischer Anordnung lesen will, muss zum Band I/26 der MEGA[2] greifen. Die mit weitem Abstand beste Darstellung der Überlegungen, die Engels in diesen Aufzeichnungen anstellte, findet sich noch immer im zweiten Band von Gustav Mayers Engels-Biografie (vgl. Mayer: Friedrich Engels, Bd. II, 1934, S. 297–328).

60 Beide haben sich oft über ihre naturwissenschaftlichen und mathematischen Studien ausgetauscht, sich gegenseitig geholfen bei der Literaturbeschaffung. Dass Marx Engels' Manuskripte zur Naturwissenschaft kannte, zumindest einen Teil davon, ist unbestreitbar. Denn in diesen Manuskripten finden sich Zusätze in der Handschrift von Marx (z. B. Zitate aus Aristoteles' »Metaphysik« und weitere Hinweise auf die griechische Naturphilosophie).

61 Engels: Dialektik der Natur, S. 568.

62 Ebd., S. 472.

63 Ebd., S. 395.

64 Vgl. ebd., S. 307–308.

65 Alfred Schmidt: Der Begriff der Natur in der Lehre von Marx, (1962), Neuausgabe, Frankfurt a. M. 1971, S. 44, 49.

66 Marx hat explizit behauptet, dass sich in der politischen Ökonomie »wie in der Naturwissenschaft« von Hegel entdeckte dialektische Gesetze finden lassen, z. B. das Gesetz, wonach »bloß quantitative Veränderungen auf einem gewissen Punkt in qualitative Unterschiede umschlagen« (vgl. Marx: Das Kapital. Erster Band, S. 327). Es ist nicht das einzige dialektische Gesetz, das er im »Kapital« erwähnt.

67 Vgl. J.D. Hunley: The Life and Thought of Friedrich Engels. A Reinterpretation, New Haven 1991, S. 31.

68 Nach Marx' ursprünglichem Plan sollten Buch II und III des »Kapital« zusammen in einem starken Band erscheinen. Engels stieß den alten Plan um und einigte sich mit Marx' Verleger darauf, die beiden folgenden Bücher als selbstständige Bände herauszugeben.

69 Engels an Karl Marx, 22.–26. Februar und 7. März 1845, in: MEW, Bd. 27, S. 23. Vgl. auch kurz davor die Ermahnung: »Mach, dass Du mit Deinem nationalökonomischen Buch fertig wirst [...].« (Friedrich an Karl Marx, 20. Januar 1845, in: MEW, ebd., S. 16).

70 Friedrich Engels: Vorwort, in: MEW, Bd. 24, S. 12 u. Engels an August Bebel, 30. August 1883, in: MEW, Bd. 36, S. 56.

71 Ebd.

72 Heute sind die marxschen Manuskripte und dazu das engelssche Redaktionsmanuskript in der zweiten Abteilung der MEGA[2] (in den Bänden II/4.1, II/11 und II/12) veröffentlicht.

73 Engels: Vorwort, in: MEW, Bd. 24, S. 7, 12; ders.: Vorwort, in: MEW, Bd. 25, S. 11.

74 Engels an Johann Philipp Becker, 15. Juni 1885, in: MEW, Bd. 36, S. 328.

75 Dennoch hält sich hartnäckig das Gerücht, Engels habe die ökonomischen Manuskripte von 1857/58 nie gesehen und gelesen. Das stimmt zwar für etliche der falschen Geistesgrößen des Neomarxismus, die von den »Grundrissen« nicht mehr kannten und kennen als den Titel, aber kaum für Engels. Der dürfte sich erstens an Marx' eigenes Urteil erinnert habe, das Manuskript sei ein einziges Durcheinander. Zweitens folgte er seiner Maxime, stets das spätere Manuskript zu benutzen. Mit anderen Worten, er teilte die bei manchen heutigen Interpreten beliebte These nicht, dass Marx, vielleicht ungewollt und ohne es zu merken, von den philosophischen Höhen der »Grundrisse« zu den ökonomistischen Niederungen

des »Kapital« abgeglitten sei. Aus seiner Arbeit mit den Manuskripten geht klar hervor, dass er sich gründlich mit dem langen ökonomischen Manuskript von 1861–1863 befasst hat, in das nicht Weniges aus dem früheren Manuskript von 1857/58 eingegangen ist.

76 Vgl. Marx an Friedrich Engels, 20. August 1862, in: MEW, Bd. 30, S. 280.

77 Engels hat, als Vorbereitung auf dies angedachte Projekt einer populären Darstellung des ersten Bandes des »Kapital« ein Konspekt geschrieben, das allen Engels-Verächtern zur Lektüre empfohlen werden darf (vgl. Friedrich Engels: Konspekt über »Das Kapital« von Karl Marx. Erster Band, in: MEW, Bd. 16, S. 243–287).

78 Das Originalmanuskript zum dritten Band wurde 1992 veröffentlicht, vgl. MEGA², Bd. II/4.2.

79 Vgl. Karl Marx: Ökonomische Manuskripte 1863–1867, in: MEGA², Bd. II/4.2, S. 319 u. ders.: Das Kapital. Dritter Band, in: MEW, Bd. 25, S. 240.

80 Vgl. den Text »Karl Marx« in diesem Band.

81 Marx: Zur Kritik der Politischen Ökonomie, S. 10.

82 Vgl. Friedrich Engels: Revolution und Konterrevolution in Deutschland, in: MEW, Bd. 8, S. 5–108; ders.: Der deutsche Bauernkrieg, in: MEW, Bd. 7, S. 327–413; ders.: Die deutsche Reichsverfassungskampagne, in: MEW, ebd., S. 109–197.

83 Vgl. Friedrich Engels: Der Status quo in Deutschland, in: MEW, Bd. 4, S. 40–57. Nur der erste Teil dieser Schrift ist erhalten.

84 Vgl. Friedrich Engels: Die wirklichen Ursachen der verhältnismäßigen Inaktivität der französischen Proletarier im vergangenen Dezember, in: MEW, Bd. 8, S. 219–231.

85 Der hatte die Welt 1875/76 schlagartig mit drei dicken Wälzern überrascht: 1875 erschien sein »Cursus der Philosophie als streng wissenschaftliche Weltanschauung und Lebensgestaltung«, im gleichen Jahr kam seine »Kritische Geschichte der Nationalökonomie und des Socialismus«, im Jahr darauf erschien sein »Cursus der National- und Socialökonomie«, wieder ein 600-Seiten-Wälzer. Engels arbeitete sich durch alle drei Bücher, wie seine zahlreichen Randbemerkungen in den erhaltenen Handexemplaren zeigen.

86 Gemeint ist die später so betitelte »Deutsche Ideologie«. Marx hatte das unvollendete und nie veröffentlichte Manuskript 1859 im Vorwort zu »Zur Kritik der Politischen Ökonomie« kurz erwähnt. Nur ein kleiner Teil davon, eine Polemik gegen Karl Grün wurde 1847 im Westfälischen Dampfboot veröffentlicht. Acht Jahre nach Engels' Tod hat Eduard Bernstein zwei Fragmente daraus – über Max Stirner – veröffentlicht. Die Kritik an Feuerbach erschien 1926 als Vorabdruck, das gesamte erhaltene Manuskript erst 1932 im Band I/5 der ersten MEGA, um alsbald im Marxismus-Leninismus kanonisiert zu werden. Was da verbreitet wurde, war allerdings ein Buch, das Marx und Engels nie geschrieben hatten und sicher so auch nie veröffentlicht hätten. Die Originalmanuskripte, deren Ordnung bis heute strittig ist, sind erst vor Kurzem vollständig im Band I/5 der MEGA² publiziert worden.

87 Marx: Zur Kritik der Politischen Ökonomie. Vorwort, S. 8.

88 Vgl. Karl Marx: Vorarbeiten zum zweiten Abschnitt des »Anti-Dühring«, in: MEGA², Bd. I/27, S. 131–215.

89 Friedrich Engels: Vorwort zur zweiten Auflage von 1885, in: MEW, Bd. 20, S. 9. Mit der Behauptung zu spielen, Engels habe gelogen (oder Marx sei bei seiner Mitarbeit an dieser Schrift in geistige Umnachtung verfallen), wie Terrell Carver es leider tut, ist schon ein starkes Stück (vgl. Terrell Carver: Engels, Oxford 1981, S. 76 u. ders.: Marx, Engels and Scholarship, in: Political Studies 32, 1984, S. 252). Leider ist den Engels-Verächtern kein Blödsinn zu billig, um Engels gegen Marx zu stellen. Da nicht sein kann, was nicht sein darf – dass Marx den Text kannte und guthieß – muss Engels zum Hochstapler erklärt werden.

90 Karl Marx: Vorbemerkung zur französischen Ausgabe (1880), in: MEW, Bd. 19, S. 185 – Marx gab hier zugleich eine Kurzbiografie seines Freundes. Eine kluge Antwort auf die Frage, ob Marx auch ein »Engelsist« gewesen sei – ja, doch – hat S.H. Rigby gegeben (vgl. S.H. Rigby: Engels and the formation of Marxism, Manchester 2005 [1992]).

91 Vgl. Friedrich Engels: Karl Marx »Zur Kritik der Politischen Ökonomie«, in: MEW, Bd. 13, S. 468–477. An diesem kurzen Text, den Engels auf Marx' Wunsch schrieb und ihm vor dem Abdruck zuschickte mit der Bitte um Korrektur, hat sich eine endlose Debatte entzündet über die Frage, ob und inwieweit das marxsche »Kapital« reine oder historisch informierte und begründete Theorie ist, ob es daher einen Weg von der theoretischen Analyse der kapitalistischen Produktionsweise zur Untersuchung ihrer Geschichte gibt, oder nicht. Am reinen Begriff wärmen sich die Philosophen, die Sozialwissenschaftler brauchen etwas anderes.

92 Wer sich über den scharfen Ton der Polemik wundert, möge sich vergegenwärtigen, dass die Marx-Gegner alles andere als zimperlich waren. Auf dem Gothaer Parteitag 1877 probten die Dühringianer den Aufstand gegen den »Marx-Hegel-Sozialismus« und als Antwort auf Engels' Artikelserie erschien schon bald eine Schmähschrift, vom Häuptling der Berliner Dühringianer selbst verfasst, um den verhassten »Marxisten« Paroli zu bieten (Vgl. Abraham Enß: Engels Attentat auf den gesunden Menschenverstand oder der wissenschaftliche Bankrott im Marxistischen Sozialismus, Grand Saconnex (Schweiz) 1877).

93 Das haben einige der Marxisten der ersten Generation bezeugt. Erst mit der Lektüre des »Anti-Dühring« hätten sie begonnen, »die Eigenart des Marxismus« zu verstehen und »marxistisch zu denken«: »Erst von da an datiert der Anfang einer marxistischen Schule« (Karl Kautsky: Friedrich Engels, in: Der Kampf, Heft 8/9, 1925, S. 335). Engels habe »zum ersten Mal in zusammenhängender und allgemeinverständlicher Darstellung die theoretischen Grundgedanken des modernen wissenschaftlichen Sozialismus« erläutert, sein Buch sei ein »Lehrbuch ersten Ranges« (Eduard Bernstein: Zur dritten Auflage von Fr. Engels' »Herrn Eugen Dühring's Umwälzung der Wissenschaft«, in: Die Neue Zeit, Heft 5, I. Band, 1894–1895, S. 143).

94 Dass Engels in der Hauptsache auf drei Bücher von Dühring reagierte, von denen eines Philosophie und Wissenschaft, die beiden anderen Ökonomie und Sozialismus zum Thema hatten, und daher seine Kritik in drei Abteilungen – Philosophie, Politische Ökonomie und Sozialismus – gliederte, wurde von den Erfindern der neuen Orthodoxie, unter anderem von Lenin, als Darstellung der drei Grundbestandteile des Marxismus missverstanden und in eine Trias marxistischer Disziplinen verwandelt. Engels, der Anti-Philosoph, hätte sich totgelacht, vor allem über die groteske Idee einer marxistischen Philosophie.

95 Friedrich Engels: Herrn Eugen Dührings Umwälzung der Wissenschaft, in: MEW, Bd. 20, S. 26.

96 Ebd., S. 139.

97 Ebd., S. 124–125.

98 Ebd., S. 129, 131–132. Ganz ungeniert nimmt Engels also nach über dreißig Jahren wieder die antiphilosophische Position seiner Jugendzeit ein.

99 Ebd., S. 249.

100 Die Lektüre der sozialistischen Utopie des Friedrich Engels lohnt sich bis heute, sie hat nicht unerheblich zum Erfolg des »Anti-Dühring« beigetragen, weit mehr als die philosophischen und ökonomischen Darstellungen (vgl. Engels: Anti-Dühring, S. 260–265).

101 Friedrich Engels/Karl Marx: Die Heilige Familie, in: MEW, Bd. 2, S. 98.

102 Karl Marx: Der achtzehnte Brumaire des Louis Bonaparte, in: MEW, Bd. 8, S. 115.

103 Friedrich Engels: Ludwig Feuerbach und der Ausgang der klassischen deutschen Philosophie, S. 264.

104 Ebd., S. 296–297.

105 Ebd., S. 297.

106 Ebd., S. 304.

107 Ebd., S. 305–306.

108 Engels an August Bebel, 16. März 1892, in: MEW, Bd. 38, S. 308.

109 Engels an Conrad Schmidt, 5. August 1890, in: MEW, Bd. 37, S. 437.

110 Friedrich Engels: Antwort an die *Sächsische Arbeiterzeitung*, in: MEW, Bd. 22, S. 69.

111 Engels an Conrad Schmidt, 22. Oktober 1890, in: MEW, Bd. 37, S. 492.

112 Engels an Franz Mehring, 14. Juli 1893, in: MEW, Bd. 39, S. 98.

113 Engels an Walther Borgius, 25. Januar 1894, in: MEW, ebd., S. 206.

114 Auf die berühmte Dialektik kam Engels in seinen Alterbriefen kaum mehr zurück, mit Methode war da stets das konzeptionelle Grundgerüst des Forschungsprogramms gemeint, das ab 1890 immer öfter als »historischer Materialismus« bezeichnet wurde. Vielleicht hat Engels sich von Antonio Labriola überzeugen lassen, der ihm 1894 vorschlug, er solle doch die missverständliche Rede von Dialektik durch »genetische« oder »Entwicklungsmethode« ersetzen, statt des formalen werde dann das empirisch-historische Element betont (vgl. Antonio Labriola: Lettera a Engels, 13 guigno 1894, in: Antonio Labriola: Lettere a Engels, Roma 1949, S. 147). Engels' Antwort ist leider nicht erhalten. Die Ausdrucksweise, die Labriola vorschlug, findet sich in der Tat mehrfach bei Marx.

115 Vgl. z. B. Engels an Eduard Bernstein, 3. November 1882, in: MEW, Bd. 35, S. 388 (hier spricht Engels vom »sog. ›Marxismus‹ in Frankreich allerdings ein ganz eignes Produkt, so zwar, dass Marx dem Laf[argue] sagte: ce qu'il y a de certain c'est que moi, je ne suis pas Marxiste«); Engels an Conrad Schmidt, 5. August 1890, in: MEW, Bd. 37, S. 436 (hier spricht Engels von den »französischen ›Marxisten‹ der letzten 70er-Jahre«); Engels an Paul Lafargue, 27. August 1890, in: MEW, ebd., S. 450 (hier gibt Engels das Marx-Zitat in deutscher Sprache wieder und bezieht es auf deutsche Sozialisten, die zu der gleichen »Sorte« gehören). In seiner Antwort an die Redaktion der *Sächsischen Arbeiterzeitung* kam Engels noch einmal auf diese Episode zurück: Er wandte sich gegen »einen krampfhaft verzerrten ›Marxismus‹« bei den Anhängern der Opposition in der SPD (auch bekannt als »die Jungen«), einen Marxismus, der sich auszeichne »durch starkes Missverständnis der Anschauungsweise, die man zu vertreten behauptete, [...] durch grobe Unbekanntschaft mit den jedes Mal entscheidenden historischen Tatsachen, [...] durch das den deutschen Literaten so vorteilhaft auszeichnende Bewusstsein der eignen unermesslichen Überlegenheit«. Und fuhr fort: »Marx sah auch diese Jüngerschaft voraus, als er von dem zu Ende der siebziger Jahre unter gewissen Franzosen grassierenden ›Marxismus‹ sagte: ›tout ce que je sais, c'est quo moi, je ne suis pas marxiste‹ – ›ich weiß nur dies, dass *ich* kein ›Marxist‹ bin‹.« (Antwort an die Redaktion der *Sächsischen Arbeiterzeitung*, in: MEW, Bd. 22, S. 69) Der russische Sozialist G. A. Lopatin berichtete brieflich über seine ersten Begegnungen mit Engels im Jahre 1883 und gab Engels so wieder: »Erinnern Sie sich daran, wie ich sagte, dass selbst Marx nie ein Marxist gewesen war? Engels erzählte, dass während des Kampfs von Brousse, Malon und Co. gegen die anderen Marx einmal lachend gesagt hat: ›Ich kann nur eins sagen, dass ich *kein Marxist* bin!‹« (Aus einem Brief G.A. Lopatin an M.N. Oschanina, 20. September 1883, in: MEW, Bd. 21, S. 489.

116 Engels an Laura Lafargue, 11. Juni 1889, in: MEW, Bd. 37, S. 235.

117 Marx und Engels, die sich um Etiketten wenig scherten, pflegten viele Jahre schlicht von »unserer Ansicht« oder »unserer Auffassung« zu reden.

118 Vgl. Tristram Hunt: Friedrich Engels. Der Mann, der den Marxismus erfand, Berlin 2012; Hans Peter Bleuel: Friedrich Engels. Bürger und Revolutionär, Bern/München 1981. Hunt fühlte sich leider bemüßigt Engels Moralrügen zu erteilen, die

gänzlich fehl am Platz sind. Denn die Pariser »Grisetten«, von denen Engels zeitweilig schwärmte, waren alles andere als Prostituierte und hätten es sich schön verbeten, so tituliert zu werden. Mary und Lizzy Burns waren keineswegs Fabrikarbeiterinnen in der Firma Ermen & Engels, die Engels hätte verführen können. Obendrein blieb Engels Mary und dann Lizzy treu, behandelte sie als seine Ehefrauen und hat Lizzy noch auf ihrem Sterbebett nach katholischem Ritus geheiratet, ein letzter Liebesbeweis für die katholische Irin, die seine Frau war.

119 Vgl. John Green: Engels. A Revolutionary Life, London 2008 und die ältere Biografie von Grace Carlton: Friedrich Engels. The Shadow Prophet, London 1965.

120 Jenny Marx blieb zeitlebens auf Distanz, siezte ihn und redete ihn in ihren Briefen auch nach Jahrzehnten nie anders an als »Lieber Herr Engels«. Ihr passte Engels' unkonventioneller Lebensstil nicht und sie litt unter der nie endenden finanziellen Abhängigkeit von ihm (vgl. Angelika Limmroth: Jenny Marx. Die Biografie, Berlin 2018, S. 160–161). Jennys heimliche Abneigung scheint nicht ohne Folgen geblieben zu sein, jedenfalls haben Marx' Töchter nach seinem Tod alle Briefe zwischen ihren Eltern, die Engels hätten verletzen können, verbrannt.

Friedrich Engels, Mitte der 1840er-Jahre

Texte von Friedrich Engels

Karl Marx

Der Mann, der dem Sozialismus und damit der ganzen Arbeiterbewegung unsrer Tage zuerst eine wissenschaftliche Grundlage gegeben hat, Karl Marx, wurde geboren zu Trier 1818. Er studierte in Bonn und Berlin zuerst Rechtswissenschaft, warf sich aber bald ausschließlich auf das Studium der Geschichte und Philosophie und war 1842 im Begriff, sich als Dozent der Philosophie zu habilitieren, als die seit dem Tode Friedrich Wilhelms III. entstandene politische Bewegung ihn in eine andere Laufbahn warf. Unter seiner Mitwirkung hatten die Häupter der rheinischen liberalen Bourgeoisie, die Camphausen, Hansemann etc. in Köln die *Rheinische Zeitung* gegründet, und Marx, dessen Kritik der Verhandlungen des rheinischen Provinziallandtags das größte Aufsehen erregt hatte, wurde Herbst 1842 an die Spitze des Blattes berufen. Die *Rheinische Zeitung* erschien natürlich unter der Zensur, aber die Zensur wurde mit ihr nicht fertig.[1] Die *Rheinische Zeitung* brachte fast immer die Artikel durch, auf die es ankam; man warf dem Zensor zuerst geringeres Futter zum Streichen vor, bis er entweder von selbst nachgab oder durch die Drohung: dann erscheint morgen die Zeitung nicht, zum Nachgeben genötigt wurde.

Zehn Zeitungen, die denselben Mut hatten wie die *Rheinische*, und deren Verleger ein paar Hundert Taler mehr an Satzkosten draufgehen ließen – und die Zensur war schon 1843 in Deutschland unmöglich gemacht. Aber die deutschen Zeitungsbesitzer waren kleinliche, ängstliche Spießbürger, und die *Rheinische Zeitung* führte den Kampf allein. Sie verbrauchte Zensor auf Zensor; endlich wurde sie doppelt zensiert, sodass nach der ersten Zensur der Regierungspräsident

1 Der erste Zensor der *Rh. Ztg.* war der Polizeirat Dolleschall, derselbe, der einst in der *Kölnischen Zeitung* die Annonce der Übersetzung von Dantes »Goettlicher Comoedie« von Philalethes (dem späteren König Johann von Sachsen) strich, mit dem Bemerken: Mit göttlichen Dingen soll man keine Komödie treiben. [Anm. Engels].

sie nochmals und endgültig zu zensieren hatte. Auch das half nichts. Anfangs 1843 erklärte die Regierung, mit dieser Zeitung sei nicht fertig zu werden und unterdrückte sie ohne Weiteres.

Marx, der inzwischen die Schwester des späteren Reaktionsministers v. Westphalen geheiratet, siedelte nach Paris über und gab dort mit, A. Ruge die »Deutsch-Französischen Jahrbücher« heraus, in denen er die Reihe seiner sozialistischen Schriften mit einer »Kritik der Hegelschen Rechtsphilosophie« eröffnete. Ferner mit F. Engels: »Die heilige Familie. Gegen Bruno Bauer und Consorten«, eine satirische Kritik einer der letzten Formen, in die sich der damalige deutsche philosophische Idealismus verlaufen hatte.

Das Studium der politischen Ökonomie und der Geschichte der großen Französischen Revolution ließ Marx immer noch Zeit zu gelegentlichen Angriffen auf die preußische Regierung; diese rächte sich, indem sie im Frühjahr 1845 bei dem Ministerium Guizot – Herr Alexander von Humboldt soll den Vermittler gespielt haben – seine Ausweisung aus Frankreich durchsetzte. Marx verlegte seinen Wohnsitz nach Brüssel und veröffentlichte dort in französischer Sprache 1848 einen »Discours sur le libre échange« (Abhandlung über den Freihandel) und 1847: »Misère de la philosophie«, eine Kritik der »Philosophie de la misère« (Philosophie des Elends) von Proudhon. Gleichzeitig fand er Gelegenheit, in Brüssel einen deutschen Arbeiterverein zu stiften und trat damit in die praktische Agitation ein. Noch wichtiger wurde diese für ihn, seitdem er und seine politischen Freunde 1847 in den seit längeren Jahren bestehenden geheimen Bund der Kommunisten eingetreten waren. Die ganze Einrichtung wurde nun umgewälzt; die bisher mehr oder weniger konspiratorische Verbindung verwandelte sich in eine einfache, nur notgedrungen geheime Organisation der kommunistischen Propaganda, die *erste* Organisation der deutschen sozialdemokratischen Partei. Der Bund bestand überall, wo deutsche Arbeitervereine bestanden; fast in allen diesen Vereinen Englands, Belgiens, Frankreichs und der Schweiz und in sehr vielen Vereinen Deutschlands waren die leitenden Mitglieder Bundesangehörige, und der Anteil des

Bundes an der entstehenden deutschen Arbeiterbewegung war sehr bedeutend.

Dabei aber war unser Bund der erste, der den internationalen Charakter der gesamten Arbeiterbewegung hervorhob und auch praktisch betätigte, Engländer, Belgier, Ungarn, Polen etc. zu Mitgliedern hatte und namentlich in London internationale Arbeiterversammlungen veranstaltete.

Die Umgestaltung des Bundes vollzog sich auf zwei im Jahre 1847 abgehaltenen Kongressen, deren zweiter die Zusammenstellung und Veröffentlichung der Parteigrundsätze in einem von Marx und Engels zu redigierenden Manifest beschloss. So entstand das »Manifest der Kommunistischen Partei«, das 1848 kurz vor der Februarrevolution zuerst erschien und seitdem in fast alle europäischen Sprachen übersetzt wurde.

Die *Deutsche-Brüsseler-Zeitung*, an der Marx sich beteiligte und worin die vaterländische Polizeiglückseligkeit schonungslos bloßgelegt wurde, hatte die preußische Regierung wiederum veranlasst, auf Marx' Ausweisung hinzuwirken, jedoch vergebens. Als aber die Februarrevolution auch in Brüssel Volksbewegungen zur Folge hatte und ein Umschwung in Belgien bevorzustehen schien, verhaftete die belgische Regierung Marx ohne Umstände und wies ihn aus. Inzwischen hatte ihn die provisorische Regierung Frankreichs durch Flocon einladen lassen, wieder nach Paris zu kommen, und er folgte diesem Ruf.

In Paris trat er vor allem dem unter den dortigen Deutschen eingerissenen Schwindel entgegen, der in Frankreich die deutschen Arbeiter in bewaffnete Legionen formieren wollte, um damit in Deutschland Revolution und Republik einzuführen. Einerseits musste Deutschland seine Revolution selbst machen, und andererseits war jede in Frankreich sich bildende fremde Revolutionslegion durch die Lamartines der provisorischen Regierung von vornherein an die zu stürzende Regierung verraten, wie auch in Belgien und Baden geschah.

Nach der Märzrevolution ging Marx nach Köln und gründete dort die *Neue Rheinische Zeitung*, die vom 1. Juni 1848 bis zum 19. Mai 1849 bestand – das einzige Blatt, das innerhalb der damaligen demokratischen Bewegung den Standpunkt des

Proletariats vertrat, und zwar schon durch seine rückhaltlose Parteinahme für die Pariser Juni-Insurgenten von 1848, die dem Blatt fast seine sämtlichen Aktionäre abtrünnig machte. Vergebens wies die *Kreuz-Zeitung* auf die »Chimborasso-Frechheit« hin, mit der die *N. Rh. Ztg.* alles Heilige angreife, vom König und Reichsverweser bis zum Gendarmen, und das in einer preußischen Festung mit damals 8000 Mann Besatzung; vergebens eiferte das liberale, plötzlich reaktionär gewordene rheinische Philisterium; vergebens suspendierte der Kölner Belagerungszustand im Herbst 1848 das Blatt auf längere Zeit; vergebens denunzierte das Frankfurter Reichsjustizministerium dem Kölner Staatsanwalt Artikel auf Artikel zur gerichtlichen Verfolgung; das Blatt wurde, angesichts der Hauptwache, ruhig weiter redigiert und gedruckt, die Verbreitung und der Ruf der Zeitung wuchs mit der Heftigkeit der Angriffe auf Regierung und Bourgeoisie.

Als der preußische Staatsstreich im November 1848 erfolgte, forderte die *N. Rh. Ztg.* an der Spitze jeder Nummer das Volk auf, die Steuern zu verweigern und der Gewalt mit Gewalt zu begegnen.

Im Frühling 1849 deswegen sowie wegen eines andern Artikels vor die Geschwornen gestellt, wurde sie beide Mal freigesprochen. Endlich, als die Maiaufstände 1849 in Dresden und der Rheinprovinz niedergeschlagen und der preußische Feldzug gegen den badisch-pfälzischen Aufstand durch Konzentration und Mobilmachung bedeutender Truppenmassen eingeleitet wurde, glaubte die Regierung sich stark genug, die *N. Rh. Ztg.* mit Gewalt zu unterdrücken. Die letzte – rotgedruckte – Nummer erschien am 19. Mai.

Marx ging wieder nach Paris, wurde aber schon wenige Wochen nach der Demonstration vom 13. Juni 1849 von der französischen Regierung vor die Wahl gestellt, entweder seinen Wohnsitz in die Bretagne zu verlegen oder Frankreich zu verlassen. Er zog letzteres vor und siedelte nach London über, wo er seitdem ununterbrochen gewohnt hat.

Ein Versuch, die *N. Rh. Ztg.* in der Form einer Revue (in Hamburg) weitererscheinen zu lassen (1850), musste nach einiger

Zeit gegenüber der immer heftiger auftretenden Reaktion aufgegeben werden. Gleich nach dem Staatsstreich in Frankreich im Dezember 1851 veröffentlichte Marx: »Der 18. Brumaire des Louis Bonaparte« (New York 1852; zweite Auflage Hamburg 1869, kurz vor dem Krieg). 1853 schrieb er: »Enthüllungen über den Kölner Kommunisten-Prozess« (zuerst gedruckt in Basel, später in Boston, neuerdings wieder in Leipzig).

Nach der Verurteilung der Mitglieder des Kommunistenbundes in Köln zog Marx sich von der politischen Agitation zurück und widmete sich einerseits während zehn Jahren der Durchforschung der reichen Schätze, welche die Bibliothek des Britischen Museums auf dem Gebiete der politischen Ökonomie darbot, andrerseits der Mitarbeiterschaft an der *New-York Tribune*, welche bis zum Ausbruch des Amerikanischen Bürgerkriegs nicht nur die von ihm gezeichneten Korrespondenzen, sondern auch zahlreiche Leitartikel über europäische und asiatische Verhältnisse aus seiner Feder brachte. Seine auf eingehende Studien der englischen offiziellen Aktenstücke gegründeten Angriffe gegen Lord Palmerston wurden in London als Pamphlet wieder abgedruckt. Als erste Frucht seiner langjährigen ökonomischen Studien erschien 1859: »Zur Kritik der Politischen Ökonomie«, erstes Heft (Berlin, Duncker). Diese Schrift enthält die erste zusammenhängende Darstellung der marxschen Werttheorie einschließlich der Lehre vom Gelde. Während des italienischen Krieges bekämpfte Marx in der zu London erscheinenden deutschen Zeitung *Das Volk* den damals sich liberal färbenden und den Befreier der unterdrückten Nationalitäten spielenden Bonapartismus, sowie die damalige preußische Politik, die unter dem Deckmantel der Neutralität im Trüben zu fischen suchte. Bei dieser Gelegenheit musste auch Herr Karl Vogt angegriffen werden, der damals im Auftrag des Prinzen Napoleon (Plon-Plon) und im Solde Louis-Napoleons für die Neutralität, ja die Sympathie Deutschlands agitierte. Von Vogt mit den infamsten, wissentlich erlogenen Verleumdungen überhäuft, antwortete Marx im: »Herr Vogt«, London 1860, worin Vogt und die übrigen Herren von der imperialistischen, falschen Demokratenbande enthüllt und Vogt aus äußeren wie inneren Gründen der Bestechung durch das Dezemberkaisertum überführt wurde. Genau zehn Jahre später kam die Bestätigung: In der in den Tuilerien 1870 gefundenen und von der Septemberregierung veröffentlichten Liste der bonapartistischen Mietlinge fand sich unter dem Buchstaben V: »Vogt – im August 1859 wurden ihm Übermacht ... Fr. 40 000.«

Endlich 1867 erschien in Hamburg: »Das Kapital. Kritik der politischen Ökonomie. Erster Band« – das Hauptwerk von Marx, das die Grundlagen seiner ökonomisch-sozialistischen Anschauungen und die Hauptzüge seiner Kritik der bestehenden Gesellschaft, der kapitalistischen Produktionsweise und ihrer Folgen darlegt. Die zweite Auflage dieses epochemachenden Werkes erschien 1872; mit der Ausarbeitung des zweiten Bandes ist der Verfasser beschäftigt.

Inzwischen war in verschiedenen Ländern Europas die Arbeiterbewegung wieder so weit erstarkt, dass Marx daran denken konnte, einen lang gehegten Wunsch zur Ausführung zu bringen: die Gründung einer die fortgeschrittensten Länder Europas und Amerikas umfassenden Arbeiter-Assoziation, die den internationalen Charakter der sozialistischen Bewegung sowohl den Arbeitern selbst wie den Bourgeois und den Regierungen sozusagen leiblich vorführen sollte – dem Proletariat zur Ermutigung und Stärkung, seinen Feinden zum Schrecken. Eine Volksversammlung zugunsten des eben von Russland wieder erdrückten Polens am 28. September 1864 in St. Martin's Hall in London gab den Anlass, die Sache vorzubringen, die mit Begeisterung aufgenommen wurde. Die *Internationale Arbeiter-Assoziation* war gestiftet; ein provisorischer Generalrat mit dem Sitz in London wurde auf der Versammlung gewählt, und die Seele dieses sowie aller folgenden Generalräte bis zum Haager Kongress war Marx. Von ihm sind fast sämtliche vom Generalrat der Internationale erlassenen Schriftstücke redigiert, von der Inauguraladresse 1864 bis zur Adresse über den Bürgerkrieg in Frankreich 1871. Marx' Tätigkeit in der Internationale schildern, hieße die Geschichte dieser Assoziation selbst schreiben, die übrigens noch im Gedächtnis der europäischen Arbeiter lebt.

Der Fall der Pariser Kommune brachte die Internationale in eine unmögliche Lage. Sie wurde in den Vordergrund der europäischen Geschichte gedrängt, in einem Augenblick, wo ihr die Möglichkeit aller erfolgreichen, praktischen Aktion überall abgeschnitten war. Die Ereignisse, die sie zur siebenten Großmacht erhoben, verboten ihr gleichzeitig, ihre Streitkräfte mobil zu machen und tätig zu verwenden, bei Strafe der unfehlbaren Niederlage und Zurückdämmung der Arbeiterbewegung auf Jahrzehnte. Dazu drängten sich von verschiedenen Seiten Elemente vor, die den so plötzlich gewachsenen Ruf der Assoziation zu Zwecken persönlicher Eitelkeit oder persönlichen Ehrgeizes auszubeuten versuchten, ohne Einsicht in die wirkliche Lage der Internationale oder ohne Rücksicht darauf. Es musste ein heroischer Entschluss gefasst werden, und es war wieder Marx, der ihn fasste und auf dem Haager Kongress durchführte. Die Internationale sagte sich durch einen feierlichen Beschluss von jeder Verantwortlichkeit los für das Treiben der Bakunisten, die den Mittelpunkt jener, unverständigen und unsauberen Elemente bildeten; dann, angesichts der Unmöglichkeit, gegenüber der allgemeinen Reaktion auch den an sie gestellten, gesteigerten Forderungen zu entsprechen und ihre volle Wirksamkeit anders aufrechtzuerhalten als durch eine Reihe von Opfern, an denen die Arbeiterbewegung hätte verbluten müssen – angesichts dieser Lage zog sich die Internationale vorläufig von der Bühne zurück, indem sie den Generalrat nach Amerika verlegte. Die Folge hat bewiesen, wie richtig dieser – damals und seitdem oft getadelte – Beschluss war. Einerseits war und blieb allen Versuchen die Spitze abgebrochen, auf den Namen der Internationale hin nutzlose Putsche zu machen, und andrerseits aber bewies der fortdauernde innige Verkehr zwischen den sozialistischen Arbeiterparteien der verschiedenen Länder, dass das durch die Internationale geweckte Bewusstsein der Interessengleichheit und der Solidarität des Proletariats aller Länder sich zur Geltung zu bringen weiß auch ohne das für den Augenblick zur Fessel gewordene Band einer förmlichen internationalen Assoziation.

Nach dem Haager Kongress fand Marx endlich wieder Ruhe und Muße, seine theoretischen Arbeiten wieder aufzunehmen, und wird er hoffentlich in nicht gar zu langer Zeit den zweiten Band des »Kapitals« dem Druck übergeben können.

Von den vielen wichtigen Entdeckungen, mit denen Marx seinen Namen in die Geschichte der Wissenschaft eingeschrieben hat, können wir hier nur zwei hervorheben.

Die erste ist die durch ihn vollzogene Umwälzung in der gesamten Auffassung der Weltgeschichte. Die ganze bisherige Geschichtsanschauung beruhte auf der Vorstellung, dass die letzten Gründe aller geschichtlichen Veränderungen zu suchen sind in den sich verändernden Ideen der Menschen, und dass von allen geschichtlichen Veränderungen wieder die politischen die wichtigsten, die ganze Geschichte beherrschenden sind. Woher aber den Menschen die Ideen kommen und welches die treibenden Ursachen der politischen Veränderungen sind, danach hatte man nicht gefragt. Nur der neueren Schule der französischen und teilweise auch der englischen Geschichtsschreiber hatte sich die Überzeugung aufgedrängt, wenigstens seit dem Mittelalter sei die treibende Kraft in der europäischen Geschichte der Kampf des sich entwickelnden Bürgertums mit dem Feudaladel um die gesellschaftliche und politische Herrschaft. Marx wies nun nach, dass die ganze bisherige Geschichte eine Geschichte von Klassenkämpfen ist, dass es sich in all den vielfachen und verwickelten politischen Kämpfen nur um die gesellschaftliche und politische Herrschaft von Gesellschaftsklassen handelt, um die Behauptung der Herrschaft seitens älterer, um die Erringung der Herrschaft seitens neu emporkommender Klassen. Wodurch aber entstehen und bestehen wieder diese Klassen? Durch die jedesmaligen materiellen, grobsinnlichen Bedingungen, unter denen die Gesellschaft zu einer gegebenen Zeit ihren Lebensunterhalt produziert und austauscht. Die Feudalherrschaft des Mittelalters beruhte auf der selbstgenügsamen, fast alle ihre Bedürfnisse selbst erzeugenden, fast austauschlosen Wirtschaft kleiner Bauerngemeinden, denen der streitbare Adel Schutz nach außen und nationalen oder doch politischen Zusammenhang verliehு; als die Städte und mit ihnen eine gesonderte Handwerksindustrie und ein erst binnenländischer, später internationaler Handelsverkehr aufkamen, entwickelte sich das städtische Bürgertum und eroberte sich, im Kampf mit dem Adel, noch im Mittelalter seine Einfügung als ebenfalls bevorrechteter Stand in die feudale Ordnung.

Aber mit der Entdeckung der außereuropäischen Erde von der Mitte des fünfzehnten Jahrhunderts an erhielt dies Bürgertum ein weit umfassenderes Handelsgebiet und damit einen neuen Sporn für seine Industrie; das Handwerk wurde in den wichtigsten Zweigen verdrängt durch die schon fabrikmäßige Manufaktur und diese wieder durch die mit den Erfindungen des vorigen Jahrhunderts, namentlich der Dampfmaschine, möglich gewordene große Industrie, die wieder auf den Handel zurückwirkte, indem sie in zurückgebliebenen Ländern die alte Handarbeit verdrängte und in den weiter entwickelten die gegenwärtigen neuen Verkehrsmittel, Dampfmaschinen, Eisenbahnen, elektrische Telegraphen schuf. So vereinigte das Bürgertum mehr und mehr die gesellschaftlichen Reichtümer und die gesellschaftliche Macht in seiner Hand, während es noch lange Zeit von der in den Händen des Adels und des auf den Adel gestützten Königtums befindlichen politischen Macht ausgeschlossen blieb. Aber auf gewisser Stufe – in Frankreich seit der großen Revolution – eroberte es auch diese und wurde nun seinerseits herrschende Klasse gegenüber dem Proletariat und den Kleinbauern.

Von diesem Gesichtspunkte aus erklären sich alle geschichtlichen Erscheinungen – bei genügender Kenntnis der jedesmaligen ökonomischen Gesellschaftslage, die freilich unsern Geschichtsschreibern von Fach total abgeht – aufs Einfachste, und ebenso erklären sich höchst einfach die Vorstellungen und Ideen einer jeden Geschichtsperiode aus den wirtschaftlichen Lebensbedingungen und den, von diesen wieder bedingten, gesellschaftlichen und politischen Verhältnissen dieser Periode. Die Geschichte war zum ersten Mal auf ihre wirkliche Grundlage gestellt; die handgreifliche, aber bisher total übersehene Tatsache, dass die Menschen vor allem essen, trinken, wohnen und sich kleiden, also *arbeiten* müssen, ehe sie um die Herrschaft streiten, Politik, Religion, Philosophie usw. treiben können – diese handgreifliche Tatsache kam jetzt endlich zu ihrem geschichtlichen Recht.

Für die sozialistische Anschauung aber war diese neue Auffassung der Geschichte von der höchsten Bedeutung. Sie wies nach, dass alle bisherige Geschichte sich in Klassengegensätzen und Klassenkämpfen bewegt, dass es immer herrschende und beherrschte, ausbeutende und ausgebeutete Klassen gegeben hat und die große Mehrzahl der Menschen stets zu harter Arbeit und wenig Genuss verurteilt war. Warum dies? Einfach deshalb, weil auf allen früheren Entwicklungsstufen der Menschheit die Produktion noch so wenig entwickelt war, dass die geschichtliche Entwicklung nur in dieser gegensätzlichen Form vor sich gehen konnte, dass der geschichtliche Fortschritt im Ganzen und Großen der Tätigkeit einer kleinen, bevorrechteten Minderheit überwiesen war, während die große Masse dazu verdammt blieb, den kärglichen Lebensunterhalt für sich und dazu noch den immer reichlicher Werdenden der Bevorrechteten zu erarbeiten. Aber dieselbe Untersuchung der Geschichte, die auf diese Weise die bisherige, sonst nur aus der Bosheit der Menschen zu erklärende Klassenherrschaft natürlich und vernünftig erklärt, führt auch zu der Einsicht, dass infolge der so kolossal gesteigerten Produktionskräfte der Gegenwart auch der letzte Vorwand einer Scheidung der Menschen in Herrschende und Beherrschte, Ausbeuter und Ausgebeutete wenigstens in den fortgeschrittensten Ländern verschwunden ist; dass das herrschende Großbürgertum seinen geschichtlichen Beruf erfüllt hat, dass es der Leitung der Gesellschaft nicht mehr gewachsen und sogar ein Hindernis der Entwicklung der Produktion geworden ist, wie die Handelskrisen und namentlich der letzte große Krach[2] und die gedrückte Lage der Industrie in allen Ländern beweisen; dass die geschichtliche Leitung übergegangen ist auf das Proleta-

2 Die besonders tiefgreifende Wirtschaftskrise 1873 erfasste Österreich, Deutschland, die USA, England, Frankreich, Holland, Belgien, Italien, Russland und andere Länder.

riat, eine Klasse, die sich nach ihrer ganzen Gesellschaftslage nur dadurch befreien kann, dass sie alle Klassenherrschaft, alle Knechtschaft und alle Ausbeutung überhaupt beseitigt; und dass die den Händen der Bourgeoisie entwachsenen gesellschaftlichen Produktivkräfte nur der Besitzergreifung durch das assoziierte Proletariat harren, um einen Zustand herzustellen, der jedem Gesellschaftsmitglied die Teilnahme nicht nur an der Erzeugung, sondern auch an der Verteilung und Verwaltung der gesellschaftlichen Reichtümer ermöglicht und durch planmäßigen Betrieb der gesamten Produktion die gesellschaftlichen Produktivkräfte und deren Erträge derart steigert, dass die Befriedigung aller rationellen Bedürfnisse einem jeden in stets wachsendem Maße gesichert bleibt.

Die zweite wichtige Entdeckung von Marx ist die endliche Aufklärung des Verhältnisses von Kapital und Arbeit, in andern Worten der Nachweis, wie innerhalb der jetzigen Gesellschaft, in der bestehenden kapitalistischen Produktionsweise, die Ausbeutung des Arbeiters durch den Kapitalisten sich vollzieht. Seitdem die politische Ökonomie den Satz aufgestellt hatte, dass die Arbeit die Quelle alles Reichtums und alles Werts sei, war die Frage unvermeidlich geworden: Wie es denn damit vereinbar sei, dass der Lohnarbeiter nicht die ganze, durch seine Arbeit erzeugte Wertsumme erhalte, sondern einen Teil davon an den Kapitalisten abgeben müsse? Sowohl die bürgerlichen Ökonomen wie die Sozialisten mühten sich ab, auf die Frage eine wissenschaftlich stichhaltige Antwort zu geben, aber vergebens, bis endlich Marx mit der Lösung hervortrat. Diese Lösung ist die folgende: Die heutige kapitalistische Produktionsweise hat zur Voraussetzung das Dasein zweier Gesellschaftsklassen; einerseits der Kapitalisten, die sich im Besitz der Produktions- und Lebensmittel befinden, und andrerseits der Proletarier, die, von diesem Besitz ausgeschlossen, nur eine einzige Ware zu verkaufen haben: ihre Arbeitskraft; und die diese ihre Arbeitskraft daher verkaufen müssen, um in den Besitz von Lebensmitteln zu gelangen. Der Wert einer Ware wird aber bestimmt durch die in ihrer Erzeugung, also auch in ihrer Wiedererzeugung verkörperte gesellschaftlich notwendige Arbeitsmenge, der Wert der Arbeitskraft eines durchschnittlichen Menschen während eines Tages, Monates, Jahres also durch die Menge von Arbeit, die in der zur Erhaltung dieser Arbeitskraft während eines Tages, Monates, Jahres notwendigen Menge von Lebensmitteln verkörpert ist. Nehmen wir an, die Lebensmittel des Arbeiters für einen Tag erforderten sechs Arbeitsstunden zu ihrer Erzeugung oder, was dasselbe ist, die in ihnen enthaltene Arbeit repräsentiere eine Arbeitsmenge von sechs Stunden; dann wird der Wert der Arbeitskraft für einen Tag sich ausdrücken in einer Geldsumme, die ebenfalls sechs Arbeitsstunden in sich verkörpert. Nehmen wir ferner an, der Kapitalist, der unsern Arbeiter beschäftigt, zahle ihm dafür diese Summe, also den vollen Wert seiner Arbeitskraft. Wenn nun der Arbeiter sechs Stunden des Tages für den Kapitalisten arbeitet, so hat er diesem seine Auslagen vollständig wieder ersetzt – sechs Stunden Arbeit für sechs Stunden Arbeit. Dabei fiele freilich nichts ab für den Kapitalisten, und dieser fasst deshalb auch die Sache ganz anders auf: Ich habe, sagt er, die Arbeitskraft dieses Arbeiters nicht für sechs Stunden, sondern für einen ganzen Tag gekauft, und demgemäß lässt er den Arbeiter je nach Umständen 8, 10, 12, 14 und mehr Stunden arbeiten, sodass das Produkt der siebenten, achten und folgenden Stunden ein Produkt unbezahlter Arbeit ist und zunächst in die Tasche des Kapitalisten wandert. So erzeugt der Arbeiter im Dienste des Kapitalisten nicht nur den Wert seiner Arbeitskraft wieder, den er bezahlt erhält, sondern er erzeugt auch darüber hinaus einen *Mehrwert*, der, zunächst vom Kapitalisten angeeignet, im weiteren Verlauf nach bestimmten ökonomischen Gesetzen auf die gesamte Kapitalistenklasse sich verteilt und den Grundstock bildet, aus dem Bodenrente, Profit, Kapitalanhäufung, kurz, alle von den nichtarbeitenden Klassen verzehrte oder aufgehäufte Reichtümer entspringen.

Hiermit war aber nachgewiesen, dass die Reichtumserwerbung der heutigen Kapitalisten ebenso gut in der Aneignung von fremder, unbezahlter Arbeit besteht, wie die der Sklavenbesitzer oder der die Fronarbeit ausbeutenden Feudalherren, und dass sich alle diese Formen der Ausbeutung nur unterscheiden durch die verschiedene Art und Weise, in der die unbezahlte Arbeit angeeignet wird.

Damit war aber auch allen heuchlerischen Redensarten der besitzenden Klassen, als herrsche in der jetzigen Gesellschaftsordnung Recht und Gerechtigkeit, Gleichheit der Rechte und Pflichten und allgemeine Harmonie der Interessen, der letzte Boden unter den Füßen weggezogen, und die heutige bürgerliche Gesellschaft nicht minder als ihre Vorgängerinnen enthüllt als eine großartige Anstalt zur Ausbeutung der ungeheuren Mehrzahl des Volks durch eine geringe und immer kleiner werdende Minderzahl.

Auf diese beiden wichtigen Tatsachen gründet sich der moderne, wissenschaftliche Sozialismus. Im zweiten Band des »Kapitals« werden diese und andere kaum minder wichtige wissenschaftliche Entdeckungen des kapitalistischen Gesellschaftssystems weiterentwickelt und damit auch die im ersten Bande noch nicht berührten Seiten der politischen Ökonomie einer Umwälzung unterworfen. Möge es Marx gestattet sein, ihn bald dem Druck übergeben zu können.

Geschrieben Mitte Juni 1877, nach: »Volks-Kalender«, Braunschweig 1878, in: MEW, Bd. 19, S. 96–106.

Umrisse zu einer Kritik der Nationalökonomie

Die Nationalökonomie entstand als eine natürliche Folge der Ausdehnung des Handels, und mit ihr trat an die Stelle des einfachen, unwissenschaftlichen Schachers ein ausgebildetes System des erlaubten Betrugs, eine komplette Bereicherungswissenschaft.

Diese aus dem gegenseitigen Neid und der Habgier der Kaufleute entstandene Nationalökonomie oder Bereicherungswissenschaft trägt das Gepräge der ekelhaftesten Selbstsucht auf der Stirne. Man lebte noch in der naiven Anschauung, dass Gold und Silber der Reichtum sei, und hatte also nichts Eiligeres zu tun, als überall die Ausfuhr der »edlen« Metalle zu verbieten. Die Nationen standen sich gegenüber wie Geizhälse, deren jeder seinen teuren Geldsack mit beiden Armen umschließt und mit Neid und Argwohn auf seine Nachbarn blickt. Alle Mittel wurden aufgeboten, um den Völkern, mit denen man im Handelsverkehr stand, so viel bares Geld wie möglich abzulocken und das glücklich Hereingebrachte hübsch innerhalb der Mautlinie zu behalten.

Die konsequenteste Durchführung dieses Prinzips hätte den Handel getötet. Man fing also an, diese erste Stufe zu überschreiten; man sah ein, dass das Kapital im Kasten tot daliegt, während es in der Zirkulation sich stets vermehrt. Man wurde also menschenfreundlicher, man schickte seine Dukaten als Lockvögel aus, damit sie andere mit sich zurückbringen sollten, und erkannte, dass es nichts schadet, wenn man dem A zu viel für seine Ware bezahlt, solange man sie noch bei B für einen höheren Preis loswerden kann.

Auf dieser Basis erbaute sich das *Merkantilsystem*. Der habgierige Charakter des Handels wurde schon etwas versteckt; die Nationen rückten sich etwas näher, sie schlossen Handels- und Freundschaftstraktate, sie machten gegenseitig Geschäfte und taten einander, um des größeren Gewinns willen, alles Mögliche Liebe und Gute an. Aber im Grunde war es doch die alte Geldgier und Selbstsucht, und diese brach von Zeit zu Zeit in den Kriegen aus, die in jener Periode alle auf Handelseifersucht beruhten. In diesen Kriegen zeigte es sich auch, dass der Handel, wie der Raub, auf dem Faustrecht beruhe; man machte sich gar kein Gewissen daraus, durch List oder Gewalt solche Traktate zu erpressen, wie man sie für die günstigsten hielt.

Der Hauptpunkt im ganzen Merkantilsystem ist die Theorie von der Handelsbilanz. Da man nämlich noch immer an dem Satz festhielt, dass Gold und Silber der Reichtum sei, so hielt man nur die Geschäfte für vorteilbringend, die am Ende bares Geld ins Land brächten. Um dies ausfindig zu machen, verglich man die Ausfuhr und Einfuhr. Hatte man mehr aus- als eingeführt, so glaubte man, dass die Differenz in barem Gelde ins Land gekommen sei, und hielt sich um diese Differenz reicher. Die Kunst der Ökonomen bestand also darin, dafür zu sorgen, dass am Ende jedes Jahres die Ausfuhr eine günstige Bilanz gegen die Einfuhr gebe; und um dieser lächerlichen Illusion willen sind Tausende von Menschen geschlachtet worden! Der Handel hat auch seine Kreuzzüge und seine Inquisition aufzuweisen.

Das achtzehnte Jahrhundert, das Jahrhundert der Revolution, revolutionierte auch die Ökonomie; aber wie alle Revolutionen dieses Jahrhunderts einseitig waren und im Gegensatz steckenblieben, wie dem abstrakten Spiritualismus der abstrakte Materialismus, der Monarchie die Republik, dem göttlichen Recht der soziale Kontrakt entgegengesetzt wurde, so kam auch die ökonomische Revolution nicht über den Gegensatz hinaus. Die Voraussetzungen blieben überall bestehen; der Materialismus griff die christliche Verachtung und Erniedrigung des Menschen nicht an und stellte nur statt des christlichen Gottes die Natur dem Menschen als Absolutes gegenüber; die Politik dachte nicht daran, die Voraussetzungen des Staates an und für sich zu prüfen; die Ökonomie ließ sich nicht einfallen, nach der *Berechtigung des Privateigentums* zu fragen. Darum war die neue Ökonomie nur ein halber Fortschritt; sie war genötigt, ihre eigenen Voraussetzungen zu verraten und zu verleugnen, Sophistik und Heuchelei zu Hülfe zu nehmen, um die Widersprüche, in die sie sich verwickelte, zu verdecken, um zu den Schlüssen zu kommen, zu denen sie, nicht durch ihre Voraussetzungen, sondern durch den humanen Geist des Jahrhunderts getrieben wurde. So nahm die Ökonomie einen menschenfreundlichen Charakter an; sie entzog ihre Gunst den Produzenten und wandte sie den Konsumenten zu; sie affektierte einen heiligen Abscheu gegen die blutigen Schrecken des Merkantilsystems und erklärte den Handel für ein Band der Freundschaft und Einigung zwischen den Nationen wie zwischen Individuen. Es war alles lauter Pracht und Herrlichkeit – aber die Voraussetzungen machten sich bald genug wieder geltend und erzeugten im Gegensatz zu dieser gleißenden Philanthropie die malthussche Bevölkerungstheorie, das rauste, barbarischste System, das je existierte, ein System der Verzweiflung, das alle jene schönen Redensarten von Menschenliebe und Weltbürgertum zu Boden schlug; sie erzeugten und hoben das Fabriksystem und die moderne Sklaverei, die der alten nichts nachgibt an Unmenschlichkeit und Grausamkeit. Die neue Ökonomie, das auf Adam Smiths »Wealth of Nations« gegründete System der Handelsfreiheit, erweist sich als dieselbe Heuchelei, Inkonsequenz und Unsittlichkeit, die jetzt auf allen Gebieten der freien Menschlichkeit gegenübersteht.

Aber war denn das smithsche System kein Fortschritt? – Freilich war es das, und ein notwendiger Fortschritt dazu. Es war notwendig, dass das Merkantilsystem mit seinen Monopolen und Verkehrshemmungen gestürzt wurde, damit die wahren Folgen des Privateigentums ans Licht treten konnten; es war notwendig, dass alle diese kleinlichen Lokal- und Nationalrücksichten zurücktraten, damit der Kampf unserer Zeit ein allgemeiner, menschlicher werden konnte; es war notwendig, dass die Theorie des Privateigentums den rein empirischen, bloß objektiv versuchenden Pfad verließ und einen wissenschaftlichen Charakter annahm, der sie auch für die Konsequenzen verantwortlich machte und dadurch die Sache auf ein allgemein menschliches Gebiet herüberführte; dass die in der alten Ökonomie enthaltene Unsittlichkeit durch den Versuch ihrer Wegleugnung und durch die hereingebrachte Heuchelei – eine notwendige Konsequenz dieses Versuches – auf den höchsten Gipfel gesteigert wurde. All dies lag in der Natur der Sache. Wir erkennen gerne an, dass wir erst durch die Begründung und Ausführung der Handelsfreiheit in den Stand gesetzt sind, über die Ökonomie des Privateigentums hinauszugehen, aber wir müssen zu gleicher Zeit auch das Recht haben, diese Handelsfreiheit in ihrer ganzen theoretischen und praktischen Nichtigkeit darzustellen.

Unser Urteil wird umso härter werden müssen, je mehr die Ökonomen, die wir zu beurteilen haben, in unsere Zeit hineinfallen. Denn während Smith und Malthus nur einzelne Bruchstücke fertig vorfanden, hatten die Neueren das ganze System vollendet vor sich; die Konsequenzen waren alle gezogen, die Widersprüche traten deutlich genug ans Licht, und doch kamen sie nicht zu einer Prüfung der Prämissen, und doch nahmen sie noch immer die Verantwortlichkeit für das ganze System auf sich. Je näher die Ökonomen der Gegenwart kommen, desto weiter entfernen sie sich von der Ehrlichkeit. Mit jedem Fortschritt der Zeit steigert sich notwendig die Sophisterei, um die Ökonomie auf der Höhe der Zeit zu erhalten. Darum ist z. B. *Ricardo* schuldiger als *Adam Smith* und *MacCulloch* und *Mill* schuldiger als *Ricardo*.

Die neuere Ökonomie kann nicht einmal das Merkantilsystem richtig beurteilen, weil sie selbst einseitig und noch mit den Voraussetzungen desselben behaftet ist. Erst der Standpunkt, der sich über den Gegensatz der beiden Systeme erhebt, der die gemeinsamen Voraussetzungen beider kritisiert und von einer rein menschlichen, allgemeinen Basis ausgeht, wird beiden ihre richtige Stellung anweisen können. Es wird sich zeigen, dass die Verteidiger der Handelsfreiheit schlimmere Monopolisten sind als die alten Merkantilisten selbst. Es wird sich zeigen, dass hinter der gleisnerischen Humanität der Neueren eine Barbarei steckt, von der die Alten nichts wussten; dass die Begriffsverwirrung der Alten noch einfach und konsequent ist gegen die doppelzüngige Logik ihrer Angreifer und dass keine der beiden Parteien der andern etwas vorwerfen könne, was nicht auf sie selbst zurückfällt. – Darum kann auch die neuere liberale Ökonomie die Restauration des Merkantilsystems durch List nicht begreifen, während die Sache für uns ganz einfach ist. Die Inkonsequenz und Doppelseitigkeit der liberalen Ökonomie muss sich notwendig wieder in ihre Grundbestandteile auflösen. Wie die Theologie entweder zum blinden Glauben zurück-, oder zur freien Philosophie vorwärtsgehen muss, so muss die Handelsfreiheit auf der einen Seite die Restauration der Monopole, auf der andern die Aufhebung des Privateigentums produzieren.

Der einzig *positive* Fortschritt, den die liberale Ökonomie gemacht hat, ist die Entwicklung der Gesetze des Privateigentums. Diese sind allerdings in ihr enthalten, wenn auch noch nicht bis zur letzten Konsequenz entwickelt und klar ausgesprochen. Hieraus folgt, dass in allen Punkten, wo es auf die Entscheidung über die kürzeste Manier, reich zu werden, ankommt, also in allen strikt ökonomischen Kontroversen, die Verteidiger der Handelsfreiheit das Recht auf ihrer Seite haben. Wohlverstanden – in Kontroversen mit den Monopolisten, nicht mit den Gegnern des Privateigentums, denn dass diese imstande sind, in ökonomischen Fragen auch ökonomisch richtiger zu entscheiden, haben die englischen Sozialisten längst praktisch und theoretisch bewiesen.

Wir werden also bei der Kritik der Nationalökonomie die Grundkategorien untersuchen, den durch das System der Handelsfreiheit hineingebrachten Widerspruch enthüllen und die Konsequenzen der beiden Seiten des Widerspruchs ziehen. [...]

* * *

[Eine] durch den Handel bedingte Kategorie ist der *Wert*. Über diese, sowie über alle andern Kategorien existiert kein Streit zwischen den älteren und neueren Ökonomen, weil die Monopolisten in ihrer unmittelbaren Wut der Bereicherung keine Zeit übrighatten, um sich mit Kategorien zu beschäftigen. Alle Streitfragen über derartige Punkte gingen von den Neueren aus.

Der Ökonom, der von Gegensätzen lebt, hat natürlich auch einen *doppelten* Wert; den abstrakten oder realen Wert und den Tauschwert. Über das Wesen des Realwertes war ein langer Streit zwischen den Engländern, die die Produktionskosten als den Ausdruck des Realwertes bestimmten, und dem Franzosen Say, der diesen Wert nach der Brauchbarkeit einer Sache zu messen vorgab. Der Streit hat seit dem Anfange dieses Jahrhunderts geschwebt und ist eingeschlafen, nicht entschieden. Die Ökonomen können nichts entscheiden.

Die Engländer – MacCulloch und Ricardo besonders – behaupten also, der abstrakte Wert einer Sache werde durch die Produktionskosten bestimmt. Wohlverstanden, der abstrakte Wert, nicht der Tauschwert, der *exchangeable value*, der Wert im Handel – das sei etwas andres. Weshalb sind die Produktionskosten das Maß des Wertes? Weil – hört, hört! – weil niemand eine Sache, unter gewöhnlichen Umständen und das Verhältnis der Konkurrenz aus dem Spiele gelassen, für weniger verkaufen würde als ihm ihre Produktion kostet – verkaufen würde? Was haben wir hier, wo es sich nicht um den *Handelswert* handelt, mit »Verkaufen« zu tun? Da haben wir ja gleich wieder den Handel im Spiel, den wir ja gerade herauslassen sollen – und was für einen Handel! Einen Handel, wobei die Hauptsache, das Konkurrenzverhältnis, nicht in Anschlag kommen soll! Erst einen abstrakten Wert, jetzt auch einen abstrakten Handel, einen Handel ohne Konkurrenz, d. h. einen Menschen ohne Körper, einen Gedanken ohne Gehirn, um Gedanken zu produzieren. Und bedenkt der Ökonom denn gar nicht, dass, sowie die Konkurrenz aus dem Spiel gelassen wird, gar keine Garantie da ist, dass der Produzent seine Ware gerade zu den Produktionskosten verkauft? Welche Verwirrung!

Weiter! Geben wir für einen Augenblick zu, dass dem allem so sei, wie der Ökonom sagt. Angenommen, es machte jemand mit ungeheurer Mühe und enormen Kosten etwas ganz Unnützes, etwas, wonach kein Mensch begehrt, ist auch das die Produktionskosten wert? Ganz und gar nicht, sagt der Ökonom, wer wird das kaufen wollen? Da haben wir also auf einmal nicht nur die verschriene saysche Brauchbarkeit, sondern – mit dem

»Kaufen« – das Konkurrenzverhältnis daneben. Es ist nicht möglich, der Ökonom kann seine Abstraktion nicht einen Augenblick festhalten. Nicht nur das, was er mit Mühe entfernen will, die Konkurrenz, sondern auch das, was er angreift, die Brauchbarkeit, kommt ihm jeden Augenblick zwischen die Finger. Der abstrakte Wert und seine Bestimmung durch die Produktionskosten sind eben nur Abstraktionen, Undinge.

Aber geben wir noch einmal für einen Augenblick dem Ökonomen recht – wie will er uns dann die Produktionskosten bestimmen, ohne die Konkurrenz in Anschlag zu bringen? Wir werden bei der Untersuchung der Produktionskosten sehen, dass auch diese Kategorie auf die Konkurrenz basiert ist, und auch hier wieder zeigt es sich, wie wenig der Ökonom seine Behauptungen durchführen kann.

Gehen wir zu Say über, so finden wir dieselbe Abstraktion. Die Brauchbarkeit einer Sache ist etwas rein Subjektives, gar nicht absolut zu Entscheidendes – wenigstens solange man sich noch in Gegensätzen herumtreibt, gewiss nicht zu entscheiden. Nach dieser Theorie müssten notwendige Bedürfnisse mehr Wert besitzen als Luxusartikel. Der einzig mögliche Weg, zu einer einigermaßen objektiven, *scheinbar* allgemeinen Entscheidung über die größere oder geringere Brauchbarkeit einer Sache zu kommen, ist unter der Herrschaft des Privateigentums das Konkurrenzverhältnis, und das soll ja gerade beiseitegelassen werden. Ist aber das Konkurrenzverhältnis zugelassen, so kommen auch die Produktionskosten herein; denn niemand wird für weniger verkaufen, als er selbst bei der Produktion angelegt hat. Auch hier also geht die eine Seite des Gegensatzes wider Willen in die andere über.

Versuchen wir, Klarheit in diese Verwirrung zu bringen. Der Wert einer Sache schließt beide Faktoren ein, die von den streitenden Parteien mit Gewalt und, wie wir gesehen haben, ohne Erfolg getrennt werden. Der Wert ist das Verhältnis der Produktionskosten zur Brauchbarkeit. Die nächste Anwendung des Wertes ist die Entscheidung darüber, ob eine Sache überhaupt produziert werden soll, d. h., ob die Brauchbarkeit die Produktionskosten aufwiegt. Dann erst kann von der Anwendung des

Wertes für den Tausch die Rede sein. Die Produktionskosten zweier Dinge gleichgesetzt, wird die Brauchbarkeit das entscheidende Moment sein, um ihren vergleichungsmäßigen Wert zu bestimmen.

Diese Basis ist die einzig gerechte Basis des Tausches. Geht man aber von derselben aus, wer soll über die Brauchbarkeit einer Sache entscheiden? Die bloße Meinung der Beteiligten? So wird jedenfalls einer betrogen. Oder eine auf die inhärente Brauchbarkeit der Sache unabhängig von den beteiligen Parteien gegründete und ihnen nicht einleuchtende Bestimmung? So kann der Tausch nur durch *Zwang* zustande kommen, und jeder hält sich für betrogen. Man kann diesen Gegensatz zwischen der wirklichen inhärenten Brauchbarkeit der Sache und zwischen der Bestimmung dieser Brauchbarkeit, zwischen der Bestimmung der Brauchbarkeit und der Freiheit der Tauschenden nicht aufheben, ohne das Privateigentum aufzuheben; und sobald dies aufgehoben ist, kann von einem Tausch, wie er jetzt existiert, nicht mehr die Rede sein. Die praktische Anwendung des Wertbegriffs wird sich dann immer mehr auf die Entscheidung über die Produktion beschränken, und da ist seine eigentliche Sphäre.

Wie aber stehen die Sachen jetzt? Wir haben gesehen, wie der Wertbegriff langsam zerrissen ist und die einzelnen Seiten jede für das Ganze ausgeschrien werden. Die Produktionskosten, durch die Konkurrenz von vornherein verdreht, sollen für den Wert selbst gelten; ebenso die bloß subjektive Brauchbarkeit – denn eine andere kann es jetzt nicht geben. – Um diesen lahmen Definitionen auf die Beine zu helfen, muss in beiden Fällen die Konkurrenz in Anspruch genommen werden; und das Beste ist, dass bei den Engländern die Konkurrenz, gegenüber den Produktionskosten, die Brauchbarkeit vertritt, während sie umgekehrt bei Say, der Brauchbarkeit gegenüber, die Produktionskosten hereinbringt. Aber was für eine Brauchbarkeit, was für Produktionskosten bringt sie herein! Ihre Brauchbarkeit hängt vom Zufall, von der Mode, von der Laune der Reichen ab, ihre Produktionskosten gehen auf und ab mit dem zufälligen Verhältnis von Nachfrage und Zufuhr.

Dem Unterschiede zwischen Realwert und Tauschwert liegt eine Tatsache zum Grunde – nämlich dass der Wert einer Sache verschieden ist von dem im Handel für sie gegebenen sogenannten Äquivalent, d. h., dass dies Äquivalent kein Äquivalent ist. Dies sogenannte Äquivalent ist der *Preis* der Sache, und wäre der Ökonom ehrlich, so würde er dies Wort für den »Handelswert« gebrauchen. Aber er muss doch immer noch eine Spur von Schein behalten, dass der Preis mit dem Werte irgendwie zusammenhänge, damit nicht die Unsittlichkeit des Handels zu klar ans Licht komme. Dass aber der *Preis* durch die Wechselwirkung der Produktionskosten und der Konkurrenz bestimmt wird, das ist ganz richtig und ein Hauptgesetz des Privateigentums. Dies war das erste, was der Ökonom fand, dies rein empirische Gesetz; und hiervon abstrahierte er dann seinen Realwert, d. h. den Preis zu der Zeit, wenn das Konkurrenzverhältnis sich balanciert, wenn Nachfrage und Zufuhr sich decken – dann bleiben natürlich die Produktionskosten übrig, und das nennt dann der Ökonom Realwert, während es nur eine Bestimmtheit des Preises ist. So steht aber alles in der Ökonomie auf dem Kopf; der Wert, der das Ursprüngliche, die Quelle des Preises ist, wird von diesem, seinem eigenen Produkt, abhängig gemacht. Bekanntlich ist diese Umkehrung das Wesen der Abstraktion, worüber Feuerbach zu vergleichen.

* * *

Nach dem Ökonomen bestehen die Produktionskosten einer Ware aus drei Elementen: dem Grundzins für das nötige Stück Land, um das rohe Material zu produzieren, dem Kapital mit dem Gewinn darauf und dem Lohn für die Arbeit, die zur Produktion und zur Verarbeitung erforderlich waren. Es zeigt sich aber sogleich, dass Kapital und Arbeit identisch sind, da die Ökonomen selbst gestehen, Kapital sei »aufgespeicherte Arbeit«. So bleiben uns also nur zwei Seiten übrig, die natürliche, objektive, der Boden, und die menschliche, subjektive, die Arbeit, die das Kapital einschließt und außer dem Kapital noch ein Drittes, woran der Ökonom nicht denkt, ich meine das geistige Element der Erfindung, des Gedankens, neben dem physischen der bloßen Arbeit. Was hat der Ökonom mit dem Erfindungsgeist zu schaffen? Sind ihm nicht alle Erfindungen ohne sein Zutun zugeflogen gekommen? Hat ihrer *eine* ihm etwas gekostet? Was also hat er bei der Berechnung seiner Produktionskosten sich darum zu kümmern? Ihm sind Land, Kapital, Arbeit die Bedingungen des Reichtums, und weiter braucht er nichts. Die Wissenschaft geht ihn nichts an. Ob sie ihm durch Berthollet, Davy, Liebig, Watt, Cartwright usw. Geschenke gemacht hat, die ihn und seine Produktion unendlich gehoben haben – was liegt ihm daran? Dergleichen weiß er nicht zu berechnen; die Fortschritte der Wissenschaft gehen über seine Zahlen hinaus. Aber für einen vernünftigen Zustand, der über die Teilung der Interessen, wie sie beim Ökonomen stattfindet, hinaus ist, gehört das geistige Element allerdings mit zu den Elementen der Produktion und wird auch in der Ökonomie seine Stelle unter den Produktionskosten finden. Und da ist es allerdings befriedigend, zu wissen, wie die Pflege der Wissenschaft sich auch materiell belohnt, zu wissen, dass eine einzige Frucht der Wissenschaft, wie James Watts Dampfmaschine, in den ersten fünfzig Jahren ihrer Existenz der Welt mehr eingetragen hat, als die Welt von Anfang an für die Pflege der Wissenschaft ausgegeben.

Wir haben also zwei Elemente der Produktion, die Natur und den Menschen, und den letzteren wieder physisch und geistig, in Tätigkeit und können nun zum Ökonomen und seinen Produktionskosten zurückkehren. [...]

* * *

Wir haben gesehen, wie Kapital und Arbeit ursprünglich identisch sind; wir sehen ferner aus den Entwicklungen des Ökonomen selbst, wie das Kapital, das Resultat der Arbeit, im Prozesse der Produktion sogleich wieder zum Substrat, zum Material der Arbeit gemacht, wie also die für einen Augenblick gesetzte Trennung des Kapitals von der Arbeit sogleich wieder in die Einheit beider aufgehoben wird; und doch trennt der Ökonom das Kapital von der Arbeit, doch hält er die Entzweiung fest, ohne die Einheit daneben anders als durch die Definition des

Kapitals: »aufgespeicherte Arbeit«, anzuerkennen. Die aus dem Privateigentum folgende Spaltung zwischen Kapital und Arbeit ist nichts als die diesem entzweiten Zustande entsprechende und aus ihm hervorgehende Entzweiung der Arbeit in sich selbst. Und nachdem diese Trennung bewerkstelligt, teilt sich das Kapital nochmals in das ursprüngliche Kapital und in den Gewinn, den Zuwachs des Kapitals, den es im Prozesse der Produktion empfängt, obwohl die Praxis selbst diesen Gewinn sogleich wieder zum Kapital schlägt und mit diesem in Fluss setzt. Ja, selbst der Gewinn wird wieder in Zinsen und eigentlichen Gewinn gespalten. In den Zinsen ist die Unvernünftigkeit dieser Spaltungen auf die Spitze getrieben. Die Unsittlichkeit des Zinsenverleihens, des Empfangens ohne Arbeit, für das bloße Borgen, ist, obwohl schon im Privateigentum liegend, doch zu augenscheinlich und vom unbefangenen Volksbewusstsein, das in diesen Dingen meistens recht hat, längst erkannt. Alle diese feinen Spaltungen und Divisionen entstehen aus der ursprünglichen Trennung des Kapitals von der Arbeit und der Vollendung dieser Trennung in der Spaltung der Menschheit in Kapitalisten und Arbeiter, einer Spaltung, die alle Tage schärfer und schärfer ausgebildet wird und die sich, wie wir sehen werden, immer steigern *muss*. Diese Trennung, wie die schon betrachtete Trennung des Bodens von Kapital und Arbeit, ist aber in letzter Instanz eine unmögliche. Es ist durchaus nicht zu bestimmen, wie viel der Anteil des Bodens, des Kapitals und der Arbeit an einem bestimmten Erzeugnisse betrage. Die drei Größen sind inkommensurabel. Der Boden schafft das rohe Material, aber nicht ohne Kapital und Arbeit, das Kapital setzt Boden und Arbeit voraus, und die Arbeit *wenigstens* den Boden, meistens auch Kapital voraus. Die Verrichtungen der drei sind ganz verschiedenartig und nicht in einem vierten gemeinsamen Maße zu messen. Wenn es also bei den jetzigen Verhältnissen zur Verteilung des Ertrages unter die drei Elemente kommt, so gibt es kein ihnen inhärentes Maß, sondern ein ganz fremdes, ihnen zufälliges Maß entscheidet: die Konkurrenz oder das raffinierte Recht des Stärkeren. Der Grundzins impliziert die Konkurrenz, der Gewinn auf Kapital wird einzig durch die Konkurrenz bestimmt, und wie es mit dem Arbeitslohn aussieht, werden wir gleich sehen.

Wenn wir das Privateigentum fallenlassen, so fallen diese unnatürlichen Spaltungen. Der Unterschied von Zinsen und Gewinn fällt; Kapital ist nichts ohne Arbeit, ohne Bewegung. Der Gewinn reduziert seine Bedeutung auf das Gewicht, das bei der Bestimmung der Produktionskosten das Kapital in die Waage legt, und bleibt so dem Kapital inhärent, wie dies selbst in seine ursprüngliche Einheit mit der Arbeit zurückfällt. [...]

* * *

Der Gegensatz der *Konkurrenz* ist das *Monopol*. Das Monopol war das Feldgeschrei der Merkantilisten, die Konkurrenz der Schlachtruf der liberalen Ökonomen. Es ist leicht einzusehen, dass dieser Gegensatz wieder ein durchaus hohler ist. Jeder Konkurrierende *muss* wünschen, das Monopol zu haben, mag er Arbeiter, Kapitalist oder Grundbesitzer sein. Jede kleinere Gesamtheit von Konkurrenten muss wünschen, das Monopol für sich gegen alle andern zu haben. Die Konkurrenz beruht auf dem Interesse, und das Interesse erzeugt wieder das Monopol; kurz, die Konkurrenz geht in das Monopol über. Auf der andern Seite kann das Monopol den Strom der Konkurrenz nicht aufhalten, ja es erzeugt die Konkurrenz selbst, wie z. B. ein Einfuhrverbot oder hohe Zölle die Konkurrenz des Schmuggelns geradezu erzeugen. – Der Widerspruch der Konkurrenz ist ganz derselbe wie der des Privateigentums selbst. Es liegt im Interesse jedes einzelnen, alles zu besitzen, aber im Interesse der Gesamtheit, dass jeder gleich viel besitze. So ist also das allgemeine und individuelle Interesse diametral entgegengesetzt. Der Widerspruch der Konkurrenz ist: dass sich jeder das Monopol wünschen muss, während die Gesamtheit als solche durch das Monopol verlieren und es also entfernen muss. Ja, die Konkurrenz setzt das Monopol schon voraus, nämlich das Monopol des Eigentums – und hier tritt wieder die Heuchelei der Liberalen an den Tag – und solange das Monopol des Eigentums besteht, solange ist das Eigentum des Monopols gleichberechtigt; denn auch das einmal gegebene Monopol ist

Eigentum. Welche jämmerliche Halbheit ist es also, die kleinen Monopole anzugreifen und das Grundmonopol bestehen zu lassen. Und wenn wir hierzu noch den früher erwähnten Satz des Ökonomen ziehen, dass nichts Wert hat, was nicht monopolisiert werden kann, dass also nichts, was nicht diese Monopolisierung zulässt, in diesen Kampf der Konkurrenz eintreten kann, so ist unsere Behauptung, dass die Konkurrenz das Monopol voraussetzt, vollkommen gerechtfertigt.

* * *

Das Gesetz der Konkurrenz ist, dass Nachfrage und Zufuhr sich stets und ebendeshalb nie ergänzen. Die beiden Seiten sind wieder auseinandergerissen und in den schroffen Gegensatz verwandelt. Die Zufuhr ist immer gleich hinter der Nachfrage, kommt aber nie dazu, sie genau zu decken; sie ist entweder zu groß oder zu klein, nie der Nachfrage entsprechend, weil in diesem bewusstlosen Zustande der Menschheit kein Mensch weiß, wie groß diese oder jene ist. Ist die Nachfrage größer als die Zufuhr, so steigt der Preis, und dadurch wird die Zufuhr gleichsam irritiert; sowie sie sich im Markte zeigt, fallen die Preise, und wenn sie größer wird als jene, so wird der Fall der Preise so bedeutend, dass die Nachfrage dadurch wieder aufgereizt wird. So geht es in einem fort, nie ein gesunder Zustand, sondern eine stete Abwechslung von Irritation und Erschlaffung, die allen Fortschritt ausschließt, ein ewiges Schwanken, ohne je zum Ziel zu kommen. Dies Gesetz mit seiner steten Ausgleichung, wo, was hier verloren, dort wiedergewonnen wird, findet der Ökonom wunderschön. Es ist sein Hauptruhm, er kann sich nicht satt daran sehen und betrachtet es unter allen möglichen und unmöglichen Verhältnissen. Und doch liegt auf der Hand, dass dies Gesetz ein reines Naturgesetz, kein Gesetz des Geistes ist. Ein Gesetz, das die Revolution erzeugt. Der Ökonom kommt mit seiner schönen Theorie von Nachfrage und Zufuhr heran, beweist euch, dass »nie zu viel produziert werden kann«, und die Praxis antwortet mit den Handelskrisen, die so regelmäßig wiederkehren wie die Kometen und deren wir jetzt durchschnittlich alle fünf bis sieben

Jahre eine haben. Diese Handelskrisen sind seit achtzig Jahren ebenso regelmäßig gekommen wie früher die großen Seuchen – und haben mehr Elend, mehr Unsittlichkeit mit sich gebracht als diese (vgl. Wade, »Hist[ory] of the Middle and Working Classes«, London 1835, p. 211). Natürlich bestätigen diese Handelsrevolutionen das Gesetz, sie bestätigen es im vollsten Maße, aber in einer andern Weise, als der Ökonom uns glauben machen möchte. Was soll man von einem Gesetz denken, das sich nur durch periodische Revolutionen durchsetzen kann? Es ist eben ein Naturgesetz, das auf der Bewusstlosigkeit der Beteiligten beruht. Wüssten die Produzenten als solche, wie viel die Konsumenten bedürften, organisierten sie die Produktion, verteilten sie unter sich, so wären die Schwankungen der Konkurrenz und ihre Neigung zur Krisis unmöglich. Produziert mit Bewusstsein, als Menschen, nicht als zersplitterte Atome ohne Gattungsbewusstsein, und ihr seid über alle diese künstlichen und unhaltbaren Gegensätze hinaus. Solange ihr aber fortfahrt, auf die jetzige unbewusste, gedankenlose, der Herrschaft des Zufalls überlassene Art zu produzieren, solange bleiben die Handelskrisen; und jede folgende muss universeller, also schlimmer werden als die vorhergehende, muss eine größere Menge kleiner Kapitalisten verarmen und die Anzahl der bloß von der Arbeit lebenden Klasse in steigendem Verhältnisse vermehren – also die Masse der zu beschäftigenden Arbeit, das Hauptproblem unserer Ökonomen, zusehends vergrößern und endlich eine soziale Revolution herbeiführen, wie sie sich die Schulweisheit der Ökonomen nicht träumen lässt.

Die ewige Schwankung der Preise, wie sie durch das Konkurrenzverhältnis geschaffen wird, entzieht dem Handel vollends die letzte Spur von Sittlichkeit. Von *Wert* ist keine Rede mehr; dasselbe System, das auf den Wert so viel Gewicht zu legen scheint, das der Abstraktion des Wertes im Gelde die Ehre einer besondern Existenz gibt – dies selbe System zerstört durch die Konkurrenz allen inhärenten Wert und verändert das Wertverhältnis aller Dinge gegeneinander täglich und stündlich. Wo bleibt in diesem Strudel die Möglichkeit eines auf sittlicher Grundlage beruhenden Austausches? In diesem fortwährenden Auf und Ab *muss* jeder suchen, den günstigsten Augenblick zum Kauf und Verkauf zu treffen, jeder muss Spekulant werden, d. h. ernten, wo er nicht gesät hat, durch den Verlust anderer sich bereichern, auf das Unglück andrer kalkulieren oder den Zufall für sich gewinnen lassen. Der Spekulant rechnet immer auf Unglücksfälle, besonders auf Missernten, er benutzt alles, wie z. B. seinerzeit den Brand von New York, und der Kulminationspunkt der Unsittlichkeit ist die Börsenspekulation in Fonds, wodurch die Geschichte und in ihr die Menschheit zum Mittel herabgesetzt wird, um die Habgier des kalkulierenden oder hasardierenden Spekulanten zu befriedigen. Und möge sich der ehrliche, »solide« Kaufmann nicht pharisäisch über das Börsenspiel erheben – ich danke dir Gott usw. Er ist so schlimm wie die Fondsspekulanten, er spekuliert ebenso sehr wie sie, er muss es, die Konkurrenz zwingt ihn dazu, und sein Handel impliziert also dieselbe Unsittlichkeit wie der ihrige. Die Wahrheit des Konkurrenzverhältnisses ist das Verhältnis der Konsumtionskraft zur Produktionskraft. In einem der Menschheit würdigen Zustande wird es keine andre Konkurrenz als diese geben. Die Gemeinde wird zu berechnen haben, was sie mit den ihr zu Gebote stehenden Mitteln erzeugen kann, und nach dem Verhältnis dieser Produktionskraft zur Masse der Konsumenten bestimmen, inwieweit sie die Produktion zu steigern oder nachzulassen, inwieweit sie dem Luxus nachzugeben oder ihn zu beschränken hat. Um aber über dies Verhältnis und die von einem vernünftigen Zustande der Gemeinde zu erwartende Steigerung der Produktionskraft richtig zu urteilen, mögen meine Leser die Schriften der englischen Sozialisten und zum Teil auch Fouriers vergleichen.

Die subjektive Konkurrenz, der Wettstreit von Kapital gegen Kapital, Arbeit gegen Arbeit usw., wird sich unter diesen Umständen auf den in der menschlichen Natur begründeten und bis jetzt nur von Fourier erträglich entwickelten Wetteifer reduzieren, der nach der Aufhebung der entgegengesetzten Interessen auf seine eigentümliche und vernünftige Sphäre beschränkt wird. [...]

* * *

Die Konkurrenz setzt also Kapital gegen Kapital, Arbeit gegen Arbeit, Grundbesitz gegen Grundbesitz, und ebenso jedes dieser Elemente gegen die beiden andern. Im Kampf siegt der Stärkere, und wir werden, um das Resultat dieses Kampfes vorauszusagen, die Stärke der Kämpfenden zu untersuchen haben. Zuerst sind Grundbesitz und Kapital jedes stärker als die Arbeit, denn der Arbeiter muss arbeiten, um zu leben, während der Grundbesitzer von seinen Renten und der Kapitalist von seinen Zinsen, im Notfalle von seinem Kapital oder dem kapitalisierten Grundbesitz leben kann. Die Folge davon ist, dass der Arbeit nur das Allernotdürftigste, die nackten Subsistenzmittel zufallen, während der größte Teil der Produkte sich zwischen dem Kapital und dem Grundbesitz verteilt. Der stärkere Arbeiter treibt ferner den schwächeren, das größere Kapital das geringere, der größere Grundbesitz den kleinen aus dem Markt. Die Praxis bestätigt diesen Schluss. Die Vorteile, die der größere Fabrikant und Kaufmann über den kleinen, der große Grundbesitzer über den Besitzer eines einzigen Morgens hat, sind bekannt. Die Folge hiervon ist, dass schon unter gewöhnlichen Verhältnissen das große Kapital und der große Grundbesitz das kleine Kapital und den kleinen Grundbesitz nach dem Recht des Stärkeren verschlingen – die Zentralisation des Besitzes. In Handels- und Agrikulturkrisen geht diese Zentralisation viel rascher vor sich. – Großer Besitz vermehrt sich überhaupt viel rascher als kleiner, weil von dem Ertrag ein viel geringerer Teil als Ausgaben des Besitzes in Abzug kommt. Diese Zentralisation des Besitzes ist ein dem Privateigentum ebenso immanentes Gesetz wie alle andern; die Mittelklassen müssen immer mehr verschwinden, bis die Welt in Millionäre und Paupers, in große Grundbesitzer und arme Taglöhner geteilt ist. Alle Gesetze, alle Teilung des Grundbesitzes, alle etwaige Zersplitterung des Kapitals hilft nichts – dies Resultat muss kommen und wird kommen, wenn nicht eine totale Umgestaltung der sozialen Verhältnisse, eine Verschmelzung der entgegengesetzten Interessen, eine Aufhebung des Privateigentums ihm zuvorkommt.

Die freie Konkurrenz, das Hauptstichwort unserer Tagesökonomen, ist eine Unmöglichkeit. Das Monopol hatte wenigstens die Absicht, wenn es sie auch nicht durchführen konnte, den Konsumenten vor Betrug zu schützen. Die Abschaffung des Monopols öffnet aber dem Betrug Tor und Tür. Ihr sagt, die Konkurrenz hat in sich selbst das Gegenmittel gegen den Betrug, keiner wird schlechte Sachen kaufen – d. h., jeder muss für jeden Artikel ein Kenner sein, und dies ist unmöglich – daher die Notwendigkeit des Monopols, die sich auch in vielen Artikeln zeigt. Die Apotheken usw. *müssen* ein Monopol haben. Und der wichtigste Artikel, das Geld, hat gerade das Monopol am meisten nötig. Das zirkulierende Medium hat jedes Mal, sowie es aufhört, Staatsmonopol zu sein, eine Handelskrisis produziert, und die englischen Ökonomen, unter andern Dr. Wade, geben die Notwendigkeit des Monopols hier auch zu. Aber das Monopol schützt auch nicht vor falschem Gelde. Man stelle sich auf welche Seite der Frage man wolle, die eine ist so schwierig wie die andere, das Monopol erzeugt die freie Konkurrenz und diese wieder das Monopol; darum müssen beide fallen und diese Schwierigkeiten durch die Aufhebung des sie erzeugenden Prinzips gehoben werden.

* * *

Die Konkurrenz hat alle unsre Lebensverhältnisse durchdrungen und die gegenseitige Knechtschaft, in der die Menschen sich jetzt halten, vollendet. Die Konkurrenz ist die große Triebfeder, die unsre alt und schlaff werdende soziale Ordnung, oder vielmehr Unordnung, immer wieder zur Tätigkeit aufstachelt, aber bei jeder neuen Anstrengung auch einen Teil der sinkenden Kräfte verzehrt. Die Konkurrenz beherrscht den numerischen Fortschritt der Menschheit, sie beherrscht auch ihren sittlichen. Wer mit der Statistik des Verbrechens sich etwas bekannt gemacht hat, dem muss die eigentümliche Regelmäßigkeit aufgefallen sein, mit der das Verbrechen alljährlich fortschreitet, mit der gewisse Ursachen gewisse Verbrechen erzeugen. Die Ausdehnung des Fabriksystems hat überall eine Vermehrung der Verbrechen zur Folge. Man kann die Anzahl der Verhaftungen, Kriminalfälle, ja die Anzahl der

Morde, der Einbrüche, der kleinen Diebstähle usw. für eine große Stadt oder einen Bezirk mit jedes Mal zutreffender Genauigkeit alljährlich vorausbestimmen, wie dies in England oft genug geschehen ist. Diese Regelmäßigkeit beweist, dass auch das Verbrechen von der Konkurrenz regiert wird, dass die Gesellschaft eine *Nachfrage* nach Verbrechen erzeugt, der durch eine angemessene *Zufuhr* entsprochen wird, dass die Lücke, die durch die Verhaftung, Transportierung oder Hinrichtung einer Anzahl gemacht, sogleich durch andere wieder aufgefüllt wird, gerade wie jede Lücke in der Bevölkerung sogleich wieder durch neue Ankömmlinge aufgefüllt wird, mit andern Worten, dass das Verbrechen ebenso auf die Mittel der Bestrafung drückt wie die Völker auf die Mittel der Beschäftigung. Wie gerecht es unter diesen Umständen, abgesehen von allen andern, ist, Verbrecher zu bestrafen, überlasse ich dem Urteil meiner Leser. Mir kommt es hier bloß darauf an, die Ausdehnung der Konkurrenz auch auf das moralische Gebiet nachzuweisen und zu zeigen, zu welcher tiefen Degradation das Privateigentum den Menschen gebracht hat.

* * *

In dem Kampfe von Kapital und Boden gegen die Arbeit haben die beiden ersten Elemente noch einen besonderen Vorteil vor der Arbeit voraus – die Hülfe der Wissenschaft, denn auch diese ist unter den jetzigen Verhältnissen gegen die Arbeit gerichtet. Fast alle mechanischen Erfindungen z. B. sind durch den Mangel an Arbeitskraft veranlasst worden, so besonders Hargreaves', Cromptons und Arkwrights Baumwollspinnmaschinen. Die Arbeit ist nie sehr gesucht gewesen, ohne dass daraus eine Erfindung hervorging, die die Arbeitskraft bedeutend vermehrte, also die Nachfrage von der menschlichen Arbeit ablenkte. Die Geschichte Englands von 1770 bis jetzt ist ein fortlaufender Beweis dafür. Die letzte große Erfindung in der Baumwollspinnerei, die *Selfacting Mule*, wurde ganz allein durch die Frage nach Arbeit und den steigenden Lohn veranlasst – sie verdoppelte die Maschinenarbeit und beschränkte dadurch die Handarbeit auf die Hälfte, warf die

Hälfte der Arbeiter außer Beschäftigung und drückte dadurch den Lohn der andern auf die Hälfte herab; sie vernichtete eine Verschwörung der Arbeiter gegen die Fabrikanten und zerstörte den letzten Rest von Kraft, mit dem die Arbeit noch den ungleichen Kampf gegen das Kapital ausgehalten hatte (vgl. *Dr. Ure*, »Philosophy of Manufactures«, Bd. 2). Der Ökonom sagt nun zwar, dass im Endresultate die Maschinerie günstig für die Arbeiter sei, indem sie die Produktion billiger mache und dadurch einen neuen größeren Markt für ihre Produkte schaffe und so zuletzt die außer Arbeit gesetzten Arbeiter doch wieder beschäftige. Ganz richtig; aber vergisst der Ökonom denn hier, dass die Erzeugung der Arbeitskraft durch die Konkurrenz reguliert wird, dass die Arbeitskraft stets auf die Mittel der Beschäftigung drückt, dass also, wenn diese Vorteile eintreten sollen, bereits wieder eine Überzahl von Konkurrenten für Arbeit darauf wartet und dadurch diesen Vorteil illusorisch machen wird, während der Nachteil, die plötzliche Wegnahme der Subsistenzmittel für die eine und der Fall des Lohnes für die andere Hälfte der Arbeiter, nicht illusorisch ist? Vergisst der Ökonom, dass der Fortschritt der Erfindung nie stockt, dass also dieser Nachteil sich verewigt? Vergisst er, dass bei der durch unsere Zivilisation so unendlich gesteigerten Teilung der Arbeit ein Arbeiter nur dann leben kann, wenn er an dieser bestimmten Maschine für diese bestimmte kleinliche Arbeit verwendet werden kann? Dass der Übergang von einer Beschäftigung zu einer andern, neuern, für den erwachsenen Arbeiter fast immer eine entschiedene Unmöglichkeit ist?

Indem ich die Wirkungen der Maschinerie ins Auge fasse, komme ich auf ein anderes, entfernteres Thema, das Fabriksystem, und dies hier zu behandeln, habe ich weder Lust noch Zeit. Ich hoffe übrigens bald eine Gelegenheit zu haben, die scheußliche Unsittlichkeit dieses Systems ausführlich zu entwickeln und die Heuchelei des Ökonomen, die hier in ihrem vollen Glanze erscheint, schonungslos aufzudecken.

Geschrieben Ende 1843 bis Januar 1844, nach: »Deutsch-Französische Jahrbücher«, Paris 1844. Auszüge aus MEW, Bd. 1, S. 499–524.

Die Entwicklung des Sozialismus von der Utopie zur Wissenschaft

[...] Die materialistische Anschauung der Geschichte geht von dem Satz aus, dass die Produktion, und nächst der Produktion der Austausch ihrer Produkte, die Grundlage aller Gesellschaftsordnung ist; dass in jeder geschichtlich auftretenden Gesellschaft die Verteilung der Produkte, und mit ihr die soziale Gliederung in Klassen oder Stände, sich danach richtet, was und wie produziert und wie das Produzierte ausgetauscht wird. Hiernach sind die letzten Ursachen aller gesellschaftlichen Veränderungen und politischen Umwälzungen zu suchen nicht in den Köpfen der Menschen, in ihrer zunehmenden Einsicht in die ewige Wahrheit und Gerechtigkeit, sondern in Veränderungen der Produktions- und Austauschweise; sie sind zu suchen nicht in der *Philosophie*, sondern in der Ökonomie der betreffenden Epoche. Die erwachende Einsicht, dass die bestehenden gesellschaftlichen Einrichtungen unvernünftig und ungerecht sind, dass Vernunft Unsinn, Wohltat Plage geworden, ist nur ein Anzeichen davon, dass in den Produktionsmethoden und Austauschformen in aller Stille Veränderungen vor sich gegangen sind, zu denen die auf frühere ökonomische Bedingungen zugeschnittne gesellschaftliche Ordnung nicht mehr stimmt. Damit ist zugleich gesagt, dass die Mittel zur Beseitigung der entdeckten Missstände ebenfalls in den veränderten Produktionsverhältnissen selbst – mehr oder minder entwickelt – vorhanden sein müssen. Diese Mittel sind nicht etwa aus dem Kopfe zu *erfinden*, sondern vermittelst des Kopfes in den vorliegenden materiellen Tatsachen der Produktion zu *entdecken*.

Wie steht es nun hiernach mit dem modernen Sozialismus? Die bestehende Gesellschaftsordnung – das ist nun so ziemlich allgemein zugegeben – ist geschaffen worden von der jetzt herrschenden Klasse, der Bourgeoisie. Die der Bourgeoisie eigentümliche Produktionsweise, seit Marx mit dem Namen kapitalistische Produktionsweise bezeichnet, war unverträglich mit den lokalen und ständischen Privilegien wie mit den gegenseitigen persönlichen Banden der feudalen Ordnung; die Bourgeoisie zerschlug die feudale Ordnung und stellte auf ihren Trümmern die bürgerliche Gesellschaftsverfassung her, das Reich der freien Konkurrenz, der Freizügigkeit, der Gleichberechtigung der Warenbesitzer und wie die bürgerlichen Herrlichkeiten alle heißen. Die kapitalistische Produktionsweise konnte sich jetzt frei entfalten. Die unter der Leitung der Bourgeoisie herausgearbeiteten Produktionsverhältnisse entwickelten sich, seit der Dampf und die neue Werkzeugmaschinerie die alte Manufaktur in die große Industrie umgewandelt, mit bisher unerhörter Schnelligkeit und in bisher unerhörtem Maße. Aber wie ihrer Zeit die Manufaktur und das unter ihrer Einwirkung weiterentwickelte Handwerk mit den feudalen Fesseln der Zünfte in Konflikt kam, so kommt die große Industrie in ihrer volleren Ausbildung in Konflikt mit den Schranken, in denen die kapitalistische Produktionsweise sie eingeengt hält. Die neuen Produktionskräfte sind der bürgerlichen Form ihrer Ausnutzung bereits über den Kopf gewachsen; und dieser Konflikt zwischen Produktivkräften und Produktionsweise ist nicht ein in den Köpfen der Menschen entstandner Konflikt, wie etwa der der menschlichen Erbsünde mit der göttlichen Gerechtigkeit, sondern er besteht in den Tatsachen, objektiv, außer uns, unabhängig vom Wollen oder Laufen selbst derjenigen Menschen, die ihn herbeigeführt. Der moderne Sozialismus ist weiter nichts als der Gedankenreflex dieses tatsächlichen Konflikts, seine ideelle Rückspiegelung in den Köpfen zunächst der Klasse, die direkt unter ihm leidet, der Arbeiterklasse.

Worin besteht nun dieser Konflikt?

Vor der kapitalistischen Produktion, also im Mittelalter, bestand allgemeiner Kleinbetrieb auf Grundlage des Privateigentums der Arbeiter an ihren Produktionsmitteln: der Ackerbau der kleinen, freien oder hörigen Bauern, das Handwerk der Städte. Die Arbeitsmittel – Land, Ackergerät, Werkstatt, Handwerkszeug – waren Arbeitsmittel des einzelnen, nur für den Einzelgebrauch berechnet, also notwendig kleinlich, zwerghaft, beschränkt. Aber sie gehörten eben deshalb auch in der Regel dem Produzenten selbst. Diese zersplitterten, engen Produktionsmittel zu konzentrieren, auszuweiten, sie in die mächtig wirkenden Produktionshebel der Gegenwart umzuwandeln, war gerade die historische Rolle der kapitalistischen Produktionsweise und ihrer Trägerin, der Bourgeoisie. Wie sie dies seit dem 15. Jahrhundert auf den drei Stufen: der einfachen Kooperation, der Manufaktur und der großen Industrie, geschichtlich durchgeführt, hat Marx im vierten Abschnitt des »Kapital«[1] ausführlich geschildert. Aber die Bourgeoisie, wie dort ebenfalls nachgewiesen, konnte jene beschränkten Produktionsmittel nicht in gewaltige Produktionskräfte verwandeln, ohne sie aus Produktionsmitteln des einzelnen in *gesellschaftliche*, nur von einer *Gesamtheit von Menschen* anwendbare Produktionsmittel zu verwandeln. An die Stelle des Spinnrads, des Handwebestuhls, des Schmiedehammers trat die Spinnmaschine, der mechanische Webstuhl, der Dampfhammer; an die Stelle der Einzelwerkstatt die das Zusammenwirken von Hunderten und Tausenden gebietende Fabrik. Und wie die Produktionsmittel, so verwandelte sich die Produktion selbst aus einer Reihe von Einzelhandlungen in eine Reihe gesellschaftlicher Akte und die Produkte aus Produkten Einzelner in gesellschaftliche Produkte. Das Garn, das Gewebe, die Metallwaren, die jetzt aus der Fabrik kamen, waren das gemeinsame Produkt vieler Arbeiter, durch deren Hände sie der Reihe nach gehn mussten, ehe sie fertig wurden. Kein Einzelner konnte von ihnen sagen: Das habe *ich* gemacht, das ist *mein* Produkt.

Wo aber die naturwüchsige, planlos allmählich entstandne Teilung der Arbeit innerhalb der Gesellschaft Grundform der Produktion ist, da drückt sie den Produkten die Form von *Waren* auf, deren gegenseitiger Austausch, Kauf und Verkauf, die einzelnen Produzenten in den Stand setzt, ihre mannigfachen Bedürfnisse zu befriedigen. Und dies war im Mittelalter

1 Vgl. Karl Max: Das Kapital, Erster Band, in: MEW, Bd. 23.

der Fall. Der Bauer z. B. verkaufte Ackerbauprodukte an den Handwerker und kaufte dafür von diesem Handwerkserzeugnisse. In diese Gesellschaft von Einzelproduzenten, Warenproduzenten, schob sich nun die neue Produktionsweise ein. Mitten in die naturwüchsige, *planlose* Teilung der Arbeit, wie sie in der ganzen Gesellschaft herrschte, stellte sie die *planmäßige* Teilung der Arbeit, wie sie in der einzelnen Fabrik organisiert war; neben die *Einzel*produktion trat die *gesellschaftliche* Produktion. Die Produkte beider wurden auf demselben Markt verkauft, also zu wenigstens annähernd gleichen Preisen. Aber die planmäßige Organisation war mächtiger als die naturwüchsige Arbeitsteilung; die gesellschaftlich arbeitenden Fabriken stellten ihre Erzeugnisse wohlfeiler her als die vereinzelten Kleinproduzenten. Die Einzelproduktion erlag auf einem Gebiet nach dem andern, die gesellschaftliche Produktion revolutionierte die ganze alte Produktionsweise. Aber dieser ihr revolutionärer Charakter wurde so wenig erkannt, dass sie im Gegenteil eingeführt wurde als Mittel zur Hebung und Förderung der Warenproduktion. Sie entstand in direkter Anknüpfung an bestimmte, bereits vorgefundne Hebel der Warenproduktion und des Warenaustausches: Kaufmannskapital, Handwerk, Lohnarbeit. Indem sie selbst auftrat als eine neue Form der Warenproduktion, blieben die Aneignungsformen der Warenproduktion auch für sie in voller Geltung.

In der Warenproduktion, wie sie sich im Mittelalter entwickelt hatte, konnte die Frage gar nicht entstehn, wem das Erzeugnis der Arbeit gehören solle. Der einzelne Produzent hatte es, in der Regel, aus ihm gehörendem, oft selbsterzeugtem Rohstoff, mit eignen Arbeitsmitteln und mit eigner Handarbeit oder der seiner Familie hergestellt. Es brauchte gar nicht erst von ihm angeeignet zu werden, es gehörte ihm ganz von selbst. Das Eigentum am Produkte beruhte also *auf eigner Arbeit*. Selbst wo fremde Hülfe gebraucht ward, blieb diese in der Regel Nebensache und erhielt häufig außer dem Lohn noch andre Vergütung: Der zünftige Lehrling und Geselle arbeiteten weniger wegen der Kost und des Lohns, als wegen ihrer eignen Ausbildung zur Meisterschaft. Da kam die Konzentration der

Produktionsmittel in großen Werkstätten und Manufakturen, ihre Verwandlung in tatsächlich gesellschaftliche Produktionsmittel. Aber die gesellschaftlichen Produktionsmittel und Produkte wurden behandelt, als wären sie nach wie vor die Produktionsmittel und Produkte Einzelner. Hatte bisher der Besitzer der Arbeitsmittel sich das Produkt angeeignet, weil es in der Regel sein eignes Produkt und fremde Hülfsarbeit die Ausnahme war, so fuhr jetzt der Besitzer der Arbeitsmittel fort, sich das Produkt anzueignen, obwohl es nicht mehr *sein* Produkt war, sondern ausschließlich Produkt *fremder Arbeit*. So wurden also die nunmehr gesellschaftlich erzeugten Produkte angeeignet nicht von denen, die die Produktionsmittel wirklich in Bewegung gesetzt und die Produkte wirklich erzeugt hatten, sondern vom *Kapitalisten*. Produktionsmittel und Produktion sind wesentlich gesellschaftlich geworden. Aber sie werden unterworfen einer Aneignungsform, die die Privatproduktion Einzelner zur Voraussetzung hat, wobei also jeder sein eignes Produkt besitzt und zu Markte bringt. Die Produktionsweise wird dieser Aneignungsform unterworfen, obwohl sie deren Voraussetzung aufhebt.[2] In diesem Widerspruch, der der neuen Produktionsweise ihren kapitalistischen Charakter verleiht, *liegt die ganze Kollision der Gegenwart bereits im Keim.* Je mehr die neue Produktionsweise auf allen entscheidenden Produktionsfeldern und in allen ökonomisch entscheidenden Ländern zur Herrschaft kam und damit die Einzelproduktion bis auf unbedeutende Reste verdrängte, *desto greller musste auch an den Tag treten die Unverträglichkeit von gesellschaftlicher Produktion und kapitalistischer Aneignung.*

Die ersten Kapitalisten fanden, wie gesagt, die Form der Lohnarbeit bereits vor. Aber Lohnarbeit als Ausnahme, als

2 Es braucht hier nicht auseinandergesetzt zu werden, dass, wenn auch die Aneignungs*form* dieselbe bleibt, der *Charakter* der Aneignung durch den oben geschilderten Vorgang nicht minder revolutioniert wird als die Produktion. Ob ich mir mein eignes Produkt aneigne oder das Produkt andrer, das sind natürlich zwei sehr verschiedne Arten von Aneignung. Nebenbei: Die Lohnarbeit, in der die ganze kapitalistische Produktionsweise bereits im Keime steckt, ist sehr alt; vereinzelt und zerstreut ging sie jahrhundertelang her neben der Sklaverei. Aber zur kapitalistischen Produktionsweise entfalten konnte sich der Keim erst, als die gesellschaftlichen Vorbedingungen hergestellt waren. [Anm. Engels]

Nebenbeschäftigung, als Aushülfe, als Durchgangspunkt. Der Landarbeiter, der zeitweise taglöhnern ging, hatte seine paar Morgen eignes Land, von denen allein er zur Not leben konnte. Die Zunftordnungen sorgten dafür, dass der Geselle von heute in den Meister von morgen überging. Sobald aber die Produktionsmittel in gesellschaftliche verwandelt und in den Händen von Kapitalisten konzentriert wurden, änderte sich dies. Das Produktionsmittel wie das Produkt des kleinen Einzelproduzenten wurde mehr und mehr wertlos; es blieb ihm nichts übrig, als zum Kapitalisten auf Lohn zu gehn. Die Lohnarbeit, früher Ausnahme und Aushülfe, wurde Regel und Grundform der ganzen Produktion; früher Nebenbeschäftigung, wurde sie jetzt ausschließliche Tätigkeit des Arbeiters. Der zeitweilige Lohnarbeiter verwandelte sich in den lebenslänglichen. Die Menge der lebenslänglichen Lohnarbeiter wurde zudem kolossal vermehrt durch den gleichzeitigen Zusammenbruch der feudalen Ordnung, Auflösung der Gefolgschaften der Feudalherren, Vertreibung von Bauern aus ihren Hofstellen etc. Die Scheidung war vollzogen zwischen den in den Händen der Kapitalisten konzentrierten Produktionsmitteln hier und den auf den Besitz von nichts als ihrer Arbeitskraft reduzierten Produzenten dort. *Der Widerspruch zwischen gesellschaftlicher Produktion und kapitalistischer Aneignung tritt an den Tag als Gegensatz von Proletariat und Bourgeoisie.*

Wir sahen, dass die kapitalistische Produktionsweise sich einschob in eine Gesellschaft von Warenproduzenten, Einzelproduzenten, deren gesellschaftlicher Zusammenhang vermittelt wurde durch den Austausch ihrer Produkte. Aber jede auf Warenproduktion beruhende Gesellschaft hat das Eigentümliche, dass in ihr die Produzenten die Herrschaft über ihre eignen gesellschaftlichen Beziehungen verloren haben. Jeder produziert für sich mit seinen zufälligen Produktionsmitteln und für sein besondres Austauschbedürfnis. Keiner weiß, wie viel von seinem Artikel auf den Markt kommt, wie viel davon überhaupt gebraucht wird, keiner weiß, ob sein Einzelprodukt einen wirklichen Bedarf vorfindet, ob er seine Kosten herausschlagen oder überhaupt wird verkaufen können. Es herrscht Anarchie der gesellschaftlichen Produktion. Aber die Warenproduktion, wie jede andere Produktionsform, hat ihre eigentümlichen, inhärenten, von ihr untrennbaren Gesetze; und diese Gesetze setzen sich durch, trotz der Anarchie, in ihr, durch sie. Sie kommen zum Vorschein in der einzigen, fortbestehenden Form des gesellschaftlichen Zusammenhangs, im Austausch, und machen sich geltend gegenüber den einzelnen Produzenten als Zwangsgesetze der Konkurrenz. Sie sind diesen Produzenten also anfangs selbst unbekannt und müssen erst durch lange Erfahrung nach und nach von ihnen entdeckt werden. Sie setzen sich also durch, ohne die Produzenten und gegen die Produzenten, als blindwirkende Naturgesetze ihrer Produktionsform. Das Produkt beherrscht die Produzenten.

In der mittelalterlichen Gesellschaft, namentlich in den ersten Jahrhunderten, war die Produktion wesentlich auf den Selbstgebrauch gerichtet. Sie befriedigte vorwiegend nur die Bedürfnisse des Produzenten und seiner Familie. Wo, wie auf dem Lande, persönliche Abhängigkeitsverhältnisse bestanden, trug sie auch bei zur Befriedigung der Bedürfnisse des Feudalherrn. Hierbei fand also kein Austausch statt, die Produkte nahmen daher auch nicht den Charakter von Waren an. Die Familie des Bauern produzierte fast alles, was sie brauchte, Geräte und Kleider nicht minder als Lebensmittel. Erst als sie dahin kam, einen Überschuss über ihren eignen Bedarf und über die dem Feudalherrn geschuldeten Naturalabgaben zu produzieren, erst da produzierte sie auch Waren; dieser Überschuss, in den gesellschaftlichen Austausch geworfen, zum Verkauf ausgeboten, wurde Ware. Die städtischen Handwerker mussten allerdings schon gleich anfangs für den Austausch produzieren. Aber auch sie erarbeiteten den größten Teil ihres Eigenbedarfs selbst; sie hatten Gärten und kleine Felder; sie schickten ihr Vieh in den Gemeindewald, der ihnen zudem Nutzholz und Feuerung lieferte, die Frauen spannen Flachs, Wolle usw. Die Produktion zum Zweck des Austausches, die Warenproduktion, war erst im Entstehn. Daher beschränkter Austausch, beschränkter Markt, stabile Produktionsweise, lokaler Abschluss nach außen, lokale Vereinigung nach innen; die Mark auf dem Lande, die Zunft in der Stadt.

Mit der Erweiterung der Warenproduktion aber, und namentlich mit dem Auftreten der kapitalistischen Produktionsweise, traten auch die bisher schlummernden Gesetze der Warenproduktion offner und mächtiger in Wirksamkeit. Die alten Verbände wurden gelockert, die alten Abschließungsschranken durchbrochen, die Produzenten mehr und mehr in unabhängige, vereinzelte Warenproduzenten verwandelt. Die Anarchie der gesellschaftlichen Produktion trat an den Tag und wurde mehr und mehr auf die Spitze getrieben. Das Hauptwerkzeug aber, womit die kapitalistische Produktionsweise diese Anarchie in der gesellschaftlichen Produktion steigerte, war das gerade Gegenteil der Anarchie: die steigende Organisation der Produktion, als gesellschaftlicher, in jedem einzelnen Produktionsetablissement. Mit diesem Hebel machte sie der alten friedlichen Stabilität ein Ende. Wo sie in einem Industriezweig eingeführt wurde, litt sie keine ältre Methode des Betriebs neben sich. Wo sie sich des Handwerks bemächtigte, vernichtete sie das alte Handwerk. Das Arbeitsfeld wurde ein Kampfplatz. Die großen geografischen Entdeckungen und die ihnen folgenden Kolonisierungen vervielfältigten das Absatzgebiet und beschleunigten die Verwandlung des Handwerks in die Manufaktur. Nicht nur brach der Kampf aus zwischen den einzelnen Lokalproduzenten; die lokalen Kämpfe wuchsen ihrerseits an zu nationalen, den Handelskriegen des 17. und 18. Jahrhunderts. Die große Industrie endlich und die Herstellung des Weltmarkts haben den Kampf universell gemacht und gleichzeitig ihm eine unerhörte Heftigkeit gegeben. Zwischen einzelnen Kapitalisten wie zwischen ganzen Industrien und ganzen Ländern entscheidet die Gunst der natürlichen oder geschaffnen Produktionsbedingungen über die Existenz. Der Unterliegende wird schonungslos beseitigt. Es ist der darwinsche Kampf ums Einzeldasein, aus der Natur mit potenzierter Wut übertragen in die Gesellschaft. Der Naturstandpunkt des Tiers erscheint als Gipfelpunkt der menschlichen Entwicklung. Der Widerspruch zwischen gesellschaftlicher Produktion und kapitalistischer Aneignung stellt sich nun dar *als Gegensatz zwischen der Organisation der Produktion in der einzelnen Fabrik und der Anarchie der Produktion in der ganzen Gesellschaft.*

In diesen beiden Erscheinungsformen des ihr durch ihren Ursprung immanenten Widerspruchs bewegt sich die kapitalistische Produktionsweise, beschreibt sie ausweglos jenen »fehlerhaften Kreislauf«, den schon Fourier an ihr entdeckte. Was Fourier allerdings zu seiner Zeit noch nicht sehn konnte, ist, dass sich dieser Kreislauf allmählich verengert, dass die Bewegung vielmehr eine Spirale darstellt und ihr Ende erreichen muss, wie die der Planeten, durch Zusammenstoß mit dem Zentrum. Es ist die treibende Kraft der gesellschaftlichen Anarchie der Produktion, die die große Mehrzahl der Menschen mehr und mehr in Proletarier verwandelt, und es sind wieder die Proletariermassen, die schließlich der Produktionsanarchie ein Ende machen werden. Es ist die treibende Kraft der sozialen Produktionsanarchie, die die unendliche Vervollkommnungsfähigkeit der Maschinen der großen Industrie in ein Zwangsgebot verwandelt für jeden einzelnen industriellen Kapitalisten, seine Maschinerie mehr und mehr zu vervollkommnen, bei Strafe des Untergangs. Aber Vervollkommnung der Maschinerie, das heißt Überflüssigmachung von Menschenarbeit. Wenn die Einführung und Vermehrung der Maschinerie Verdrängung von Millionen von Handarbeitern durch wenige Maschinenarbeiter bedeutet, so bedeutet Verbesserung der Maschinerie Verdrängung von mehr und mehr Maschinenarbeitern selbst und in letzter Instanz Erzeugung einer das durchschnittliche Beschäftigungsbedürfnis des Kapitals überschreitenden Anzahl disponibler Lohnarbeiter, einer vollständigen industriellen Reservearmee, wie ich sie schon 1845[3] nannte, disponibel für die Zeiten, wo die Industrie mit Hochdruck arbeitet, aufs Pflaster geworfen durch den notwendig folgenden Krach, zu allen Zeiten ein Bleigewicht an den Füßen der Arbeiterklasse in ihrem Existenzkampf mit dem Kapital, ein Regulator zur Niederhaltung des Arbeitslohns

3 Vgl. Friedrich Engels: Die Lage der arbeitenden Klasse in England, in: MEW, Bd. 2, S. 314.

auf dem dem kapitalistischen Bedürfnis angemessenen niedrigen Niveau. So geht es zu, dass die Maschinerie, um mit Marx zu reden, das machtvollste Kriegsmittel des Kapitals gegen die Arbeiterklasse wird, dass das Arbeitsmittel dem Arbeiter fortwährend das Lebensmittel aus der Hand schlägt, dass das eigne Produkt des Arbeiters sich verwandelt in ein Werkzeug zur Knechtung des Arbeiters. So kommt es, dass die Ökonomisierung der Arbeitsmittel von vornherein zugleich rücksichtsloseste Verschwendung der Arbeitskraft und Raub an den normalen Voraussetzungen der Arbeitsfunktion wird; dass die Maschinerie, das gewaltigste Mittel zur Verkürzung der Arbeitszeit, umschlägt in das unfehlbarste Mittel, alle Lebenszeit des Arbeiters und seiner Familie in disponible Arbeitszeit für die Verwertung des Kapitals zu verwandeln; so kommt es, dass die Überarbeitung der einen die Voraussetzung wird für die Beschäftigungslosigkeit der andern und dass die große Industrie, die den ganzen Erdkreis nach neuen Konsumenten abjagt, zu Hause die Konsumtion der Massen auf ein Hungerminimum beschränkt und sich damit den eignen innern Markt untergräbt. »Das Gesetz, welches die relative Surpluspopulation oder industrielle Reservearmee stets mit Umfang und Energie der Kapitalakkumulation im Gleichgewicht hält, schmiedet den Arbeiter fester an das Kapital als den Prometheus die Keile des Hephästos an den Felsen. Es bedingt eine der Akkumulation von Kapital entsprechende Akkumulation von Elend. Die Akkumulation von Reichtum auf dem einen Pol ist also zugleich Akkumulation von Elend, Arbeitsqual, Sklaverei, Unwissenheit, Bestialisierung und moralischer Degradation auf dem Gegenpol, d. h. auf Seite der Klasse, die *ihr eigenes Produkt als Kapital produziert.*«[4] Und von der kapitalistischen Produktionsweise eine andre Verteilung der Produkte erwarten, hieße verlangen, die Elektroden einer Batterie sollten das Wasser unzersetzt lassen, solange sie mit der Batterie, in Verbindung stehn, und nicht am positiven Pol Sauerstoff entwickeln und am negativen Wasserstoff.

4 Marx: Das Kapital, Erster Band, in: MEW, Bd. 23, S. 675.

Wir sahen, wie die aufs höchste gesteigerte Verbesserungsfähigkeit der modernen Maschinerie, vermittelst der Anarchie der Produktion in der Gesellschaft, sich verwandelt in ein Zwangsgebot für den einzelnen industriellen Kapitalisten, seine Maschinerie stets zu verbessern, ihre Produktionskraft stets zu erhöhn. In ein ebensolches Zwangsgebot verwandelt sich für ihn die bloße faktische Möglichkeit, seinen Produktionsbereich zu erweitern. Die enorme Ausdehnungskraft der großen Industrie, gegen die diejenige der Gase ein wahres Kinderspiel ist, tritt uns jetzt vor die Augen als ein qualitatives und quantitatives Ausdehnungs*bedürfnis*, das jedes Gegendrucks spottet. Der Gegendruck wird gebildet durch die Konsumtion, den Absatz, die Märkte für die Produkte der großen Industrie. Aber die Ausdehnungsfähigkeit der Märkte, extensive wie intensive, wird beherrscht zunächst durch ganz andre, weit weniger energisch wirkende Gesetze. Die Ausdehnung der Märkte kann nicht Schritt halten mit der Ausdehnung der Produktion. Die Kollision wird unvermeidlich, und da sie keine Lösung erzeugen kann, solange sie nicht die kapitalistische Produktionsweise selbst sprengt, wird sie periodisch. Die kapitalistische Produktion erzeugt einen neuen »fehlerhaften Kreislauf«.

In der Tat, seit 1825, wo die erste allgemeine Krisis ausbrach, geht die ganze industrielle und kommerzielle Welt, die Produktion und der Austausch sämtlicher zivilisierten Völker und ihrer mehr oder weniger barbarischen Anhängsel, so ziemlich alle zehn Jahre einmal aus den Fugen. Der Verkehr stockt, die Märkte sind überfüllt, die Produkte liegen da, ebenso massenhaft wie unabsetzbar, das bare Geld wird unsichtbar, der Kredit verschwindet, die Fabriken stehn still, die arbeitenden Massen ermangeln der Lebensmittel, weil sie zu viel Lebensmittel produziert haben, Bankerott folgt auf Bankerott, Zwangsverkauf auf Zwangsverkauf. Jahrelang dauert die Stockung, Produktivkräfte wie Produkte werden massenhaft vergeudet und zerstört, bis die aufgehäuften Warenmassen unter größrer oder geringrer Entwertung endlich abfließen, bis Produktion und Austausch allmählich wieder in Gang kommen.

Nach und nach beschleunigt sich die Gangart, fällt in Trab, der industrielle Trab geht über in Galopp, und dieser steigert sich wieder bis zur zügellosen Karriere einer vollständigen industriellen, kommerziellen, kreditlichen und spekulativen *Steeple-chase*, um endlich nach den halsbrechendsten Sprüngen wieder anzulangen – im Graben des Krachs. Und so immer von neuem. Das haben wir nun seit 1825 volle fünfmal erlebt und erleben es in diesem Augenblick (1877) zum sechsten Mal. Und der Charakter dieser Krisen ist so scharf ausgeprägt, dass Fourier sie alle traf, als er die erste bezeichnete als: *crise pléthorique*, Krisis aus Überfluss.

In den Krisen kommt der Widerspruch zwischen gesellschaftlicher Produktion und kapitalistischer Aneignung zum gewaltsamen Ausbruch. Der Warenumlauf ist momentan vernichtet: das Zirkulationsmittel, das Geld, wird Zirkulationshindernis; alle Gesetze der Warenproduktion und Warenzirkulation werden auf den Kopf gestellt. Die ökonomische Kollision hat ihren Höhepunkt erreicht: *Die Produktionsweise rebelliert gegen die Austauschweise.*

Die Tatsache, dass die gesellschaftliche Organisation der Produktion innerhalb der Fabrik sich zu dem Punkt entwickelt hat, wo sie unverträglich geworden ist mit der neben und über ihr bestehenden Anarchie der Produktion in der Gesellschaft – diese Tatsache wird den Kapitalisten selbst handgreiflich gemacht durch die gewaltsame Konzentration der Kapitale, die sich während der Krisen vollzieht vermittelst des Ruins vieler großer und noch mehr kleiner Kapitalisten. Der gesamte Mechanismus der kapitalistischen Produktionsweise versagt unter dem Druck der von ihr selbst erzeugten Produktivkräfte. Sie kann diese Masse von Produktionsmitteln nicht mehr alle in Kapital verwandeln; sie liegen brach, und eben deshalb muss auch die industrielle Reservearmee brachliegen. Produktionsmittel, Lebensmittel, disponible Arbeiter, alle Elemente der Produktion und des allgemeinen Reichtums sind im Überfluss vorhanden. Aber »der Überfluss wird Quelle der Not und des Mangels« (Fourier), weil er es gerade ist, der die Verwandlung der Produktions- und Lebensmittel in Kapital verhindert.

Denn in der kapitalistischen Gesellschaft können die Produktionsmittel nicht in Tätigkeit treten, es sei denn, sie hätten sich zuvor in Kapital, in Mittel zur Ausbeutung menschlicher Arbeitskraft verwandelt. Wie ein Gespenst steht die Notwendigkeit der Kapitaleigenschaft der Produktions- und Lebensmittel zwischen ihnen und den Arbeitern. Sie allein verhindert das Zusammentreten der sachlichen und der persönlichen Hebel der Produktion; sie allein verbietet den Produktionsmitteln, zu fungieren, den Arbeitern, zu arbeiten und zu leben. Einesteils also wird die kapitalistische Produktionsweise ihrer eignen Unfähigkeit zur ferneren Verwaltung dieser Produktivkräfte überführt. Andrerseits drängen diese Produktivkräfte selbst mit steigender Macht nach Aufhebung des Widerspruchs, nach ihrer Erlösung von ihrer Eigenschaft als Kapital, *nach tatsächlicher Anerkennung ihres Charakters als gesellschaftlicher Produktivkräfte*.

Es ist dieser Gegendruck der gewaltig anwachsenden Produktivkräfte gegen ihre Kapitaleigenschaft, dieser steigende Zwang zur Anerkennung ihrer gesellschaftlichen Natur, der die Kapitalistenklasse selbst nötigt, mehr und mehr, so weit dies innerhalb des Kapitalverhältnisses überhaupt möglich, sie als gesellschaftliche Produktivkräfte zu behandeln. Sowohl die industrielle Hochdruckperiode mit ihrer schrankenlosen Kreditaufblähung, wie der Krach selbst durch den Zusammenbruch großer kapitalistischer Etablissements, treiben zu derjenigen Form der Vergesellschaftung größrer Massen von Produktionsmitteln, die uns in den verschiednen Arten von Aktiengesellschaften gegenübertritt. Manche dieser Produktions- und Verkehrsmittel sind von vornherein so kolossal, dass sie, wie die Eisenbahnen, jede andere Form kapitalistischer Ausbeutung ausschließen. Auf einer gewissen Entwicklungsstufe genügt auch diese Form nicht mehr; die inländischen Großproduzenten eines und desselben Industriezweigs vereinigen sich zu einem »Trust«, einer Vereinigung zum Zweck der Regulierung der Produktion; sie bestimmen das zu produzierende Gesamtquantum, verteilen es unter sich und erzwingen so den im voraus festgesetzten Verkaufspreis.

Da solche Trusts aber bei der ersten schlechten Geschäftszeit meist aus dem Leim gehn, treiben sie eben dadurch zu einer noch konzentrierteren Vergesellschaftung: Der ganze Industriezweig verwandelt sich in eine einzige große Aktiengesellschaft, die inländische Konkurrenz macht dem inländischen Monopol dieser einen Gesellschaft Platz; wie dies noch 1890 mit der englischen Alkaliproduktion geschehen, die jetzt, nach Verschmelzung sämtlicher 48 großen Fabriken, in der Hand einer einzigen, einheitlich geleiteten Gesellschaft mit einem Kapital von 120 Millionen Mark betrieben wird.

In den Trusts schlägt die freie Konkurrenz um ins Monopol, kapituliert die planlose Produktion der kapitalistischen Gesellschaft vor der planmäßigen Produktion der hereinbrechenden sozialistischen Gesellschaft. Allerdings zunächst noch zu Nutz und Frommen der Kapitalisten. Hier aber wird die Ausbeutung so handgreiflich, dass sie zusammenbrechen muss. Kein Volk würde eine durch Trusts geleitete Produktion, eine so unverhüllte Ausbeutung der Gesamtheit durch eine kleine Bande von Kuponabschneidern sich gefallen lassen.

So oder so, mit oder ohne Trusts, muss schließlich der offizielle Repräsentant der kapitalistischen Gesellschaft, der Staat, die Leitung der Produktion übernehmen.[5] Diese Notwendigkeit

5 Ich sage, *muss*. Denn nur in dem Falle, dass die Produktions- oder Verkehrsmittel der Leitung durch Aktiengesellschaften *wirklich* entwachsen sind, dass also die Verstaatlichung ökonomisch unabweisbar geworden, nur in diesem Falle bedeutet sie, auch wenn der heutige Staat sie vollzieht, einen ökonomischen Fortschritt, die Erreichung einer neuen Vorstufe zur Besitzergreifung aller Produktivkräfte durch die Gesellschaft selbst. Es ist aber neuerdings, seit Bismarck sich aufs Verstaatlichen geworfen, ein gewisser falscher Sozialismus aufgetreten und hie und da sogar in einige Wohldienerei ausgeartet, der *jede* Verstaatlichung, selbst die bismarcksche, ohne weiteres für sozialistisch erklärt. Allerdings, wäre die Verstaatlichung des Tabaks sozialistisch, so zählten Napoleon und Metternich mit unter den Gründern des Sozialismus. Wenn der belgische Staat aus ganz alltäglichen politischen und finanziellen Gründen seine Haupteisenbahnen selbst baute, wenn Bismarck ohne jede ökonomische Notwendigkeit die Hauptbahnlinien Preußens verstaatlichte, einfach, um sie für den Kriegsfall besser einrichten und ausnützen zu können, um die Eisenbahnbeamten zu Regierungsstimmvieh zu erziehn und hauptsächlich, um sich eine neue, von Parlamentsbeschlüssen unabhängige Einkommensquelle zu verschaffen – so waren das keineswegs sozialistische Schritte, direkt oder indirekt, bewusst oder unbewusst. Sonst wären auch die königliche Seehandlung, die königliche Porzellanmanufaktur und sogar der Kompanieschneider beim Militär sozialistische Einrichtungen oder gar die unter Friedrich Wilhelm III. in den dreißiger Jahren alles Ernstes von einem Schlaumeier vorgeschlagene Verstaatlichung der – Bordelle. [Anm. Engels]

der Verwandlung in Staatseigentum tritt zuerst hervor bei den großen Verkehrsanstalten: Post, Telegraphen, Eisenbahnen.

Wenn die Krisen die Unfähigkeit der Bourgeoisie zur fernem Verwaltung der modernen Produktivkräfte aufdeckten, so zeigt die Verwandlung der großen Produktions- und Verkehrsanstalten in Aktiengesellschaften, Trusts und Staatseigentum die Entbehrlichkeit der Bourgeoisie für jenen Zweck. Alle gesellschaftlichen Funktionen des Kapitalisten werden jetzt von besoldeten Angestellten versehn. Der Kapitalist hat keine gesellschaftliche Tätigkeit mehr, außer Revenueneinstreichen, Kuponabschneiden und Spielen an der Börse, wo die verschiednen Kapitalisten untereinander sich ihr Kapital abnehmen. Hat die kapitalistische Produktionsweise zuerst Arbeiter verdrängt, so verdrängt sie jetzt die Kapitalisten und verweist sie, ganz wie die Arbeiter, in die überflüssige Bevölkerung, wenn auch zunächst noch nicht in die industrielle Reservearmee.

Aber weder die Verwandlung in Aktiengesellschaften und Trusts noch die in Staatseigentum hebt die Kapitaleigenschaft der Produktivkräfte auf. Bei den Aktiengesellschaften und Trusts liegt dies auf der Hand. Und der moderne Staat ist wieder nur die Organisation, welche sich die bürgerliche Gesellschaft gibt, um die allgemeinen äußern Bedingungen der kapitalistischen Produktionsweise aufrechtzuerhalten gegen Übergriffe sowohl der Arbeiter wie der einzelnen Kapitalisten. Der moderne Staat, was auch seine Form, ist eine wesentlich kapitalistische Maschine, Staat der Kapitalisten, der ideelle Gesamtkapitalist, je mehr Produktivkräfte er in sein Eigentum übernimmt, desto mehr wird er wirklicher Gesamtkapitalist, desto mehr Staatsbürger beutet er aus. Die Arbeiter bleiben Lohnarbeiter, Proletarier. Das Kapitalverhältnis wird nicht aufgehoben, es wird vielmehr auf die Spitze getrieben. Aber auf der Spitze schlägt es um. Das Staatseigentum an den Produktivkräften ist nicht Lösung des Konflikts, aber es birgt in sich das formelle Mittel, die Handhabe der Lösung.

Diese Lösung kann nur darin liegen, dass die gesellschaftliche Natur der modernen Produktivkräfte tatsächlich anerkannt, dass also die Produktions-, Aneignungs- und Austauschweise in Einklang gesetzt wird mit dem gesellschaftlichen Charakter der Produktionsmittel. Und dies kann nur dadurch geschehn, dass die Gesellschaft offen und ohne Umwege Besitz ergreift von den jeder andren Leitung außer der ihrigen entwachsenen Produktivkräften. Damit wird der gesellschaftliche Charakter der Produktionsmittel und Produkte, der sich heute gegen die Produzenten selbst kehrt, der die Produktions- und Austauschweise periodisch durchbricht und sich nur als blind wirkendes Naturgesetz gewalttätig und zerstörend durchsetzt, von den Produzenten mit vollem Bewusstsein zur Geltung gebracht und verwandelt sich aus einer Ursache der Störung und des periodischen Zusammenbruchs in den mächtigsten Hebel der Produktion selbst.

Die gesellschaftlich wirksamen Kräfte wirken ganz wie die Naturkräfte: blindlings, gewaltsam, zerstörend, solange wir sie nicht erkennen und nicht mit ihnen rechnen. Haben wir sie aber einmal erkannt, ihre Tätigkeit, ihre Richtungen, ihre Wirkungen begriffen, so hängt es nur von uns ab, sie mehr und mehr unserm Willen zu unterwerfen und vermittelst ihrer unsre Zwecke zu erreichen. Und ganz besonders gilt dies von den heutigen gewaltigen Produktivkräften. Solange wir uns hartnäckig weigern, ihre Natur und ihren Charakter zu verstehn – und gegen dies Verständnis sträubt sich die kapitalistische Produktionsweise und ihre Verteidiger –, solange wirken diese Kräfte sich aus, trotz uns, gegen uns, solange beherrschen sie uns, wie wir das ausführlich dargestellt haben. Aber einmal in ihrer Natur begriffen, können sie in den Händen der assoziierten Produzenten aus dämonischen Herrschern in willige Diener verwandelt werden. Es ist der Unterschied zwischen der zerstörenden Gewalt der Elektrizität im Blitze des Gewitters und der gebändigten Elektrizität des Telegraphen und des Lichtbogens; der Unterschied der Feuersbrunst und des im Dienst des Menschen wirkenden Feuers. Mit dieser Behandlung der heutigen Produktivkräfte nach ihrer endlich erkannten Natur tritt an die Stelle der gesellschaftlichen Produktionsanarchie eine gesellschaftlich-planmäßige Regelung der Produktion nach den Bedürfnissen der Gesamtheit wie jedes Einzelnen. Damit wird die kapitalistische Aneignungsweise, in der das Produkt zuerst den Produzenten, dann aber auch den Aneigner knechtet, ersetzt durch die in der Natur der modernen Produktionsmittel selbst begründete Aneignungsweise der Produkte: einerseits direkt gesellschaftliche Aneignung als Mittel zur Erhaltung und Erweiterung der Produktion, andrerseits direkt individuelle Aneignung als Lebens- und Genussmittel.

Indem die kapitalistische Produktionsweise mehr und mehr die große Mehrzahl der Bevölkerung in Proletarier verwandelt, schafft sie die Macht, die diese Umwälzung, bei Strafe des Untergangs, zu vollziehn genötigt ist. indem sie mehr und mehr auf Verwandlung der großen vergesellschafteten Produktionsmittel in Staatseigentum drängt, zeigt sie selbst den Weg an zur Vollziehung der Umwälzung. *Das Proletariat ergreift die Staatsgewalt und verwandelt die Produktionsmittel zunächst in Staatseigentum.* Aber damit hebt es sich selbst als Proletariat, damit hebt es alle Klassenunterschiede und Klassengegensätze auf und damit auch den Staat als Staat. Die bisherige, sich in Klassengegensätzen bewegende Gesellschaft hatte den Staat nötig, d. h. eine Organisation der jedesmaligen ausbeutenden Klasse zur Aufrechterhaltung ihrer äußern Produktionsbedingungen, also namentlich zur gewaltsamen Niederhaltung der ausgebeuteten Klasse in den durch die bestehende Produktionsweise gegebnen Bedingungen der Unterdrückung (Sklaverei, Leibeigenschaft oder Hörigkeit, Lohnarbeit). Der Staat war der offizielle Repräsentant der ganzen Gesellschaft, ihre Zusammenfassung in einer sichtbaren Körperschaft, aber er war dies nur, insofern er der Staat derjenigen Klasse war, welche selbst für ihre Zeit die ganze Gesellschaft vertrat: im Altertum Staat der sklavenhaltenden Staatsbürger, im Mittelalter des Feudaladels, in unsrer Zeit der Bourgeoisie. Indem er endlich tatsächlich Repräsentant der ganzen Gesellschaft wird, macht er sich selbst überflüssig. Sobald es keine Gesellschaftsklasse mehr in der Unterdrückung zu halten gibt, sobald mit der Klassenherrschaft und dem in der bisherigen Anarchie der Produktion begründeten Kampf ums Einzeldasein auch die daraus entspringenden Kollisionen und Exzesse beseitigt sind, gibt es nichts mehr zu reprimieren, das eine besondre Repressionsgewalt, einen Staat, nötig machte. Der erste Akt, worin der Staat wirklich als Repräsentant der ganzen Gesellschaft auftritt – die Besitzergreifung der Produktionsmittel im Namen der Gesellschaft –, ist zugleich sein letzter selbständiger Akt als Staat. Das Eingreifen einer Staatsgewalt in gesellschaftliche Verhältnisse wird auf einem Gebiete nach dem andern überflüssig und schläft dann von selbst ein. An die Stelle der Regierung über Personen tritt die Verwaltung von Sachen und die Leitung von Produktionsprozessen. Der Staat wird nicht »abgeschafft«, *er stirbt ab*. Hieran ist die Phrase vom »freien Volksstaat« zu messen, also sowohl nach ihrer zeitweiligen agitatorischen Berechtigung wie nach ihrer endgültigen wissenschaftlichen Unzulänglichkeit; hieran ebenfalls die Forderung der sogenannten Anarchisten, der Staat solle von heute auf morgen abgeschafft werden.

Die Besitzergreifung der sämtlichen Produktionsmittel durch die Gesellschaft hat, seit dem geschichtlichen Auftreten der kapitalistischen Produktionsweise, einzelnen wie ganzen Sekten öfters mehr oder weniger unklar als Zukunftsideal vorgeschwebt. Aber sie konnte erst möglich, erst geschichtliche Notwendigkeit werden, als die tatsächlichen Bedingungen ihrer Durchführung vorhanden waren. Sie, wie jeder andre gesellschaftliche Fortschritt, wird ausführbar nicht durch die gewonnene Einsicht, dass das Dasein der Klassen der Gerechtigkeit, der Gleichheit etc. widerspricht, nicht durch den bloßen Willen, diese Klassen abzuschaffen, sondern durch gewisse neue ökonomische Bedingungen. Die Spaltung der Gesellschaft in eine ausbeutende und eine ausgebeutete, eine herrschende und eine unterdrückte Klasse war die notwendige Folge der früheren geringen Entwicklung der Produktion. Solange die gesellschaftliche Gesamtarbeit nur einen Ertrag liefert, der das zur notdürftigen Existenz aller Erforderliche nur um wenig übersteigt, solange also die Arbeit alle oder fast alle Zeit der großen Mehrzahl der Gesellschaftsglieder in Anspruch nimmt, solange teilt sich diese Gesellschaft notwendig in Klassen. Neben der ausschließlich der Arbeit frönenden großen Mehrheit bildet sich eine von direkt-produktiver Arbeit befreite Klasse, die die gemeinsamen Angelegenheiten der Gesellschaft besorgt: Arbeitsleitung, Staatsgeschäfte, Justiz, Wissenschaften, Künste usw.

Es ist also das Gesetz der Arbeitsteilung, das der Klassenteilung zugrunde liegt. Aber das hindert nicht, dass diese Einteilung in Klassen nicht durch Gewalt und Raub, List und. Betrug durchgesetzt worden und dass die herrschende Klasse, einmal im Sattel, nie verfehlt hat, ihre Herrschaft auf Kosten der arbeitenden Klasse zu befestigen und die gesellschaftliche Leitung umzuwandeln in gesteigerte Ausbeutung der Massen.

Aber wenn hiernach die Einteilung in Klassen eine gewisse geschichtliche Berechtigung hat, so hat sie eine solche doch nur für einen gegebnen Zeitraum, für gegebne gesellschaftliche Bedingungen. Sie gründete sich auf die Unzulänglichkeit der Produktion; sie wird weggefegt werden durch die volle Entfaltung der modernen Produktivkräfte. Und in der Tat hat die Abschaffung der gesellschaftlichen Klassen zur Voraussetzung einen geschichtlichen Entwicklungsgrad, auf dem das Bestehn nicht bloß dieser oder jener bestimmten herrschenden Klasse, sondern einer herrschenden Klasse überhaupt, also des Klassenunterschieds selbst, ein Anachronismus geworden, veraltet ist. Sie hat also zur Voraussetzung einen Höhegrad der Entwicklung der Produktion, auf dem Aneignung der Produktionsmittel und Produkte und damit der politischen Herrschaft, des Monopols der Bildung und der geistigen Leitung durch eine besondre Gesellschaftsklasse nicht nur überflüssig, sondern auch ökonomisch, politisch und intellektuell ein Hindernis der Entwicklung geworden ist. Dieser Punkt ist jetzt erreicht. Ist der politische und intellektuelle Bankerott der Bourgeoisie ihr selbst kaum noch ein Geheimnis, so wiederholt sich ihr ökonomischer Bankerott regelmäßig alle zehn Jahre. In jeder Krise erstickt die Gesellschaft unter der Wucht ihrer eignen, für sie unverwendbaren Produktivkräfte und Produkte, und steht hülflos vor dem absurden Widerspruch, dass die Produzenten nichts zu konsumieren haben, weil es an Konsumenten fehlt. Die Expansionskraft der Produktionsmittel sprengt die Bande, die die kapitalistische Produktionsweise ihr angelegt. Ihre Befreiung aus diesen Banden ist die einzige Vorbedingung einer ununterbrochnen, stets rascher fortschreitenden Entwicklung der Produktivkräfte und damit einer praktisch schrankenlosen Steigerung der Produktion selbst. Damit nicht genug. Die gesellschaftliche Aneignung der Produktionsmittel beseitigt nicht nur die jetzt bestehende künstliche Hemmung der Produktion, sondern auch die positive Vergeudung und Verheerung von Produktivkräften und Produkten, die gegenwärtig die unvermeidliche Begleiterin der Produktion ist und ihren Höhepunkt in den Krisen erreicht. Sie setzt ferner eine Masse von Produktionsmitteln und Produkten für die Gesamtheit frei durch Beseitigung der blödsinnigen Luxusverschwendung der jetzt herrschenden Klassen und ihrer politischen Repräsentanten. Die Möglichkeit, vermittelst der gesellschaftlichen Produktion allen Gesellschaftsgliedern eine Existenz zu sichern, die nicht nur materiell vollkommen ausreichend ist und von Tag zu Tag reicher wird, sondern die ihnen auch die vollständige freie Ausbildung und Betätigung ihrer körperlichen und geistigen Anlagen garantiert, diese Möglichkeit ist jetzt zum ersten Male da, aber sie *ist da.*

Mit der Besitzergreifung der Produktionsmittel durch die Gesellschaft ist die Warenproduktion beseitigt und damit die Herrschaft des Produkts über die Produzenten. Die Anarchie innerhalb der gesellschaftlichen Produktion wird ersetzt durch planmäßige, bewusste Organisation. Der Kampf ums Einzeldasein hört auf. Damit erst scheidet der Mensch, in gewissem Sinn, endgültig aus dem Tierreich, tritt aus tierischen Daseinsbedingungen in wirklich menschliche. Der Umkreis der die Menschen umgebenden Lebensbedingungen, der die Menschen bis jetzt beherrschte, tritt jetzt unter die Herrschaft und Kontrolle der Menschen, die zum ersten Male bewusste, wirkliche Herren der Natur, weil und indem sie Herren ihrer eignen Vergesellschaftung werden. Die Gesetze ihres eignen gesellschaftlichen Tuns, die ihnen bisher als fremde, sie beherrschende Naturgesetze gegenüberstanden, werden dann von den Menschen mit voller Sachkenntnis angewandt und damit beherrscht. Die eigne Vergesellschaftung der Menschen, die ihnen bisher als von Natur und Geschichte aufgenötigt gegenüberstand, wird jetzt ihre freie Tat. Die objektiven, fremden Mächte, die bisher die Geschichte beherrschten, treten unter die Kontrolle der Menschen selbst. Erst von da an werden die Menschen ihre Geschichte mit vollem Bewusstsein selbst machen, erst von da an werden die von ihnen in Bewegung gesetzten gesellschaftlichen Ursachen vorwiegend und in stets steigendem Maß auch die von ihnen gewollten Wirkungen haben. Es ist der Sprung der Menschheit aus dem Reich der Notwendigkeit in das Reich der Freiheit.

Fassen wir zum Schluss unsern Entwicklungsgang kurz zusammen:

I. *Mittelalterliche Gesellschaft*: Kleine Einzelproduktion. Produktionsmittel für den Einzelgebrauch zugeschnitten, daher urwüchsig-unbehülflich, kleinlich, von zwerghafter Wirkung. Produktion für den unmittelbaren Verbrauch, sei es des Produzenten selbst, sei es seines Feudalherrn. Nur da, wo ein Überschuss der Produktion über diesen Verbrauch stattfindet, wird dieser Überschuss zum Verkauf ausgeboten und verfällt dem Austausch: Warenproduktion also erst im Entstehn; aber schon jetzt enthält sie in sich, im Keim, *die Anarchie in der gesellschaftlichen Produktion.*

II. *Kapitalistische Revolution*: Umwandlung der Industrie zuerst vermittelst der einfachen Kooperation und der Manufaktur. Konzentration der bisher zerstreuten Produktionsmittel in großen Werkstätten, damit ihre Verwandlung aus Produktionsmitteln des Einzelnen in gesellschaftliche – eine Verwandlung, die die Form des Austausches im Ganzen und Großen nicht berührt. Die alten Aneignungsformen bleiben in Kraft. Der *Kapitalist* tritt auf: In seiner Eigenschaft als Eigentümer der Produktionsmittel eignet er sich auch die Produkte an und macht sie zu Waren. Die Produktion ist ein gesellschaftlicher Akt geworden; der Austausch und mit ihm die Aneignung bleiben individuelle Akte, Akte des Einzelnen: *Das gesellschaft-*

liche Produkt wird angeeignet vom Einzelkapitalisten. Grundwiderspruch, aus dem alle Widersprüche entspringen, in denen die heutige Gesellschaft sich bewegte und die die große Industrie offen an den Tag bringt.

A. Scheidung des Produzenten von den Produktionsmitteln. Verurteilung des Arbeiters zu lebenslänglicher Lohnarbeit. *Gegensatz von Proletariat und Bourgeoisie.*

B. Wachsendes Hervortreten und steigende Wirksamkeit der Gesetze, die die Warenproduktion beherrschen. Zügelloser Konkurrenzkampf. *Widerspruch der gesellschaftlichen Organisation in der einzelnen Fabrik und der gesellschaftlichen Anarchie in der Gesamtproduktion.*

C. Einerseits Vervollkommnung der Maschinerie, durch die Konkurrenz zum Zwangsgebot für jeden einzelnen Fabrikanten gemacht und gleichbedeutend mit stets steigender Außerdienstsetzung von Arbeitern: *industrielle Reservearmee.* Andrerseits schrankenlose Ausdehnung der Produktion, ebenfalls Zwangsgesetz der Konkurrenz für jeden Fabrikanten. Von beiden Seiten unerhörte Entwicklung der Produktivkräfte, Überschuss des Angebots über die Nachfrage, Überproduktion, Überfüllung der Märkte, zehnjährige Krisen, fehlerhafter Kreislauf: Überfluss hier, von Produktionsmitteln und Produkten – Überfluss dort, von Arbeitern ohne Beschäftigung und ohne Existenzmittel; aber diese beiden Hebel der Produktion und gesellschaftlichen Wohlstands können nicht zusammentreten, weil die kapitalistische Form der Produktion den Produktivkräften verbietet, zu wirken, den Produkten, zu zirkulieren, es sei denn, sie hätten sich zuvor in Kapital verwandelt: was gerade ihr eigner Überfluss verhindert. Der Widerspruch hat sich gesteigert zum Widersinn: *Die Produktionsweise rebelliert gegen die Austauschform.* Die Bourgeoisie ist überführt der Unfähigkeit, ihre eignen gesellschaftlichen Produktivkräfte fernerhin zu leiten.

D. Teilweise Anerkennung des gesellschaftlichen Charakters der Produktivkräfte, den Kapitalisten selbst aufgenötigt. Aneignung der großen Produktions- und Verkehrsorganismen, erst durch *Aktiengesellschaften*, später durch Trusts, sodann durch den *Staat*. Die Bourgeoisie erweist sich als überflüssige Klasse; alle ihre gesellschaftlichen Funktionen werden jetzt erfüllt durch besoldete Angestellte.

III. *Proletarische Revolution*, Auflösung der Widersprüche: Das Proletariat ergreift die öffentliche Gewalt und verwandelt kraft dieser Gewalt die den Händen der Bourgeoisie entgleitenden gesellschaftlichen Produktionsmittel in öffentliches Eigentum. Durch diesen Akt befreit es die Produktionsmittel von ihrer bisherigen Kapitaleigenschaft und gibt ihrem gesellschaftlichen Charakter volle Freiheit, sich durchzusetzen. Eine gesellschaftliche Produktion nach vorherbestimmtem Plan wird nunmehr möglich. Die Entwicklung der Produktion macht die fernere Existenz verschiedner Gesellschaftsklassen zu einem Anachronismus. In dem Maß wie die Anarchie der gesellschaftlichen Produktion schwindet, schläft auch die politische Autorität des Staats ein. Die Menschen, endlich Herren ihrer eignen Art der Vergesellschaftung, werden damit zugleich Herren der Natur, Herren ihrer selbst – frei. Diese weltbefreiende Tat durchzuführen, ist der geschichtliche Beruf des modernen Proletariats. Ihre geschichtlichen Bedingungen, und damit ihre Natur selbst, zu ergründen und so der zur Aktion berufnen, heute unterdrückten Klasse die Bedingungen und die Natur ihrer eignen Aktion zum Bewusstsein zu bringen, ist die Aufgabe des theoretischen Ausdrucks der proletarischen Bewegung, des wissenschaftlichen Sozialismus.

Auszug aus MEW, Bd. 19, S. 210–228.

England 1845 und 1885

Vor 40 Jahren stand England vor einer Krisis, die zu lösen allem Anschein nach nur die Gewalt berufen war. Die ungeheure und rasche Entwicklung der Industrie hatte die Ausdehnung der auswärtigen Märkte und die Zunahme der Nachfrage weit überholt. Alle zehn Jahre wurde der Gang der Produktion gewaltsam unterbrochen durch eine allgemeine Handelskrisis, der, nach einer langen Periode chronischer Abspannung, wenige kurze Jahre der Prosperität folgten, um stets wieder zu enden in fieberhafter Überproduktion und schließlich in neuem Zusammenbruch. Die Kapitalistenklasse verlangte laut nach Freihandel in Korn und drohte, ihn zu erzwingen durch Rücksendung der hungernden Städtebevölkerung in die Landbezirke, woher sie kamen; aber, wie John Bright sagte: »nicht wie Bedürftige, die um Brot betteln, sondern wie eine Armee, die sich auf feindlichem Gebiete einquartiert«. Die Arbeitermassen der Städte verlangten ihren Anteil an der politischen Macht – die Volks-Charte[1]; sie wurden unterstützt von der Mehrzahl der Kleinbürger, und der einzige Unterschied zwischen beiden war, ob die Charta gewaltsam oder gesetzlich durchgeführt werden sollte. Da kam die Handelskrisis von 1847 und die irische Hungersnot, und mit beiden die Aussicht auf Revolution.

Die Französische Revolution von 1848 rettete die englische Bourgeoisie. Die sozialistischen Proklamationen der siegreichen französischen Arbeiter erschreckten das englische Klein-

1 Volks-Charte (people's charter) – ein Dokument, das die Forderungen der Chartisten enthielt; es wurde am 8. Mai 1838 als Gesetzentwurf, der ins Parlament eingebracht werden sollte, veröffentlicht. Die Forderungen waren: 1. allgemeines Wahlrecht (für Männer über 21 Jahre), 2. jährliche Parlamentswahlen, 3. geheime Abstimmung, 4. Ausgleichung der Wahlkreise, 5. Abschaffung des Vermögenszensus für die Kandidaten zu den Parlamentswahlen, 6. Diäten für die Parlamentsmitglieder. Drei Petitionen der Chartisten, die die Annahme der Volks-Charte forderten, sind dem Parlament vorgelegt worden und wurden von diesem 1839, 1842 und 1849 abgelehnt.

bürgertum und desorganisierten die Bewegung der englischen Arbeiter, die innerhalb engerer, aber mehr unmittelbar praktischer Grenzen vor sich ging. Gerade in demselben Augenblick, wo der Chartismus seine volle Kraft entwickeln sollte, brach er in sich selbst zusammen, schon ehe er am 10. April 1848[2] äußerlich zusammenbrach. Die politische Tätigkeit der Arbeiterklasse wurde in den Hintergrund gedrängt. Die Kapitalistenklasse hatte auf der ganzen Linie gesiegt.

Die Parlamentsreform von 1831[3] war der Sieg der gesamten Kapitalistenklasse über die grundbesitzende Aristokratie. Die Abschaffung der Kornzölle[4] war der Sieg der *industriellen* Kapitalisten nicht nur über den großen Grundbesitz, sondern auch über die Fraktionen von Kapitalisten, deren Interessen mehr oder weniger mit denen des Grundbesitzes identisch oder verkettet waren: Bankiers, Börsenleute, Rentiers usw. Freihandel bedeutete die Umgestaltung der gesamten inneren und äußeren Finanz- und Handelspolitik Englands im Einklang mit den Interessen der industriellen Kapitalisten, der Klasse, die jetzt die Nation vertrat. Und diese Klasse machte sich ernstlich ans

2 Die Chartisten hatten zum 10. April 1848 in London zu einer Massenkundgebung aufgerufen, von der aus die dritte Petition über die Annahme der Volks-Charte dem Parlament überreicht werden sollte. Die Regierung verbot die Demonstration, Truppen und Polizei wurden zusammengezogen, um die Demonstration zu verhindern. Die Chartistenführer, von denen viele eine schwankende Haltung einnahmen, beschlossen, auf die Demonstration zu verzichten, und bewogen die Demonstranten, auseinanderzugehen. Das Misslingen der Demonstration wurde von der Reaktion gegen die Arbeiter und für Repressalien gegen die Chartisten ausgenützt.

3 Gemeint ist die *Reformbill* (Gesetz über die Wahlreform), die 1831 vom englischen Unterhaus angenommen und am 7. Juni 1832 von König Wilhelm IV. bestätigt wurde. Die Reform richtete sich gegen die politische Monopolstellung der Grund- und Finanzaristokratie, beseitigte die schlimmsten feudalen Überreste im englischen Wahlrecht und verschaffte den Vertretern der industriellen Bourgeoisie den Zutritt zum Parlament. Proletariat und Kleinbürgertum, die Hauptkräfte im Kampf für die Reform, wurden von der liberalen Bourgeoisie betrogen und erhielten kein Wahlrecht.

4 Die *Kornzölle* wurden in England aufgrund der sog. Korngesetze erhoben, die – im Interesse der großen Grundbesitzer, der Landlords – auf eine Beschränkung oder das Verbot der Getreideeinfuhr aus dem Ausland gerichtet waren. Der Kampf zwischen der industriellen Bourgeoisie und den großen Grundbesitzern endete 1846 mit der Annahme des Gesetzes über die Abschaffung der Korngesetze. Diese Maßnahme und eine gewisse Verbilligung des Lebens infolge der eintretenden Herabsetzung der Getreidepreise führten im Endergebnis zur Kürzung der Arbeitslöhne und zu höheren Profiten für die Bourgeoisie. Die Abschaffung der Korngesetze war ein harter Schlag für die großen Grundbesitzer und trug zur Beschleunigung der Entwicklung des Kapitalismus in England bei.

Werk. Jedes Hemmnis der industriellen Produktion wurde unbarmherzig entfernt. Der Zolltarif und das ganze Steuersystem wurden umgewälzt. Alles wurde einem einzigen Zweck untergeordnet, aber einem Zweck von der äußersten Wichtigkeit für den industriellen Kapitalisten: der Verwohlfeilerung aller Rohstoffe und besonders aller Lebensmittel für die Arbeiterklasse; der Produktion der Rohstoffe und der Niederhaltung, wenn auch noch nicht der Herunterbringung des Arbeitslohnes. England sollte »die Werkstatt der Welt werden«; alle anderen Länder sollten für England werden, was Irland schon war – Märkte für seine Industrieprodukte, Bezugsquellen seiner Rohstoffe und Nahrungsmittel. England, der große industrielle Mittelpunkt einer ackerbauenden Welt, mit einer stets wachsenden Zahl Korn und Baumwolle produzierender Trabanten, die sich um die industrielle Sonne drehen. Welch herrliche Aussicht!

Die industriellen Kapitalisten gingen an die Durchführung dieses ihres großen Zieles mit dem kräftigen, gesunden Menschenverstand und der Verachtung überkommener Grundsätze, durch die sie sich immer ausgezeichnet haben vor ihren philisterhafteren Konkurrenten auf dem Kontinent. Der Chartismus war im Aussterben. Die Wiederkehr der Geschäftsblüte, natürlich und fast selbstverständlich, nachdem der Krach von 1847 sich erschöpft hatte, wurde ausschließlich auf Rechnung des Freihandels geschrieben. Infolge beider Umstände war die englische Arbeiterklasse politisch der Schwanz der »großen liberalen Partei« geworden, der von den Fabrikanten angeführten Partei. Diesen einmal gewonnenen Vorteil galt es zu verewigen. Und aus der heftigen Opposition der Chartisten, nicht gegen den Freihandel, sondern gegen die Verwandlung des Freihandels in die einzige Lebensfrage der Nation, hatten die Fabrikanten begriffen und begriffen täglich mehr, dass die Bourgeoisie nie volle soziale und politische Herrschaft über die Nation erringen kann, außer mit Hilfe der Arbeiterklasse. So veränderte sich allmählich die gegenseitige Haltung beider Klassen. Die Fabrikgesetze, einst der Popanz aller Fabrikanten, wurden jetzt nicht nur willig von ihnen befolgt, sondern mehr oder minder auf die ganze Industrie ausgedehnt. Die Trade-

Unions, vor kurzem noch als Teufelswerk verrufen, wurden jetzt von den Fabrikanten kajoliert und protegiert als äußerst wohlberechtigte Einrichtungen und als ein nützliches Mittel, gesunde ökonomische Lehren unter den Arbeitern zu verbreiten. Selbst *Strikes*, die vor 1848 in die Acht erklärt worden waren, wurden jetzt gelegentlich recht nützlich befunden, besonders, wenn die Herren Fabrikanten zu gelegener Zeit sie selbst hervorgerufen hatten. Von den Gesetzen, die dem Arbeiter gleiches Recht gegenüber seinem Beschäftiger geraubt hatten, wurden wenigstens die empörendsten abgeschafft. Und die einst so fürchterliche Volks-Charte wurde nun der Hauptsache nach das politische Programm derselben Fabrikanten, die ihr bis zuletzt opponiert hatten. Die *Abschaffung des Wählbarkeitszensus*[5] und *die geheime Abstimmung* sind durch Gesetz eingeführt. Die Parlamentsreformen von 1867 und 1884 nähern sich schon stark dem *allgemeinen Stimmrecht*, wenigstens wie es jetzt in Deutschland besteht; die Wahlkreisvorlage, die das Parlament jetzt berät, schafft *gleiche Wahlkreise*, im ganzen wenigstens nicht ungleicher, als die in Frankreich oder Deutschland. *Diäten* und kürzere Mandatsdauer, wenn auch nicht gerade *jährlich gewählte Parlamente* kommen in Sicht, als unzweifelhafte Errungenschaften der nächsten Zukunft; und dennoch sagen einige Leute, der Chartismus sei tot.

Die Revolution von 1848, wie manche ihrer Vorgänger, hat seltsame Geschicke gehabt. Dieselben Leute, die sie niederwarfen, sind, wie Karl Marx zu sagen pflegte, ihre Testamentsvollstrecker geworden. Louis-Napoleon war gezwungen, ein einiges und unabhängiges Italien zu schaffen, Bismarck war gezwungen, Deutschland in seiner Art umzuwälzen und Ungarn eine gewisse Unabhängigkeit wiederzugeben, und die englischen Fabrikanten haben nichts Besseres zu tun, als der Volks-Charte Gesetzeskraft zu geben.

Die Wirkungen dieser Herrschaft der industriellen Kapitalisten für England waren anfangs staunenerregend. Das Geschäft lebte wieder auf und dehnte sich aus in einem Grade, unerhört

5 Mit den Hervorhebungen gibt Engels den Inhalt der Hauptforderungen der Volks-Charte (siehe Anm. oben) wieder.

selbst in dieser Wiege der modernen Industrie. Alle früheren gewaltigen Schöpfungen des Dampfes und der Maschinerie verschwanden in nichts, verglichen mit dem gewaltigen Aufschwung der Produktion in den zwanzig Jahren von 1850 bis 1870, mit den erdrückenden Ziffern der Ausfuhr und Einfuhr, des in den Händen der Kapitalisten sich aufhäufenden Reichtums und der sich in Riesenstädten konzentrierenden menschlichen Arbeitskraft. Der Fortschritt wurde freilich unterbrochen, wie vorher durch die Wiederkehr einer Krisis alle 10 Jahre, 1857 so gut wie 1866; aber diese Rückschläge galten nun als natürliche unvermeidliche Ereignisse, die man eben durchmachen muss, und die schließlich doch auch wieder ins Gleiche kommen.

Und die Lage der Arbeiterklasse während dieser Periode? Zeitweilig gab es Besserung, selbst für die große Masse. Aber diese Besserung wurde immer wieder auf das alte Niveau herabgebracht durch den Zustrom der großen Menge der unbeschäftigten Reserve, durch die fortwährende Verdrängung von Arbeitern durch neue Maschinerie und durch die Einwanderung der Ackerbauarbeiter, die jetzt auch mehr und mehr durch Maschinen verdrängt wurden.

Eine dauernde Hebung findet sich nur bei zwei beschützten Abteilungen der Arbeiterklasse. Davon sind die erste die Fabrikarbeiter. Die gesetzliche Feststellung eines wenigstens verhältnismäßig rationellen Normalarbeitstages zu ihren Gunsten hat ihre Körperkonstitution relativ wiederhergestellt und ihnen eine, noch durch ihre lokale Konzentration verstärkte, moralische Überlegenheit gegeben. Ihre Lage ist unzweifelhaft besser als vor 1848. Der beste Beweis dafür ist, dass von zehn *Strikes*, die sie machen, neun hervorgerufen sind durch die Fabrikanten selbst und in ihrem eigenen Interesse, als einziges Mittel, die Produktion einzuschränken. Ihr werdet die Fabrikanten nie dahin bringen, dass sie sich alle dazu verstehen, kurze Zeit zu arbeiten, mögen ihre Fabrikate noch so unverkäuflich sein. Aber bringt die Arbeiter zum *Striken*, und die Kapitalisten schließen ihre Fabriken bis auf den letzten Mann.

Zweitens die großen Trade-Unions. Sie sind die Organisationen der Arbeitszweige, in denen die Arbeit *erwachsener*

Männer allein anwendbar ist oder doch vorherrscht. Hier ist die Konkurrenz weder der Weiber- noch der Kinderarbeit, noch der Maschinerie bisher imstande gewesen, ihre organisierte Stärke zu brechen. Die Maschinenschlosser, Zimmerleute und Schreiner, Bauarbeiter, sind jeder für sich eine Macht, so sehr, dass sie selbst, wie [es] die Bauarbeiter tun, der Einführung der Maschinerie erfolgreich widerstehen können. Ihre Lage hat sich unzweifelhaft seit 1848 merkwürdig verbessert; der beste Beweis dafür ist, dass seit mehr als fünfzehn Jahren nicht nur ihre Beschäftiger mit ihnen, sondern auch sie mit ihren Beschäftigern äußerst zufrieden gewesen sind. Sie bilden eine Aristokratie in der Arbeiterklasse; sie haben es fertiggebracht, sich eine verhältnismäßig komfortable Lage zu erzwingen, und diese Lage akzeptieren sie als endgültig. Sie sind die Musterarbeiter der Herrn Leone Levi und Giffen (und auch des Biedermannes Lujo Brentano), und sie sind in der Tat sehr nette, traktable Leute für jeden verständigen Kapitalisten im Besonderen und für die Kapitalistenklasse im Allgemeinen.

Aber was die große Masse der Arbeiter betrifft, so steht das Niveau des Elends und der Existenzunsicherheit für sie heute ebenso niedrig, wenn nicht niedriger als je. Das Ostende von London ist ein stets sich ausdehnender Sumpf von stockendem Elend und Verzweiflung, von Hungersnot, wenn unbeschäftigt, von physischer und moralischer Erniedrigung, wenn beschäftigt. Und so in allen anderen Großstädten, mit Ausnahme nur der bevorrechteten Minderheit der Arbeiter; und so in den kleineren Städten und in den Landbezirken. Das Gesetz, das den Wert der Arbeitskraft auf den Preis der notwendigen Lebensmittel beschränkt, und das andere Gesetz, das ihren Durchschnittspreis der Regel nach auf das Minimum dieser Lebensmittel herabdrückt, diese beiden Gesetze wirken auf sie mit der unwiderstehlichen Kraft einer automatischen Maschine, die sie zwischen ihren Rädern erdrückt.

Das war also die Lage, geschaffen durch die Freihandelspolitik von 1847 und durch die zwanzigjährige Herrschaft der industriellen Kapitalisten. Aber dann kam eine Wendung. Der Krisis von 1866 folgte in der Tat ein kurzer und leichter

Geschäftsaufschwung gegen 1873, aber er dauerte nicht. Wir haben in der Tat zu der Zeit, wo sie fällig war, 1877 oder 1878, keine volle Krisis durchgemacht, aber wir leben seit 1876 in einem chronischen Versumpfungszustand aller herrschenden Industriezweige. Weder will der vollständige Zusammenbruch kommen, noch die langersehnte Zeit der Geschäftsblüte, auf die wir ein Recht zu haben glaubten, sowohl vor wie nach dem Krach. Ein tödlicher Druck, eine chronische Überfüllung aller Märkte für alle Geschäfte, das ist der Zustand, den wir seit beinahe zehn Jahren durchmachen. Woher das?

Die Freihandelstheorie hatte zum Grund die eine Annahme: dass England das einzige große Industriezentrum einer ackerbauenden Welt werden sollte, und die Tatsachen haben diese Annahme vollständig Lügen gestraft. Die Bedingungen der modernen Industrie, Dampfkraft und Maschinerie, sind überall herstellbar, wo es Brennstoff, namentlich Kohlen, gibt, und andere Länder neben England haben Kohlen: Frankreich, Belgien, Deutschland, Amerika, selbst Russland. Und die Leute da drüben waren nicht der Ansicht, dass es in ihrem Interesse sei, sich in irische Hungerpächter zu verwandeln, einzig zum größeren Ruhme und Reichtum der englischen Kapitalisten. Sie fingen an zu fabrizieren, nicht nur für sich selbst, sondern auch für die übrige Welt, und die Folge ist, dass das Industriemonopol, das England beinahe ein Jahrhundert besessen hat, jetzt unwiederbringlich gebrochen ist.

Aber das Industriemonopol Englands ist der Angelpunkt des bestehenden englischen Gesellschaftssystems. Selbst während dies Monopol dauerte, konnten die Märkte nicht Schritt halten mit der wachsenden Produktivität der englischen Industrie; die zehnjährigen Krisen waren die Folge. Und jetzt werden neue Märkte täglich seltener, so sehr, dass selbst den Negern am Kongo die Zivilisation aufgezwungen werden soll, die aus den Kattunen von Manchester, den Töpferwaren von Staffordshire und den Metallartikeln von Birmingham fließt. Was wird die Folge sein, wenn kontinentale und besonders amerikanische Waren in stets wachsender Masse hervorströmen, wenn der jetzt noch den englischen Fabriken zufallende

Löwenanteil an der Versorgung der Welt von Jahr zu Jahr zusammenschrumpft? Antworte, Freihandel, du Universalmittel!

Ich bin nicht der erste, der darauf hinweist. Schon 1883, in der Versammlung der British Association in Southport, hat Herr Inglis Palgrave, Präsident der ökonomischen Sektion, geradezu gesagt, »dass die Tage großer Geschäftsprofite in England vorbei seien, und eine Pause eingetreten sei in der Weiterentwicklung verschiedener großer Industriezweige. Man könne fast sagen, dass England im Begriffe sei, in einen nicht länger fortschreitenden Zustand überzugehen.«

Aber was wird das Ende von alledem sein? Die kapitalistische Produktion *kann nicht* stabil werden, sie muss wachsen und sich ausdehnen, oder sie muss sterben. Schon jetzt, die bloße Einschränkung von Englands Löwenanteil an der Versorgung des Weltmarkts heißt Stockung, Elend, Übermaß an Kapital hier, Übermaß an unbeschäftigten Arbeitern dort. Was wird es erst sein, wenn der Zuwachs der jährlichen Produktion vollends zum Stillstand gebracht ist? Hier ist die verwundbare Achillesferse der kapitalistischen Produktion. Ihre Lebensbedingung ist die Notwendigkeit fortwährender Ausdehnung, und diese fortwährende Ausdehnung wird jetzt unmöglich. Die kapitalistische Produktion läuft aus in eine Sackgasse. Jedes Jahr bringt England dichter vor die Frage: Entweder die Nation geht in Stücken, oder die kapitalistische Produktion. Welches von beiden muss dran glauben?

Und die Arbeiterklasse? Wenn selbst unter der unerhörten Ausdehnung des Handels und der Industrie von 1848 bis 1868 sie solches Elend durchzumachen hatte, wenn selbst damals ihre große Masse im besten Fall nur eine vorübergehende Verbesserung ihrer Lage erfuhr, während nur eine kleine privilegierte, geschützte Minorität dauernden Vorteil hatte, wie wird es sein, wenn diese blendende Periode endgültig zum Abschluss kommt, wenn die gegenwärtige drückende Stagnation sich nicht nur noch steigert, sondern wenn dieser gesteigerte Zustand ertötenden Druckes der dauernde, der Normalzustand der englischen Industrie würde?

Die Wahrheit ist diese: Solange Englands Industriemonopol dauerte, hat die englische Arbeiterklasse bis zu einem gewissen Grad teilgenommen an den Vorteilen dieses Monopols. Diese Vorteile wurden sehr ungleich unter sie verteilt; die privilegierte Minderheit sackte den größten Teil ein, aber selbst die große Masse hatte wenigstens dann und wann vorübergehend ihr Teil. Und das ist der Grund, warum seit dem Aussterben des Owenismus es in England keinen Sozialismus gegeben hat. Mit dem Zusammenbruch des Monopols wird die englische Arbeiterklasse diese bevorrechtete Stellung verlieren. Sie wird sich allgemein – die bevorrechtete und leitende Minderheit nicht ausgeschlossen – eines Tages auf das gleiche Niveau gebracht sehen, wie die Arbeiter des Auslandes. Und das ist der Grund, warum es in England wieder Sozialismus geben wird.

Geschrieben Mitte Februar 1885, nach: Die Neue Zeit,
Nr. 6., Juni 1885, in: MEW, Bd. 21, S. 191–197.

Friedrich Engels, um 1888

Ludwig Feuerbach und der Ausgang der klassischen deutschen Philosophie

[...] Feuerbach allein war bedeutend als Philosoph. Aber nicht nur blieb die Philosophie, die angeblich über allen besondern Wissenschaften schwebende, sie zusammenfassende Wissenschaftswissenschaft, für ihn eine unüberschreitbare Schranke, ein unantastbar Heiliges; er blieb auch als Philosoph auf halbem Wege stehen, war unten Materialist, oben Idealist; er wurde mit Hegel nicht kritisch fertig, sondern warf ihn als unbrauchbar einfach beiseite, während er selbst, gegenüber dem enzyklopädischen Reichtum des hegelschen Systems, nichts Positives fertigbrachte als eine schwülstige Liebesreligion und eine magere, ohnmächtige Moral.

Aus der Auflösung der hegelschen Schule ging aber noch eine andere Richtung hervor, die einzige, die wirklich Früchte getragen hat, und diese Richtung knüpft sich wesentlich an den Namen Marx[1].

Die Trennung von der hegelschen Philosophie erfolgte auch hier durch die Rückkehr zum materialistischen Standpunkt. Das heißt, man entschloss sich, die wirkliche Welt – Natur und Geschichte – so aufzufassen, wie sie sich selbst einem jeden gibt, der ohne vorgefasste idealistische Schrullen an sie herantritt; man entschloss sich, jede idealistische Schrulle unbarm-

1 Man gestatte mir hier eine persönliche Erläuterung. Man hat neuerdings mehrfach auf meinen Anteil an dieser Theorie hingewiesen, und so kann ich kaum umhin, hier die wenigen Worte zu sagen, wodurch dieser Punkt sich erledigt. Dass ich vor und während meinem vierzigjährigen Zusammenwirken mit Marx sowohl an der Begründung wie namentlich an der Ausarbeitung der Theorie einen gewissen selbstständigen Anteil hatte, kann ich selbst nicht leugnen. Aber der größte Teil der leitenden Grundgedanken, besonders auf ökonomischem und geschichtlichem Gebiet, und speziell ihre schließliche scharfe Fassung, gehört Marx. Was ich beigetragen, das konnte – allenfalls ein paar Spezialfächer ausgenommen – Marx auch wohl ohne mich fertigbringen. Was Marx geleistet, hätte ich nicht fertiggebracht. Marx stand höher, sah weiter, überblickte mehr und rascher als wir andern alle. Marx war ein Genie, wir andern höchstens Talente. Ohne ihn wäre die Theorie heute bei Weitem nicht das, was sie ist. Sie trägt daher auch mit Recht seinen Namen. [Anm. Engels]

herzig zum Opfer zu bringen, die sich mit den in ihrem eignen Zusammenhang, und in keinem fantastischen, aufgefassten Tatsachen nicht in Einklang bringen ließ. Und weiter heißt Materialismus überhaupt nichts. Nur dass hier zum ersten Mal mit der materialistischen Weltanschauung wirklich Ernst gemacht, dass sie auf allen infrage kommenden Gebieten des Wissens – wenigstens in den Grundzügen – konsequent durchgeführt wurde.

Hegel wurde nicht einfach abseits gelegt; man knüpfte im Gegenteil an seine oben entwickelte revolutionäre Seite, an die dialektische Methode. Aber diese Methode war in ihrer hegelschen Form unbrauchbar. Bei Hegel ist die Dialektik die Selbstentwicklung des Begriffs. Der absolute Begriff ist nicht nur von Ewigkeit – unbekannt wo? – vorhanden, er ist auch die eigentliche lebendige Seele der ganzen bestehenden Welt. Er entwickelt sich zu sich selbst durch alle die Vorstufen, die in der »Logik« des Breiteren abgehandelt und die alle in ihm eingeschlossen sind; dann »entäußert« er sich, indem er sich in die Natur verwandelt, wo er ohne Bewusstsein seiner selbst, verkleidet als Naturnotwendigkeit eine neue Entwicklung durchmacht und zuletzt im Menschen wieder zum Selbstbewusstsein kommt; dies Selbstbewusstsein arbeitet sich nun in der Geschichte wieder aus dem Rohen heraus, bis endlich der absolute Begriff wieder vollständig zu sich selbst kommt in der hegelschen Philosophie. Bei Hegel ist also die in der Natur und Geschichte zutage tretende dialektische Entwicklung, d. h. der ursächliche Zusammenhang des, durch alle Zickzackbewegungen und momentanen Rückschritte hindurch, sich durchsetzenden Fortschreitens vom Niedern zum Höhern, nur der Abklatsch der von Ewigkeit her, man weiß nicht wo, aber jedenfalls unabhängig von jedem denkenden Menschenhirn vor sich gehenden Selbstbewegung des Begriffs. Diese ideologische Verkehrung galt es zu beseitigen. Wir fassten die Begriffe unsres Kopfs wieder materialistisch als die Abbilder der wirklichen Dinge, statt die wirklichen Dinge als Abbilder dieser oder jener Stufe des absoluten Begriffs. Damit reduzierte sich die Dialektik auf die Wissenschaft von den allgemeinen Gesetzen der Bewegung, sowohl der äußern Welt wie des menschlichen Denkens – zwei Reihen von Gesetzen, die der Sache nach identisch, dem Ausdruck nach aber insofern verschieden sind, als der menschliche Kopf sie mit Bewusstsein anwenden kann, während sie in der Natur und bis jetzt auch großenteils in der Menschengeschichte sich in unbewusster Weise, in der Form der äußern Notwendigkeit, inmitten einer endlosen Reihe scheinbarer Zufälligkeiten durchsetzen. Damit aber wurde die Begriffsdialektik selbst nur der bewusste Reflex der dialektischen Bewegung der wirklichen Welt, und damit wurde die hegelsche Dialektik auf den Kopf, oder vielmehr vom Kopf, auf dem sie stand, wieder auf die Füße gestellt. Und diese materialistische Dialektik, die seit Jahren unser bestes Arbeitsmittel und unsere schärfste Waffe war, wurde merkwürdigerweise nicht nur von uns, sondern außerdem noch, unabhängig von uns und selbst von Hegel, wieder entdeckt von einem deutschen Arbeiter, Josef Dietzgen[2].

Hiermit war aber die revolutionäre Seite der hegelschen Philosophie wieder aufgenommen und gleichzeitig von den idealistischen Verbrämungen befreit, die bei Hegel ihre konsequente Durchführung verhindert hatten. Der große Grundgedanke, dass die Welt nicht als ein Komplex von fertigen *Dingen* zu fassen ist, sondern als ein Komplex von *Prozessen*, worin die scheinbar stabilen Dinge nicht minder wie ihre Gedankenabbilder in unserm Kopf, die Begriffe, eine ununterbrochene Veränderung des Werdens und Vergehens durchmachen, in der bei aller scheinbaren Zufälligkeit und trotz aller momentanen Rückläufigkeit schließlich eine fortschreitende Entwicklung sich durchsetzt – dieser große Grundgedanke ist, namentlich seit Hegel, so sehr in das gewöhnliche Bewusstsein übergegangen, dass er in dieser Allgemeinheit wohl kaum noch Widerspruch findet. Aber ihn in der Phrase anerkennen und ihn in der Wirklichkeit im Einzelnen auf jedem zur Untersuchung kommenden Gebiet durchführen, ist zweierlei. Geht man aber bei der Untersuchung stets von diesem Gesichts-

2 Vgl. »Das Wesen der Kopfarbeit, von einem Handarbeiter«, Hamburg, Meißner.

punkt aus, so hört die Forderung endgültiger Lösungen und ewiger Wahrheiten ein für alle Mal auf; man ist sich der notwendigen Beschränktheit aller gewonnenen Erkenntnis stets bewusst, ihrer Bedingtheit durch die Umstände, unter denen sie gewonnen wurde; aber man lässt sich auch nicht mehr imponieren durch die der noch stets landläufigen alten Metaphysik unüberwindlichen Gegensätze von Wahr und Falsch, Gut und Schlecht, Identisch und Verschieden, Notwendig und Zufällig; man weiß, dass diese Gegensätze nur relative Gültigkeit haben, dass das jetzt für wahr Erkannte seine verborgene, später hervortretende falsche Seite ebenso gut hat wie das jetzt als falsch Erkannte seine wahre Seite, kraft deren es früher für wahr gelten konnte; dass das behauptete Notwendige sich aus lauter Zufälligkeiten zusammensetzt und das angeblich Zufällige die Form ist, hinter der die Notwendigkeit sich birgt – und so weiter.

Die alte Untersuchungs- und Denkmethode, die Hegel die »metaphysische« nennt, die sich vorzugsweise mit Untersuchung der *Dinge* als gegebener fester Bestände beschäftigte und deren Reste noch stark in den Köpfen spuken, hatte ihrerzeit eine große geschichtliche Berechtigung. Die Dinge mussten erst untersucht werden, ehe die Prozesse untersucht werden konnten. Man musste erst wissen, was ein beliebiges Ding war, ehe man die an ihm vorgehenden Veränderungen wahrnehmen konnte. Und so war es in der Naturwissenschaft. Die alte Metaphysik, die die Dinge als fertige hinnahm, entstand aus einer Naturwissenschaft, die die toten und lebendigen Dinge als fertige untersuchte. Als aber diese Untersuchung so weit gediehen war, dass der entscheidende Fortschritt möglich wurde, der Übergang zur systematischen Untersuchung der mit diesen Dingen in der Natur selbst vorgehenden Veränderungen, da schlug auch auf philosophischem Gebiet die Sterbestunde der alten Metaphysik. Und in der Tat, wenn die Naturwissenschaft bis Ende des letzten Jahrhunderts vorwiegend *sammelnde* Wissenschaft, Wissenschaft von fertigen Dingen war, so ist sie in unserm Jahrhundert wesentlich *ordnende* Wissenschaft, Wissenschaft von den Vorgängen, vom

Ursprung und der Entwicklung dieser Dinge und vom Zusammenhang, der diese Naturvorgänge zu einem großen Ganzen verknüpft. Die Physiologie, die die Vorgänge im pflanzlichen und tierischen Organismus untersucht, die Embryologie, die die Entwicklung des einzelnen Organismus vom Keim bis zur Reife behandelt, die Geologie, die die allmähliche Bildung der Erdoberfläche verfolgt, sie alle sind Kinder unseres Jahrhunderts.

Vor allem sind es aber drei große Entdeckungen, die unsere Kenntnis vom Zusammenhang der Naturprozesse mit Riesenschritten vorangetrieben haben: Erstens die Entdeckung der Zelle als der Einheit, aus deren Vervielfältigung und Differenzierung der ganze pflanzliche und tierische Körper sich entwickelt, sodass nicht nur die Entwicklung und das Wachstum aller höheren Organismen als nach einem einzigen allgemeinen Gesetz vor sich gehend erkannt, sondern auch in der Veränderungsfähigkeit der Zelle der Weg gezeigt ist, auf dem Organismen ihre Art verändern und damit eine mehr als individuelle Entwicklung durchmachen können. – Zweitens die Verwandlung der Energie, die uns alle zunächst in der anorganischen Natur wirksamen sogenannten Kräfte, die mechanische Kraft und ihre Ergänzung, die sogenannte potenzielle Energie, Wärme, Strahlung (Licht, resp. strahlende Wärme), Elektrizität, Magnetismus, chemische Energie, als verschiedene Erscheinungsformen der universellen Bewegung nachgewiesen hat, die in bestimmten Maßverhältnissen die eine in die andere übergehn, sodass für die Menge der einen, die verschwindet, eine bestimmte Menge einer andern wiedererscheint und sodass die ganze Bewegung der Natur sich auf diesen unaufhörlichen Prozess der Verwandlung aus einer Form in die andre reduziert. – Endlich der zuerst von Darwin im Zusammenhang entwickelte Nachweis, dass der heute uns umgebende Bestand organischer Naturprodukte, die Menschen eingeschlossen, das Erzeugnis eines langen Entwicklungsprozesses aus wenigen ursprünglich einzelligen Keimen ist und diese wieder aus, auf chemischem Weg entstandenem, Protoplasma oder Eiweiß hervorgegangen sind.

Dank diesen drei großen Entdeckungen und den übrigen gewaltigen Fortschritten der Naturwissenschaft sind wir jetzt so weit, den Zusammenhang zwischen den Vorgängen in der Natur nicht nur auf den einzelnen Gebieten, sondern auch den der einzelnen Gebiete unter sich im Ganzen und Großen nachweisen und so ein übersichtliches Bild des Naturzusammenhangs in annähernd systematischer Form, vermittelst der durch die empirische Naturwissenschaft selbst gelieferten Tatsachen darstellen zu können. Dies Gesamtbild zu liefern, war früher die Aufgabe der sogenannten Naturphilosophie. Sie konnte dies nur, indem sie die noch unbekannten wirklichen Zusammenhänge durch ideelle, fantastische ersetzte, die fehlenden Tatsachen durch Gedankenbilder ergänzte, die wirklichen Lücken in der bloßen Einbildung ausfüllte. Sie hat bei diesem Verfahren manche geniale Gedanken gehabt, manche spätern Entdeckungen vorausgeahnt, aber auch beträchtlichen Unsinn zutage gefördert, wie das nicht anders möglich war. Heute, wo man die Resultate der Naturforschung nur dialektisch, d. h. im Sinn ihres eignen Zusammenhangs aufzufassen braucht, um zu einem für unsere Zeit genügenden »System der Natur« zu kommen, wo der dialektische Charakter dieses Zusammenhangs sich sogar den metaphysisch geschulten Köpfen der Naturforscher gegen ihren Willen aufzwingt, heute ist die Naturphilosophie endgültig beseitigt. Jeder Versuch ihrer Wiederbelebung wäre nicht nur überflüssig, *er wäre ein Rückschritt.*

Was aber von der Natur gilt, die hiermit auch als ein geschichtlicher Entwicklungsprozess erkannt ist, das gilt auch von der Geschichte der Gesellschaft in allen ihren Zweigen und von der Gesamtheit aller der Wissenschaften, die sich mit menschlichen (und göttlichen) Dingen beschäftigen. Auch hier hat die Philosophie der Geschichte, des Rechts, der Religion usw. darin bestanden, dass an die Stelle des in den Ereignissen nachzuweisenden wirklichen Zusammenhangs ein im Kopf des Philosophen gemachter gesetzt wurde, dass die Geschichte im Ganzen wie in ihren einzelnen Teilstücken gefasst wurde als die allmähliche Verwirklichung von Ideen, und zwar natürlich immer nur der Lieblingsideen des Philosophen selbst. Die Geschichte arbeitete hiernach unbewusst, aber mit Notwendigkeit, auf ein gewisses, von vornherein feststehendes ideelles Ziel los, wie z. B. bei Hegel auf die Verwirklichung seiner absoluten Idee, und die unverrückbare Richtung auf diese absolute Idee bildete den innern Zusammenhang in den geschichtlichen Ereignissen. An die Stelle des wirklichen, noch unbekannten Zusammenhangs setzte man somit eine neue – unbewusste oder allmählich zum Bewusstsein kommende – mysteriöse Vorsehung. Hier galt es also, ganz wie auf dem Gebiet der Natur, diese gemachten künstlichen Zusammenhänge zu beseitigen durch die Auffindung der wirklichen; eine Aufgabe, die schließlich darauf hinausläuft, die allgemeinen Bewegungsgesetze zu entdecken, die sich in der Geschichte der menschlichen Gesellschaft als herrschende durchsetzen.

Nun aber erweist sich die Entwicklungsgeschichte der Gesellschaft in einem Punkt als wesentlich verschiedenartig von der der Natur. In der Natur sind es – soweit wir die Rückwirkung der Menschen auf die Natur außer Acht lassen – lauter bewusstlose blinde Agenzien, die aufeinander einwirken und in deren Wechselspiel das allgemeine Gesetz zur Geltung kommt. Von allem, was geschieht – weder von den zahllosen scheinbaren Zufälligkeiten, die auf der Oberfläche sichtbar werden, noch von den schließlichen, die Gesetzmäßigkeit innerhalb dieser Zufälligkeiten bewährenden Resultaten –, geschieht nichts als gewollter bewusster Zweck. Dagegen in der Geschichte der Gesellschaft sind die Handelnden lauter mit Bewusstsein begabte, mit Überlegung oder Leidenschaft handelnde, auf bestimmte Zwecke hinarbeitende Menschen; nichts geschieht ohne bewusste Absicht, ohne gewolltes Ziel. Aber dieser Unterschied, so wichtig er für die geschichtliche Untersuchung namentlich einzelner Epochen und Begebenheiten ist, kann nichts ändern an der Tatsache, dass der Lauf der Geschichte durch innere allgemeine Gesetze beherrscht wird. Denn auch hier herrscht auf der Oberfläche, trotz der bewusst gewollten Ziele aller einzelnen, im Ganzen und Großen scheinbar der Zufall. Nur selten geschieht das Gewollte, in den meisten Fällen durchkreuzen und widerstreiten sich die vielen gewollten Zwecke oder sind diese Zwecke selbst von vornherein undurchführbar oder die Mittel unzureichend. So führen die Zusammenstöße der zahllosen Einzelwillen und Einzelhandlungen auf geschichtlichem Gebiet einen Zustand herbei, der ganz dem in der bewusstlosen Natur herrschenden analog ist. Die Zwecke der Handlungen sind gewollt, aber die Resultate, die wirklich aus den Handlungen folgen, sind nicht gewollt, oder so weit sie dem gewollten Zweck zunächst doch zu entsprechen scheinen, haben sie schließlich ganz andre als die gewollten Folgen. Die geschichtlichen Ereignisse erscheinen so im Ganzen und Großen ebenfalls als von der Zufälligkeit beherrscht. Wo aber auf der Oberfläche der Zufall sein Spiel treibt, da wird er stets durch innre verborgne Gesetze beherrscht, und es kommt nur darauf an, diese Gesetze zu entdecken.

Die Menschen machen ihre Geschichte, wie diese auch immer ausfalle, indem jeder seine eignen, bewusst gewollten Zwecke verfolgt, und die Resultante dieser vielen in verschiedenen Richtungen agierenden Willen und ihrer mannigfachen Einwirkung auf die Außenwelt ist eben die Geschichte. Es kommt also auch darauf an, was die vielen Einzelnen wollen. Der Wille wird bestimmt durch Leidenschaft oder Überlegung. Aber die Hebel, die wieder die Leidenschaft oder die Überlegung unmittelbar bestimmen, sind sehr verschiedener Art. Teils können es äußere Gegenstände sein, teils ideelle Beweggründe, Ehrgeiz, »Begeisterung für Wahrheit und Recht«, persönlicher Hass oder auch rein individuelle Schrullen aller Art. Aber einerseits haben wir gesehn, dass die in der Geschichte tätigen vielen Einzelwillen meist ganz andre als die gewollten – oft geradezu die entgegengesetzten – Resultate hervorbringen, ihre Beweggründe also ebenfalls für das Gesamtergebnis nur von untergeordneter Bedeutung sind. Andrerseits fragt es sich weiter, welche treibenden Kräfte wieder hinter diesen Beweggründen stehn, welche geschichtlichen Ursachen es sind, die sich in den Köpfen der Handelnden zu solchen Beweggründen umformen?

Diese Frage hat sich der alte Materialismus nie vorgelegt. Seine Geschichtsauffassung, soweit er überhaupt eine hat, ist daher auch wesentlich pragmatisch, beurteilt alles nach den Motiven der Handlung, teilt die geschichtlich handelnden Menschen in edle und unedle und findet dann in der Regel, dass die edlen die Geprellten und die unedlen die Sieger sind, woraus dann folgt für den alten Materialismus, dass beim Geschichtsstudium nicht viel Erbauliches herauskommt, und für uns, dass auf dem geschichtlichen Gebiet der alte Materialismus sich selbst untreu wird, weil er die dort wirksamen ideellen Triebkräfte als letzte Ursachen hinnimmt, statt zu untersuchen, was denn hinter ihnen steht, was die Triebkräfte dieser Triebkräfte sind. Nicht darin liegt die Inkonsequenz, dass *ideelle* Triebkräfte anerkannt werden, sondern darin, dass von diesen nicht weiter zurückgegangen wird auf ihre bewegenden Ursachen. Die Geschichtsphilosophie dagegen, wie sie namentlich durch Hegel vertreten wird, erkennt an, dass die ostensiblen und auch die wirklich tätigen Beweggründe der geschichtlich handelnden Menschen keineswegs die letzten Ursachen der geschichtlichen Ereignisse sind, dass hinter diesen Beweggründen andre bewegende Mächte stehn, die es zu erforschen gilt; aber sie sucht diese Mächte nicht in der Geschichte selbst auf, sie importiert sie vielmehr von außen, aus der philosophischen Ideologie, in die Geschichte hinein. Statt die Geschichte des alten Griechenlands aus ihrem eignen, innern Zusammenhang zu erklären, behauptet Hegel z. B. einfach, sie sei weiter nichts als die Herausarbeitung der »Gestaltungen der schönen Individualität«, die Realisation des »Kunstwerks« als solches. Er sagt viel Schönes und Tiefes bei dieser Gelegenheit über die alten Griechen, aber das hindert nicht, dass wir uns heute nicht mehr abspeisen lassen mit einer solchen Erklärung, die eine bloße Redensart ist.

Wenn es also darauf ankommt, die treibenden Mächte zu erforschen, die – bewusst oder unbewusst, und zwar sehr häufig unbewusst – hinter den Beweggründen der geschichtlich handelnden Menschen stehn und die eigentlichen letzten Triebkräfte der Geschichte ausmachen, so kann es sich nicht so sehr um die Beweggründe bei einzelnen, wenn auch noch so hervorragenden Menschen handeln, als um diejenigen, welche große Massen, ganze Völker und in jedem Volk wieder ganze Volksklassen in Bewegung setzen; und auch dies nicht momentan zu einem vorübergehenden Aufschnellen und rasch verlodernden Strohfeuer, sondern zu dauernder, in einer großen geschichtlichen Veränderung auslaufender Aktion. Die treibenden Ursachen zu ergründen, die sich hier in den Köpfen der handelnden Massen und ihrer Führer – der sogenannten großen Männer – als bewusste Beweggründe klar oder unklar, unmittelbar oder in ideologischer, selbst in verhimmelter Form widerspiegeln – das ist der einzige Weg, der uns auf die Spur der die Geschichte im Ganzen und Großen wie in den einzelnen Perioden und Ländern beherrschenden Gesetze führen kann. Alles, was die Menschen in Bewegung setzt, muss durch ihren Kopf hindurch; aber welche Gestalt es in diesem Kopf annimmt, hängt sehr von den Umständen ab. Die Arbeiter haben sich keineswegs mit dem kapitalistischen Maschinenbetrieb versöhnt, seitdem sie die Maschinen nicht mehr, wie noch 1848 am Rhein, einfach in Stücke schlagen.

Während aber in allen früheren Perioden die Erforschung dieser treibenden Ursachen der Geschichte fast unmöglich war – wegen der verwickelten und verdeckten Zusammenhänge mit ihren Wirkungen –, hat unsre gegenwärtige Periode diese Zusammenhänge so weit vereinfacht, dass das Rätsel gelöst werden konnte. Seit der Durchführung der großen Industrie, also mindestens seit dem europäischen Frieden von 1815, war es keinem Menschen in England ein Geheimnis mehr, dass dort der ganze politische Kampf sich drehte um die Herrschaftsansprüche zweier Klassen, der grundbesitzenden Aristokratie (*landed aristocracy*) und der Bourgeoisie (*middle class*). In Frankreich kam mit der Rückkehr der Bourbonen dieselbe Tatsache zum Bewusstsein; die Geschichtsschreiber der Restaurationszeit von Thierry bis Guizot, Mignet und Thiers sprechen sie überall aus als den Schlüssel zum Verständnis der französischen Geschichte seit dem Mittelalter. Und seit 1830 wurde als dritter Kämpfer um die Herrschaft in beiden

Ländern die Arbeiterklasse, das Proletariat, anerkannt. Die Verhältnisse hatten sich so vereinfacht, dass man die Augen absichtlich verschließen musste, um nicht im Kampf dieser drei großen Klassen und im Widerstreit ihrer Interessen die treibende Kraft der modernen Geschichte zu sehn – wenigstens in den beiden fortgeschrittensten Ländern.

Wie aber waren diese Klassen entstanden? Konnte man auf den ersten Blick dem großen, ehemals feudalen Grundbesitz noch einen Ursprung aus – wenigstens zunächst – politischen Ursachen, aus gewaltsamer Besitzergreifung zuschreiben, so ging das bei der Bourgeoisie und dem Proletariat nicht mehr an. Hier lag der Ursprung und die Entwicklung zweier großer Klassen aus rein ökonomischen Ursachen klar und handgreiflich zutage. Und ebenso klar war es, dass in dem Kampf zwischen Grundbesitz und Bourgeoisie, nicht minder als in dem zwischen Bourgeoisie und Proletariat, es sich in erster Linie um ökonomische Interessen handelte, zu deren Durchführung die politische Macht als bloßes Mittel dienen sollte. Bourgeoisie und Proletariat waren beide entstanden infolge einer Veränderung der ökonomischen Verhältnisse, genauer gesprochen der Produktionsweise. Der Übergang zuerst vom zünftigen Handwerk zur Manufaktur, dann von der Manufaktur zur großen Industrie mit Dampf- und Maschinenbetrieb, hatte diese beiden Klassen entwickelt. Auf einer gewissen Stufe wurden die von der Bourgeoisie in Bewegung gesetzten neuen Produktionskräfte – zunächst die Teilung der Arbeit und die Vereinigung vieler Teilarbeiter in einer Gesamtmanufaktur – und die durch sie entwickelten Austauschbedingungen und Austauschbedürfnisse unverträglich mit der bestehenden, geschichtlich überlieferten und durch Gesetz geheiligten Produktionsordnung, d. h. den zünftigen und den zahllosen andern persönlichen und lokalen Privilegien (die für die nichtpriviligierten Stände ebenso viele Fesseln waren) der feudalen Gesellschaftsverfassung. Die Produktionskräfte, vertreten durch die Bourgeoisie, rebellierten gegen die Produktionsordnung, vertreten durch die feudalen Grundbesitzer und die Zunftmeister; das Ergebnis ist bekannt, die feudalen Fesseln wurden zerschlagen, in England allmählich, in Frankreich mit einem Schlag, in Deutschland ist man noch nicht damit fertig. Wie aber die Manufaktur auf einer bestimmten Entwicklungsstufe in Konflikt kam mit der feudalen, so ist jetzt schon die große Industrie in Konflikt geraten mit der an ihre Stelle gesetzten bürgerlichen Produktionsordnung. Gebunden durch diese Ordnung, durch die engen Schranken der kapitalistischen Produktionsweise, produziert sie einerseits eine sich immer steigernde Proletarisierung der gesamten großen Volksmasse, andrerseits eine immer größere Masse unabsetzbarer Produkte. Überproduktion und Massenelend, jedes die Ursache des andern, das ist der absurde Widerspruch, worin sie ausläuft und der eine Entfesselung der Produktivkräfte durch Änderung der Produktionsweise mit Notwendigkeit fordert.

In der modernen Geschichte wenigstens ist also bewiesen, dass alle politischen Kämpfe Klassenkämpfe, und alle Emanzipationskämpfe von Klassen, trotz ihrer notwendig politischen Form – denn jeder Klassenkampf ist ein politischer Kampf – sich schließlich um ökonomische Emanzipation drehen. Hier wenigstens ist also der Staat, die politische Ordnung, das Untergeordnete, die bürgerliche Gesellschaft, das Reich der ökonomischen Beziehungen, das entscheidende Element. Die althergebrachte Anschauung, der auch Hegel huldigt, sah im Staat das bestimmende, in der bürgerlichen Gesellschaft das durch ihn bestimmte Element. Der Schein entspricht dem. Wie beim einzelnen Menschen alle Triebkräfte seiner Handlungen durch seinen Kopf hindurchgehn, sich in Beweggründe seines Willens verwandeln müssen, um ihn zum Handeln zu bringen, so müssen auch alle Bedürfnisse der bürgerlichen Gesellschaft – gleichviel, welche Klasse gerade herrscht – durch den Staatswillen hindurchgehn, um allgemeine Geltung in Form von Gesetzen zu erhalten. Das ist die formelle Seite der Sache, die sich von selbst versteht; es fragt sich nur, welchen Inhalt dieser nur formelle Wille – des Einzelnen wie des Staats – hat, und woher dieser Inhalt kommt, warum grade dies und nichts andres gewollt wird. Und wenn wir hiernach fragen, so finden wir, dass in der modernen Geschichte der Staatswille im Ganzen und Großen bestimmt wird durch die wechselnden Bedürfnisse der bürgerlichen Gesellschaft, durch die Übermacht dieser oder jener Klasse, in letzter Instanz durch die Entwicklung der Produktivkräfte und der Austauschverhältnisse.

Wenn aber schon in unsrer modernen Zeit mit ihren riesigen Produktions- und Verkehrsmitteln der Staat nicht ein selbstständiges Gebiet mit selbstständiger Entwicklung ist, sondern sein Bestand wie seine Entwicklung in letzter Instanz zu erklären ist aus den ökonomischen Lebensbedingungen der Gesellschaft, so muss dies noch viel mehr gelten für alle früheren Zeiten, wo die Produktion des materiellen Lebens der Menschen noch nicht mit diesen reichen Hülfsmitteln betrieben wurde, wo also die Notwendigkeit dieser Produktion eine noch größere Herrschaft über die Menschen ausüben musste. Ist der Staat noch heute, zur Zeit der großen Industrie und der Eisenbahnen, im Ganzen und Großen nur der Reflex, in zusammenfassender Form, der ökonomischen Bedürfnisse der die Produktion beherrschenden Klasse, so musste er dies noch viel mehr sein zu einer Epoche, wo eine Menschengeneration einen weit größeren Teil ihrer Gesamtlebenszeit auf die Befriedigung ihrer materiellen Bedürfnisse verwenden musste, also weit abhängiger von ihnen war, als wir heute sind. Die Untersuchung der Geschichte früherer Epochen, sobald sie ernstlich auf diese Seite eingeht, bestätigt dies im reichlichsten Maße; hier kann dies aber selbstredend nicht verhandelt werden.

Wird der Staat und das Staatsrecht durch die ökonomischen Verhältnisse bestimmt, so selbstverständlich auch das Privatrecht, das ja wesentlich nur die bestehenden, unter den gegebnen Umständen normalen ökonomischen Beziehungen zwischen den Einzelnen sanktioniert. Die Form, in der dies geschieht, kann aber sehr verschieden sein. Man kann, wie in England im Einklang mit der ganzen nationalen Entwicklung geschah, die Formen des alten feudalen Rechts großenteils beibehalten und ihnen einen bürgerlichen Inhalt geben, ja, dem feudalen Namen direkt einen bürgerlichen Sinn unterschieben; man kann aber auch, wie im kontinentalen Westeuropa, das erste Weltrecht einer Waren produzierenden Gesellschaft, das römische, mit seiner unübertrefflich scharfen Ausarbeitung aller wesentlichen Rechtsbeziehungen einfacher Warenbesitzer (Käufer und Verkäufer, Gläubiger und Schuldner, Vertrag, Obligation usw.) zugrunde legen. Wobei man es zu Nutz und Frommen einer noch kleinbürgerlichen und halbfeudalen Gesellschaft entweder einfach durch die gerichtliche Praxis auf den Stand dieser Gesellschaft herunterbringen kann (gemeines Recht), oder aber mit Hülfe angeblich aufgeklärter, moralisierender Juristen es in ein, diesem gesellschaftlichen Stand entsprechendes, apartes Gesetzbuch verarbeiten kann, welches unter diesen Umständen auch juristisch schlecht sein wird (preußisches Landrecht); wobei man aber auch, nach einer großen bürgerlichen Revolution, auf Grundlage eben dieses römischen Rechts, ein so klassisches Gesetzbuch der Bourgeoisgesellschaft herausarbeiten kann wie der französische Code civil. Wenn also die bürgerlichen Rechtsbestimmungen nur die ökonomischen Lebensbedingungen der Gesellschaft in Rechtsform ausdrücken, so kann dies je nach Umständen gut oder schlecht geschehen.

Im Staate stellt sich uns die erste ideologische Macht über den Menschen dar. Die Gesellschaft schafft sich ein Organ zur Wahrung ihrer gemeinsamen Interessen gegenüber inneren und äußeren Angriffen. Dies Organ ist die Staatsgewalt. Kaum entstanden, verselbstständigt sich dies Organ gegenüber der Gesellschaft, und zwar umso mehr, je mehr es Organ einer bestimmten Klasse wird, die Herrschaft dieser Klasse direkt zur Geltung bringt. Der Kampf der unterdrückten gegen die herrschende Klasse wird notwendig ein politischer, ein Kampf zunächst gegen die politische Herrschaft dieser Klasse; das Bewusstsein des Zusammenhangs dieses politischen Kampfes mit seiner ökonomischen Unterlage wird dumpfer und kann ganz verlorengehen. Wo dies auch nicht bei den Beteiligten vollständig der Fall ist, geschieht es fast immer bei den Geschichtsschreibern. Von den alten Quellen über die Kämpfe innerhalb der römischen Republik sagt uns nur Appian klar und deutlich, um was es sich schließlich handelte – nämlich um das Grundeigentum.

Der Staat aber, einmal eine selbstständige Macht geworden gegenüber der Gesellschaft, erzeugt alsbald eine weitere Ideologie. Bei den Politikern von Profession, bei den Theoretikern des Staatsrechts und den Juristen des Privatrechts nämlich geht der Zusammenhang mit den ökonomischen Tatsachen erst recht verloren. Weil in jedem einzelnen Falle die ökonomischen Tatsachen die Form juristischer Motive annehmen müssen, um in Gesetzesform sanktioniert zu werden, und weil dabei auch selbstverständlich Rücksicht zu nehmen ist auf das ganze schon geltende Rechtssystem, deswegen soll nun die juristische Form alles sein und der ökonomische Inhalt nichts. Staatsrecht und Privatrecht werden als selbstständige Gebiete behandelt, die ihre unabhängige geschichtliche Entwicklung haben, die in sich selbst einer systematischen Darstellung fähig sind und ihrer bedürfen durch konsequente Ausrottung aller inneren Widersprüche.

Noch höhere, d. h. noch mehr von der materiellen, ökonomischen Grundlage sich entfernende Ideologien nehmen die Form der Philosophie und der Religion an. Hier wird der Zusammenhang der Vorstellungen mit ihren materiellen Daseinsbedingungen immer verwickelter, immer mehr durch Zwischenglieder verdunkelt. Aber er existiert. Wie die ganze Renaissancezeit, seit Mitte des 15. Jahrhunderts, ein wesentliches Produkt der Städte, also des Bürgertums war, so auch die seitdem neuerwachte Philosophie; ihr Inhalt war wesentlich nur der philosophische Ausdruck der der Entwicklung des Klein- und Mittelbürgertums zur großen Bourgeoisie entsprechenden Gedanken. Bei den Engländern und Franzosen des vorigen Jahrhunderts, die vielfach ebenso wohl politische Ökonomen wie Philosophen waren, tritt dies klar hervor, und bei der hegelschen Schule haben wir es oben nachgewiesen. [...]

Auszüge aus: MEW, Bd. 21, S. 291–303.

»Gottlob! Ich hab' meine Mittagsruhe doch gehalten! Ich stahl mich aus dem Comptoir und nahm Zigarren und Streichhölzer mit und bestellte Bier; dann schob ich auf den obersten Packhausboden und legte mich auf die Hängematte und schaukelte mich äußerst sanft.«

Zeichnung von Engels in einem Brief an seine Schwester Marie, 20. August 1840

Interviews mit Friedrich Engels

Interview mit dem Korrespondenten der Zeitung *L'Éclair* am 1. April 1892

L'ÉCLAIR VOM 6. APRIL 1892

Herr Engels, ein Feind jeglicher Interviews, hatte die Güte, uns zuliebe eine Ausnahme zu machen und uns seine Eindrücke mitzuteilen. »Was denken Sie«, fragten wir ihn, »über die jüngsten Attentate, die in Paris von den Anarchisten verübt wurden?«

»Ich kann darin nur das Werk von Agents Provocateurs sehen, die dafür bezahlt werden, dass sie versuchen, die Parteien, in denen sie eine Rolle spielen, in Misskredit zu bringen. Die Regierung hat das größte Interesse an diesen Explosionen, die zugleich den Interessen der Bourgeoisie im Allgemeinen und den Intrigen gewisser politischer Gruppen im Besonderen dienen. Was man tatsächlich will, ist Folgendes – die Bevölkerung erschrecken, den Terror organisieren und damit eine Reaktion herbeiführen.

Dieselbe Methode wurde kürzlich in Deutschland während der ›Berliner Unruhen‹ angewandt. Auch hier werden wir gut daran tun, die Hand der Polizei zu suchen. Sicherlich konnten am ersten Tage dieser angeblich sozialistischen Demonstrationen einige der Unsrigen in die Bewegung hineingeraten sein, aber unsere irregeführten Freunde haben den wahren Charakter der Demonstration rasch erkannt und sich sofort zurückgezogen.

Der Beweis dafür ist, dass mehrere Läden, die bekannten Sozialisten gehören, geplündert wurden. Der Prozess gegen die verhafteten Aufrührer zeigte, dass die Anstifter Antisemiten waren, die den Hunger einiger armer Teufel auszunutzen suchten, um sie ›Nieder mit den Juden!‹ schreien zu lassen. In Italien – ebenfalls dasselbe System bei dem Prozess gegen Cipriani und die anderen Anarchisten. Auch dort wurden die Machenschaften der Agents Provocateurs vor dem Schwurgericht aufgedeckt.

Aber das gelingt nicht immer. In Paris haben sich ein oder zwei Elende gefunden, die das Spiel der Polizei mitmachten, aber niemand, außer der Polizei selber, wird behaupten können, dass sie der sozialistischen Partei angehören.«

Die russische Diplomatie

»Fürchten Sie nicht, dass all diese inneren Erschütterungen die Regierungen dahin bringen, den Ausweg in einem europäischen Krieg zu suchen? Zum Beispiel Ihr Kaiser Wilhelm ...«

»Nein. Ich wünsche, dass Kaiser Wilhelm lange lebe zum größten Wohle der deutschen Sozialisten«, sagte Herr Engels lachend. »Übrigens glaube ich nicht an einen unmittelbar bevorstehenden Krieg.«

»Hat Ihnen die Allianz Russlands mit Frankreich keine Besorgnis in dieser Hinsicht eingeflößt?«

»Keine. Im vergangenen Jahre gab es in Russland vielleicht Aggressionsgelüste. Die Demonstrationen von Kronstadt, das ganz offensichtliche Entgegenkommen des kaiserlichen Russlands gegenüber dem republikanischen Frankreich konnten verdächtig erscheinen. Die Truppenkonzentrationen an der Grenze schienen auch einigen Alarm zu verursachen. Aber heute ist es ganz anders.

Russland müsste tatsächlich einen Krieg führen wollen, den es nicht führen könnte. Aber es hat augenblicklich einen schlimmeren Feind als alle anderen zu bekämpfen: den Hunger.

Diese Geißel ist nicht das Ergebnis einer vorübergehenden Notlage, die durch schlechte Witterungsverhältnisse oder anderes entstand: Sie ist die Frucht der neuen Organisation der russischen Gesellschaft.

Seit dem Krimkrieg, in dem ganze Regimenter im Schnee umkamen, hat sich die Situation sehr verändert. Dieser Krieg kennzeichnet den Beginn einer großen Krise in der russischen Geschichte. Als die Niederlage vollständig und die Ohnmacht Russlands ganz Europa klar vor Augen geführt worden war und als Zar Nikolaus verzweifelt feststellte, in welch beklagenswertem Zustand sich sein Reich befand, zögerte er nicht, sich zu vergiften. So sah sich Alexander II. bei der Thronbesteigung verpflichtet, irgendetwas zu versuchen, um der schrecklichen Situation abzuhelfen, in der sich sein Land befand.

Die Ursachen der Hungersnot in Russland

Und damals ging der Zar an die Emanzipation der Leibeigenen, eine Emanzipation, die als Vorwand für eine Neuaufteilung der Ländereien zwischen den Adligen und den Bauern diente. Den Adligen gab man die besseren Ländereien, dazu die Gewässer und Wälder. Den Bauern überließ man nur Landstücke geringerer Qualität; überdies erfolgte diese Verteilung auf unbefriedigende Art und Weise und gegen eine Ablösungssumme, die in Jahresraten im Laufe von 49 Jahren zu zahlen war! Was ist dabei herausgekommen?

Die Bauern konnten die Abgaben an den Staat nicht zahlen und waren gezwungen, Geld zu leihen: sie hatten zum Sterben zu viel und zum Leben zu wenig. Eine Bande von *Kulaken* (Geldverleihern) stürzte sich auf diese Ackerleute, und nach und nach gerieten diese so in Schulden, dass sie jede Hoffnung verloren, sich jemals befreien zu können. Wenn die Wucherer keine Vorschüsse mehr geben wollten, waren die Bauern gezwungen, ihre Ernten zu verkaufen, um sich Geld zu verschaffen, und sie verkauften nicht nur das für ihre Ernährung notwendige Getreide, sondern auch jenes, das für die Aussaat unerlässlich war, sodass die künftigen Ernten infrage gestellt wurden.

Unter diesen Umständen musste die erste schlechte Ernte zu einer wahren Hungersnot führen. Diese Hungersnot kam und versetzte ihrerseits der landwirtschaftlichen Produktion Russlands den letzten Schlag. Der Bauer, der sein Vieh nicht mehr ernähren konnte, war tatsächlich gezwungen, es entweder zu töten oder zu verkaufen. Ohne Haustiere jedoch kann man das Land weder bearbeiten noch düngen. So ist die landwirtschaftliche Produktion auf Jahre hinaus lahmgelegt.

Die Emanzipation der Bauern war nur die eine Seite der ökonomischen Revolution, die in Russland vor sich gegangen ist; die andere ist die künstliche Schaffung einer Industriebourgeoisie, dazu bestimmt, als Zwischenklasse zu dienen. Um schneller dahin zu gelangen, errichtete man ein ganzes Prohibitivsystem, das die russische Industrie auf eine außergewöhnliche Art begünstigte und entwickelte; da aber diese Industrie nicht exportieren konnte, brauchte sie einen inneren Markt. Der russische

Bauer kauft aber fast gar nichts, da er gewöhnt ist, alles selber herzustellen: Häuser, Handwerkszeug, Kleidung etc.; er fertigte sogar noch unlängst viele Artikel aus Holz, Eisen und Leder selber und verkaufte sie auf den Jahrmärkten. Als man aber den Bauern das Holz entzog, indem man die Wälder den Gutsbesitzern gab, geriet die ländliche Industrie in Gefahr. Die Fabrikindustrie richtete sie vollends zugrunde, und nun mussten die Bauern zur Fabrikindustrie Zuflucht nehmen. In dem Augenblick jedoch, als diese Industrie dabei war, ihren Siegeszug anzutreten, versetzte ihr die Hungersnot einen tödlichen Schlag: Die Bauern können nichts mehr von ihr kaufen, und der Ruin der einen führt zum Ruin der anderen.«

Die ökonomische und militärische Situation

»Dann wird also nach Ihrer Ansicht die ökonomische Situation Russlands es daran hindern, an einen Krieg zu denken?«

»Ja. Ich übertreibe nicht, wenn ich sage, dass das Bild, das Vauban und Boisguillebert vom französischen Bauern im siebzehnten Jahrhundert zeichneten, sich auf den russischen Bauern anwenden lässt, der heute genötigt ist, Gras zu essen. Der Übergang vom Feudalregime zum bürgerlichen Regime vollzog sich in Frankreich nicht ohne Erschütterungen; in Russland erzeugte er soeben eine Krise, die aus dem jetzigen akuten Zustand chronisch zu werden droht. Aus allen diesen Gründen denken die Russen im Augenblick eher ans Essen als daran, sich zu schlagen.«

»Die letzte russische Anleihe …«

»Von ihr wollte ich gerade sprechen. Das ist ein kolossaler Misserfolg. Die französische Bourgeoisie, die sehr gern von Revanche spricht, hat es mit dem Patriotismus nicht so weit getrieben, dass sie ihre Börse öffnete. Die Zarenregierung bat um zwanzig Millionen Pfund Sterling; sie hat nur zwölf erhalten.«

»Man hat gesagt, dass die Rothschilds zum Misserfolg dieser Anleihe beigetragen hätten, um ihre von der russischen Regierung verfolgten Glaubensgenossen zu rächen?«

»Ich habe die Rothschilds zur Genüge angegriffen, als dass ich sie gegen die Behauptung verteidigen könnte, sie seien so dumm. Die Rothschilds haben sich ausschließlich mit ihren

Bankiersinteressen beschäftigt, Interessen, die darin bestanden, die größtmöglichen Geschäfte zu ergattern und die größtmögliche Zahl von Leichtgläubigen auszubeuten, das ist alles.«

»Um zusammenzufassen: Sie glauben nicht an die Macht Russlands?«

»Russland, stark in der Defensive, ist nicht stark im Angriff, weder zu Wasser noch zu Lande. Ich habe Ihnen gezeigt, dass ihm seine ökonomische Situation nicht gestattet, sich in gefährliche und kostspielige Unternehmungen einzulassen. Wenn wir seine militärische Organisation prüfen, sehen wir, dass es auch von dieser Seite nicht furchterregend ist.

Im Falle eines Krieges würde es nicht mehr Soldaten an die Front schicken können, als es gegenwärtig unter Waffen hat. Seine Reserven existieren nur auf dem Papier, und wenn es Tausende und Abertausende Soldaten haben kann, so fehlen ihm doch die Reserveoffiziere, um sie einzureihen. Woher sollte man sie denn auch nehmen? Aus welchen Kreisen? In Deutschland haben wir auf 100 Reserveoffiziere 50 mehr, als wir brauchen. Wäre nicht auch Frankreich in dieser Beziehung relativ unterlegen?«, sagte unser Gesprächspartner.

Das starke Frankreich

»... Keinesfalls«, antworteten wir. »In Frankreich haben wir nicht allzu viele Offiziere, aber die Kerntruppen sind vollzählig.«

»Das missfällt mir durchaus nicht«, sagte uns Herr Engels. »Ich möchte die deutsche Armee nicht so stark sehen, dass sie ganz Europa erobern könnte. Um unser Ziel zu erreichen, kann die Befreiungsbewegung der europäischen Arbeiterklasse ein mächtiges Frankreich, das Herr seiner Selbst ist, ebenso gut benötigen wie ein Deutschland, das die gleichen Vorteile genießt. Ihr großer Landsmann Saint-Simon hat als erster die Notwendigkeit einer Allianz von Frankreich, England und Deutschland als erste Voraussetzung für die Ruhe in Europa verkündet. Das wäre die wahre ›Tripelallianz‹.«

»Gestatten Sie uns, um zum Schluss zu kommen, Ihnen zu sagen, dass Sie ein etwas düsteres Bild von der Situation in Russland entworfen haben.«

»Keinesfalls. Hören Sie zu: Wollen Sie eine Anekdote hören? Sie wissen, dass beschlossen wurde, als Hilfe für die hungernden russischen Bauern Getreide aus dem Kaukasus zu schicken, wo man zu viel davon hatte. Man erteilte entsprechende Befehle; das Getreide wurde in großer Menge herbeigeschafft und Waggons geschickt, um es wegzutransportieren. Nun passierte es jedoch, dass die leer entsandten Waggons in so großer Anzahl zusammengestellt wurden, dass es eine Stauung gab: das Getreide lag neben den Waggons, und diese konnten nicht abfahren. Als der Zar [Alexander III.] davon erfuhr, geriet er in heftigen Zorn und schickte einen General an Ort und Stelle; der Militär machte viel Lärm, verkündete, alles ginge gut, vermochte aber nur einige Züge abzufertigen: Der größte Teil des Getreides verfaulte dort, wo es lag. Was hätte das im Falle einer Mobilmachung ergeben? Russland hat noch nicht so viele Eisenbahnen, und seine Offiziere wissen sich nicht einmal ihrer zu bedienen.«

Die Frage Elsass-Lothringen

»Noch eine Frage: und Elsass-Lothringen, die Ursache aller Zwistigkeiten? Glauben Sie nicht an eine friedliche Lösung, die zugleich Frankreich und Deutschland zufriedenstellen würde?«

»Ich hoffe, dass die deutsche sozialistische Partei in etwa zehn Jahren an der Macht sein wird. Es wird ihre erste Sorge sein, die Elsass-Lothringer in die Lage zu versetzen, ihre politische Zukunft selbst zu bestimmen. Folglich wird die Frage entschieden werden, ohne dass sich ein einziger französischer Soldat rührt. Umgekehrt wäre ein Krieg zwischen Deutschland und Frankreich das einzige Mittel, den Machtantritt der Sozialisten zu verhindern. Und wenn Frankreich und Russland, miteinander verbündet, Deutschland angriffen, würde dieses seine nationale Existenz, an der die deutschen Sozialisten noch mehr interessiert sind als die Bourgeois, bis zum Äußersten verteidigen. Die Sozialisten würden bis auf den letzten Mann kämpfen und nicht zögern, zu den revolutionären Mitteln zu greifen, die von Frankreich 1793 angewandt wurden.«

Aus dem Französischen, in: MEW, Bd. 22, S. 533–537.

Interview mit dem Korrespondenten der Zeitung *Le Figaro* am 8. Mai 1893

LE FIGARO VOM 13. MAI 1893

... Sofort, nachdem sich Engels vom Zweck meines Besuches unterrichtet hatte, erklärte er mir:

»Deutschland tritt in eine der ernstesten Phasen seiner Geschichte, aber ich füge sogleich hinzu, dass wir Sozialisten nichts von der Situation zu befürchten haben; im Gegenteil, wir werden daraus großen Vorteil ziehen. Vor allem unserer Agitation ist es zu verdanken, dass die Rüstungskredite abgelehnt wurden. Es war den verschiedenen Parteien des Parlaments unmöglich, uns zu ignorieren, und noch weniger der Regierung, die sehr wohl weiß, dass wir ihr gefährlichster Gegner sind. Als man in Deutschland vom Entschluss der Regierung erfuhr, neue Rüstungskredite zu fordern, war die Bevölkerung empört, und die Haltung des Zentrums und der Radikalen bei der Abstimmung ist sicherlich durch den Druck der öffentlichen Meinung beeinflusst worden.«

»Sehen Sie«, fügte Engels hinzu und verlieh seinen Worten besonderen Nachdruck, »in Deutschland sagt das Volk: *Wir haben genug Soldaten! Das muss einmal aufhören!*«

»Und der neue Reichstag, Herr Engels?«

»In dem Augenblick, da ich mit Ihnen spreche, scheint mir, dass der nächste Reichstag noch weniger als der vergangene geneigt sein wird, die Kredite zu bewilligen. Indes verhehle ich mir nicht die Möglichkeit, dass die Neugewählten, die fünf Jahre Legislaturperiode vor sich haben, mit der Regierung verhandeln könnten, die mit etwas *sanfter Gewalt* über einen Kompromiss abstimmen lassen wird. Falls der Reichstag die Kredite verweigern sollte, was wahrscheinlich ist, müsste man zu einer zweiten Auflösung Zuflucht nehmen; das hätte nach meiner Überzeugung die Wahl eines Reichstags zur Folge, der sich noch mehr gegen die Annahme der Regierungsvorschläge sträuben würde. Dann wäre der Konflikt akut, und es würde

sich nur noch darum handeln festzustellen, wer die Oberhand behält, das Parlament oder der Kaiser. Das wäre eine Wiederholung des Konflikts zwischen Bismarck und dem preußischen Abgeordnetenhaus von 1864, der durch den Krieg mit Österreich beendet wurde.«

Durch diese Antwort veranlasste mich Friedrich Engels, ihm folgende zwei, in der europäischen Presse bereits diskutierte Möglichkeiten vor Augen zu halten: die eines Staatsstreichs Wilhelms II. im Innern und die eines Angriffs nach außen.

»Ein Staatsstreich«, erwiderte mir lebhaft mein Gesprächspartner, »ist heute nicht mehr so leicht wie früher. 1864, zur Zeit des Konflikts zwischen Bismarck und dem preußischen Abgeordnetenhaus, war Preußen ein zentralisierter Staat, während heute das Deutsche Reich ein Föderativstaat ist. Die Zentralregierung würde zu viel aufs Spiel setzen, wenn sie einen Staatsstreich wagte. Um die Gewissheit zu haben, ihn durchführen zu können, brauchte sie die *einmütige* Zustimmung der konföderierten Regierungen. Akzeptierte *eine* von ihnen den Staatsstreich nicht, so wäre sie von den Verpflichtungen gegenüber dem Reich entbunden, und das würde den Zerfall des Föderativstaats bedeuten. Das ist aber nicht alles. Die Verfassung der Föderation ist die einzige Garantie, die die kleinen Staaten gegen das Übergewicht Preußens haben; verletzen sie diese selber, so liefern sie sich, an Händen und Füßen gebunden, der Willkür der Zentralmacht aus. Ist es wahrscheinlich, dass Bayern in diesem Punkte verzichten würde? Nein, und um mich kurz zu fassen, würde ich Folgendes sagen: Um in Deutschland einen Staatsstreich durchführen zu können, müsste der Kaiser entweder das Volk auf seiner Seite haben – und das hat er nicht – oder alle konföderierten Regierungen – *und die wird er niemals alle haben.«*

Da mich Engels' letzte Erklärung nicht überzeugt hatte, bestand ich auf dieser Möglichkeit eines Staatsstreichs im Innern.

»Oh!«, erwiderte er, »ich sage keineswegs, dass das, was ich *die Revolution von oben* nennen würde, nicht eine Drohung für die Zukunft sei. Bebel und mehrere unserer Freunde haben schon gesagt, dass sie ein Attentat auf das allgemeine Wahlrecht voraussehen.«

»Würden Sie in diesem Falle die Gewalt mit Gewalt beantworten?«

»Wir würden nicht so närrisch sein, in die Falle zu gehen, die uns die Regierung stellt, denn die deutsche Regierung wünscht nichts sehnlicher als einen Aufstand, um uns vernichten zu können. Wir kennen den gegenwärtigen Stand unserer Kräfte und den der Regierung zu gut, um leichtfertig eine solche Partie zu wagen. Übrigens, würde Wilhelm II. es wagen, das allgemeine Wahlrecht *vollständig* zu unterdrücken? Das glaube ich nicht. Vielleicht wird er die Altersgrenze für die Wähler heraufsetzen und uns ein *revidiertes und korrigiertes* allgemeines Wahlrecht bescheren« (und bei diesen Worten begann Engels zu lachen), » mit dem jetzt Belgien Erfahrungen machen wird.«

»Befürchten Sie nicht Massenverhaftungen von Abgeordneten der Opposition?«

»Oh!«, rief Engels, »niemand in Deutschland hält so etwas für möglich. Es gibt konföderierte Regierungen, Bayern z. B., die niemals einwilligen würden, einen so flagranten Verfassungsbruch zu sanktionieren. Vergessen Sie nicht, dass die Reichsverfassung und der Reichstag für die kleinen Staaten die einzigen Waffen sind, um zu verhindern, dass sie von der preußischen Regierung absorbiert werden.«

Wir gelangten dann zu der Hypothese eines Angriffs nach außen. Engels ist weit davon entfernt, Pessimist zu sein.

»Augenscheinlich«, erklärte er mir, »kann plötzlich ein Krieg ausbrechen. Aber wer würde es heute wagen, die Verantwortung auf sich zu nehmen, ihn zu provozieren, wenn nicht vielleicht Russland, dessen Territorium infolge seiner ungeheuren Ausdehnung nicht erobert werden kann? ... Und dennoch! ... Im Augenblick befindet sich Russland in einer solchen Situation, dass es einen Krieg keine vier Wochen aushalten könnte, wenn es nicht Geld aus dem Ausland bekäme.«

* * *

Hier hielt mein Gesprächspartner einen Augenblick inne, dann sagte er mit kaum verhaltenem Zorn:

»Wahrhaftig, ich begreife die französische Regierung nicht. Russland braucht doch Frankreich, und nicht Frankreich Russland. Russland ist ruiniert, sein Boden ist erschöpft. Wenn die französische Regierung die Situation so auffasste, wie sie tatsächlich ist, könnte sie von Russland alles haben, was sie wollte ... alles ... alles ... außer Geld und wirksame militärische Hilfe. Ohne Frankreich wäre Russland isoliert, vollkommen isoliert ... Und man erzähle mir nichts von der militärischen Stärke der Russen! Erinnern Sie sich an den Türkischen Krieg. Ohne die Rumänen waren die Russen vor Plewna machtlos ... Nein, je mehr ich darüber nachdenke, desto weniger glaube ich an einen Krieg. Seine Aussichten sind heute so ungewiss! Die Armeen sind auf einen ganz neuen Stand gebracht, der alle Berechnungen umstößt. Da gibt es Gewehre, mit denen man zehn Schüsse in der Minute abgeben kann, deren Reichweite sich der einer Kanone nähert und deren Projektile eine unerhörte Durchschlagskraft haben! Da gibt es Melinitgranaten, Roburitgranaten etc.! All diese furchtbaren Zerstörungswerkzeuge wurden noch niemals in einem Krieg erprobt. Wir wissen daher überhaupt nicht, welche Wirkung diese Revolution in der Bewaffnung auf die Taktik und die Moral des Soldaten ausüben wird.

Wenn Wilhelm II. sich in den Krieg stürzen wollte, würde er in seinem eigenen Generalstab auf Widerstand stoßen; man würde ihn das ungeheure Risiko eines Krieges *spüren* lassen. Zur Zeit Napoleons III. konnte man lokalisierte Kriege führen, heute wäre der Krieg allgemein und *Europa an England ausgeliefert*, denn England könnte die eine oder die andere kriegführende Seite nach Belieben aushungern. Weder Deutschland noch Frankreich erzeugen genug Getreide im eigenen Lande; sie sind gezwungen, es aus dem Ausland einzuführen. Sie versorgen sich namentlich in Russland. Stände Deutschland mit Russland im Kriege, könnte es keinen einzigen Hektoliter Getreide bekommen. Zöge Zentraleuropa gegen Frankreich zu Felde, wäre andererseits Frankreich vom russischen Getreide abgeschnitten. Es bliebe also nur noch der Seeweg offen. Das Meer aber befände sich in Kriegszeiten mehr denn je in der Macht der Engländer. Da die englische Regierung den Schifffahrtsgesellschaften, welche die verschiedenen Überseedienste versehen, Gelder bewilligt, stehen ihr auch deren *unter ihrer Kontrolle* gebauten Schiffe zur Verfügung. So besäße England im Falle einer Kriegserklärung außer seiner mächtigen Flotte noch fünfzig bis sechzig Kreuzer, deren Aufgabe es wäre, die Lieferungen an diesen oder jenen Kriegsteilnehmer, gegen den England auftreten würde, zu unterbinden. Selbst wenn es neutral bliebe, wäre es noch der oberste Richter der Situation. Während die kriegführenden Länder sich im Kampfe erschöpfen würden, könnte es zum geeigneten Zeitpunkt seine Friedensbedingungen diktieren. Im Übrigen, beruhigen Sie sich über die Möglichkeit eines von Wilhelm II. provozierten Krieges. Der deutsche Kaiser hat viel von seinem anfänglichen Ungestüm verloren …«

* * *

Es blieb mir noch, Herrn Engels über einen wichtigen Punkt zu befragen: über die Aussichten der deutschen Sozialisten bei den bevorstehenden Wahlen.

»Ich bin überzeugt«, antwortete er auf diese Frage, »dass wir gegenüber den Wahlen von 1890 siebenhunderttausend bis eine Million Stimmen gewinnen werden. Wir werden also insgesamt zweieinviertel, wenn nicht zweieinhalb Millionen Stimmen auf uns vereinen. Aber die eroberten Sitze werden dieser Zahl nicht entsprechen … Wenn die Sitze gleichmäßig verteilt wären, hätten wir nach den Wahlen, die uns anderthalb Millionen Stimmen brachten, im letzten Reichstag achtzig Abgeordnete haben müssen statt sechsunddreißig. Nach der Reichsgründung, als die Wahlbezirke festgelegt wurden, hat sich die Verteilung der Bevölkerung zu unseren Ungunsten verändert. Bei der Bildung der Wahlbezirke galt folgende Regel: ein Abgeordneter auf 100 000 Einwohner. Berlin aber, das immer nur sechs Abgeordnete stellt, hat gegenwärtig eine Bevölkerung von mehr als anderthalb Millionen. Berlin müsste heute also von Rechts wegen sechzehn Abgeordnete haben. Ein anderes Beispiel: Köln, das jetzt 250 000 Einwohner zählt, hat immer nur einen Abgeordneten.«

»Wird die sozialistische Partei in allen Wahlbezirken Kandidaten aufstellen?«

»Ja, wir werden in den 400 Wahlbezirken Kandidaten aufstellen. Uns kommt es darauf an, eine Heerschau unserer Kräfte zu halten.«

»Und was ist Ihr, der deutschen Sozialisten, Endziel?« Herr Engels sah mich einige Augenblicke an und sagte dann:

»Aber wir haben kein Endziel. Wir sind *Evolutionisten,* wir haben nicht die Absicht, der Menschheit endgültige Gesetze zu diktieren. Vorgefasste Meinungen in Bezug auf die Organisation der zukünftigen Gesellschaft im Einzelnen? Davon werden Sie bei uns keine Spur finden. Wir sind schon zufrieden, wenn wir die Produktionsmittel in die Hände der ganzen Gesellschaft gebracht haben, und wir wissen wohl, dass das bei der gegenwärtigen monarchistischen und föderativen Regierung ein Ding der Unmöglichkeit ist.«

Ich erlaubte mir zu bemerken, dass mir die Zeit noch sehr fern scheint, da die deutschen Sozialisten imstande sein werden, ihre Theorien zu verwirklichen.

»Nicht so fern, wie Sie denken«, erwiderte Herr Engels. »Ich meine, es naht die Zeit, da unsere Partei berufen sein wird, die Regierung in ihre Hände zu nehmen ... Gegen Ende des Jahrhunderts werden Sie dieses Ereignis vielleicht eintreten sehen.

Schauen Sie sich doch die Zahl unserer Anhänger seit dem Beginn unserer parlamentarischen Kämpfe an! Bei jeder Wahl ist ein ständiges Anwachsen zu verzeichnen. Was mich angeht, so bin ich überzeugt, wenn der letzte Reichstag seine gesetzliche Dauer gehabt hätte, d. h. wenn die Wahlen erst 1895 stattgefunden hätten, dann hätten wir dreieinhalb Millionen Stimmen auf uns vereinigt. Nun gibt es aber in Deutschland zehn Millionen Wähler, von denen durchschnittlich sieben Millionen abstimmen. Mit dreieinhalb Millionen von sieben Millionen Wählern kann das Deutsche Reich in seiner jetzigen Form nicht weiterbestehen. Und ... vergessen Sie das nicht – das ist sehr wichtig – die Zahlen unserer Wähler zeigen uns die Zahl unserer Anhänger in der Armee. Da *schon* anderthalb Millionen von zehn Millionen Wählern, das ist etwa ein Siebentel der Bevölkerung, für uns stimmen, können wir damit rechnen, dass auf sechs Soldaten ein Unsriger kommt. Wenn wir dreieinhalb Millionen Stimmen haben werden – was nicht mehr sehr fern ist – wird die Hälfte der Armee auf unserer Seite sein.«

Da ich über die Prinzipientreue der sozialistischen Soldaten in der Armee im Falle einer Revolution Zweifel äußerte, erklärte mir Herr Engels wörtlich:

»An dem Tage, an dem wir in der Mehrheit sein werden, wird sich das, was die französische Armee instinktiv getan hat, als sie nicht auf das Volk schoss, bei uns in bewusster Weise wiederholen. Ja, was die verängstigten Bourgeois auch sagen mögen, wir können den Zeitpunkt berechnen, zu dem wir die Mehrheit der Bevölkerung auf unserer Seite haben werden; unsere Ideen verbreiten sich überall, unter den Professoren, den Ärzten, den Rechtsanwälten etc. ebenso wie unter den Arbeitern. Wenn wir morgen die Leitung der Staatsgeschicke in die Hand nehmen müssten, brauchten wir Ingenieure, Chemiker und Agronomen. Nun, ich bin überzeugt, dass bereits eine ganze Anzahl von ihnen auf unserer Seite steht. In fünf oder zehn Jahren werden wir ihrer mehr haben, als wir benötigen.«

Und nach diesen äußerst optimistischen Worten nahm ich von Herrn Friedrich Engels Abschied.

Aus dem Französischen, in: MEW, Bd. 22, S. 538–543.

Briefe von Friedrich Engels

Engels an Conrad Schmidt in Berlin

LONDON, 27. OKT. 1890

Lieber Schmidt,

Ich benutze die erste freie Stunde dazu, Ihnen zu antworten. Ich glaube, Sie werden sehr guttun, den Züricher Posten anzunehmen. Ökonomisch können Sie da immer manches lernen, besonders, wenn Sie im Auge behalten, dass Zürich immer doch nur ein Geld und Spekulationsmarkt dritten Rangs ist und daher die sich dort geltend machenden Eindrücke durch doppelte und dreifache Rückspiegelung abgeschwächt resp. absichtlich gefälscht sind. Aber Sie lernen das Getriebe praktisch kennen und sind genötigt, die Börsenberichte erster Hand aus London, New York, Paris, Berlin, Wien zu verfolgen, und da tut sich Ihnen der Weltmarkt – in seinem Reflex als Geld- und Effektenmarkt – auf. Es ist mit den ökonomischen, politischen und andern Reflexen ganz wie mit denen im menschlichen Auge, sie gehn durch eine Sammellinse und stellen sich daher verkehrt, auf dem Kopf, dar. Nur dass der Nervenapparat fehlt, der sie für die Vorstellung wieder auf die Füße stellt. Der Geldmarktsmensch sieht die Bewegung der Industrie und des Weltmarkts eben nur in der umkehrenden Widerspieglung des Geld- und Effektenmarkts, und da wird für ihn die Wirkung zur Ursache. Das habe ich schon in den 40er-Jahren in Manchester gesehn: Für den Gang der Industrie und ihre periodischen Maxima und Minima waren die Londoner Börsenberichte absolut unbrauchbar, weil die Herren alles aus Geldmarktskrisen, die doch meist selbst nur Symptome waren, erklären wollten. Damals handelte es sich darum, die Entstehung der Industriekrisen aus temporärer Überproduktion wegzudemonstrieren, und die Sache hatte also obendrein noch eine tendenzielle, zur Verdrehung auffordernde Seite. Dieser Punkt fällt jetzt – wenigstens ein für alle Mal für uns – weg, und zudem ist es ja Tatsache, dass der Geldmarkt auch seine eignen Krisen haben kann, bei denen direkte Industriestörungen nur eine untergeordnete Rolle oder selbst gar keine spielen, und hier ist noch manches, auch besonders historisch für die letzten 20 Jahre, festzustellen und zu untersuchen.

Wo Teilung der Arbeit auf gesellschaftlichem Maßstab, da ist auch Verselbständigung der Teilarbeiten gegeneinander. Die Produktion ist das in letzter Instanz Entscheidende. Sowie aber der Handel mit den Produkten sich gegenüber der eigtl. Produktion verselbständigt, folgt er einer eignen Bewegung, die zwar im Ganzen und Großen von der der Produktion beherrscht wird, aber, im Einzelnen und innerhalb dieser allgemeinen Abhängigkeit, doch wieder eignen Gesetzen folgt, die in der Natur dieses neuen Faktors liegen, die ihre eignen Phasen hat und ihrerseits wieder auf die Bewegung der Produktion zurückschlägt. Die Entdeckung Amerikas war dem Goldhunger geschuldet, der die Portugiesen vorher schon nach Afrika getrieben (cf. Soetbeers »Edelmetall-Produktion«), weil die im 14. und 15. Jahrhundert so gewaltig ausgedehnte europäische Industrie und der ihr entsprechende Handel mehr Tauschmittel erforderten, die Deutschland – das große Silberland 1450–1550 – nicht liefern konnte. Die Eroberung Indiens durch Portugiesen, Holländer, Engländer 1500–1800 hatte zum Zweck den *Import von* Indien, an Export dorthin dachte kein Mensch. Und doch, welch kolossaler Rückschlag dieser rein durch Handelsinteressen bedingten Entdeckungen und Eroberungen auf die Industrie – erst die Bedürfnisse für den *Export nach* jenen Ländern schufen und entwickelten die große Industrie.

So ist es auch mit dem Geldmarkt. Sowie sich der Geldhandel vom Warenhandel trennt, hat er eine – unter gewissen durch Produktion und Warenhandel gesetzten Bedingungen und innerhalb dieser Grenzen – eigne Entwicklung, besondre, durch seine eigne Natur bestimmte Gesetze und aparte Phasen. Kommt nun noch dazu, dass der Geldhandel sich in dieser weitern Entwicklung zum Effektenhandel erweitert, dass diese Effekten nicht nur Staatspapiere sind, sondern Industrie- und Verkehrsaktien dazukommen, der Geldhandel also eine direkte Herrschaft über einen Teil der ihn, im Ganzen und Großen, beherrschenden Produktion sich erobert, so wird die Reaktion des Geldhandels auf die Produktion noch stärker und verwickelter. Die Geldhändler sind Eigentümer der Eisenbahnen, Bergwerke, Eisenwerke etc. Diese Produktionsmittel bekommen ein doppeltes Angesicht: Ihr Betrieb hat sich zu richten bald nach den Interessen der unmittelbaren Produktion, bald aber auch nach den Bedürfnissen der Aktionäre, soweit sie Geldhändler sind. Das schlagendste Beispiel davon: die nordamerikanischen Eisenbahnen, deren Betrieb ganz von den – der speziellen Bahn und ihren Interessen qua Verkehrsmittel total fremden – momentanen Börsenoperationen eines Jay Gould, Vanderbilt etc. abhängt. Und selbst hier in England haben wir jahrzehntelange Kämpfe der verschiednen Bahngesellschaften um die Grenzgebiete zwischen je zweien gesehn – Kämpfe, wo enormes Geld verpulvert wurde, nicht im Interesse der Produktion und des Verkehrs, sondern einzig geschuldet einer Rivalität, die meist nur den Zweck hatte, Börsenoperationen der die Aktien besitzenden Geldhändler zu ermöglichen.

In diesen paar Andeutungen meiner Auffassung des Verhältnisses von Produktion zu Warenhandel und von beiden zu Geldhandel habe ich im Grunde auch schon geantwortet auf Ihre Fragen über historischen Materialismus überhaupt. Die Sache fasst sich am leichtesten vom Standpunkt der Teilung der Arbeit. Die Gesellschaft erzeugt gewisse gemeinsame Funktionen, deren sie nicht entraten kann. Die hierzu ernannten Leute bilden einen neuen Zweig der Teilung der Arbeit innerhalb der Gesellschaft. Sie erhalten damit besondre Interessen auch gegenüber ihren Mandataren, sie verselbständigen sich ihnen gegenüber, und – der Staat ist da. Und nun geht es ähnlich wie beim Warenhandel und später beim Geldhandel: Die neue selbständige Macht hat zwar im Ganzen und Großen der Bewegung der Produktion zu folgen, reagiert aber auch, kraft der ihr innewohnenden, d. h. ihr einmal übertragnen und allmählich weiterentwickelten relativen Selbständigkeit, wiederum auf die Bedingungen und den Gang der Produktion. Es ist Wechselwirkung zweier ungleicher Kräfte, der ökonomischen Bewegung auf der einen, der nach möglichster Selbständigkeit strebenden und, weil einmal eingesetzten, auch mit einer Eigenbewegung begabten neuen politischen Macht; die ökonomische Bewegung setzt sich im ganzen und großen durch, aber sie muss auch Rückwirkung erleiden von der durch sie selbst eingesetzten und mit relativer Selbständigkeit begabten politischen Bewegung, der Bewegung einerseits der Staatsmacht, andrerseits der mit ihr gleichzeitig erzeugten Opposition. Wie im Geldmarkt sich die Bewegung des Industriemarkts im Ganzen und Großen, und unter oben angedeuteten Vorbehalten, widerspiegelt, und natürlich vermehrt, so spiegelt sich im Kampf zwischen Regierung und Opposition der Kampf der vorher schon bestehenden und kämpfenden Klassen wider, aber ebenfalls *verkehrt,* nicht mehr direkt, sondern indirekt, nicht als Klassenkampf, sondern als Kampf um politische Prinzipien, und so verkehrt, dass es Jahrtausend gebraucht hat, bis wir wieder dahinterkamen.

Die Rückwirkung der Staatsmacht auf die ökonomische Entwicklung kann dreierlei Art sein: Sie kann in derselben Richtung vorgehn, dann geht's rascher, sie kann dagegen angehn, dann geht sie heutzutage auf die Dauer in jedem großen Volk kaputt, oder sie kann der ökonomischen Entwicklung bestimmte Richtungen abschneiden und andre vorschreiben – dieser Fall reduziert sich schließlich auf einen der beiden vorhergehenden. Es ist aber klar, dass in den Fällen II und III die politische Macht der ökonomischen Entwicklung großen Schaden tun und Kraft- und Stoffvergeudung in Massen erzeugen kann.

Dazu nun noch der Fall der Eroberung und brutalen Vernichtung von ökonomischen Hülfsquellen, woran unter Umständen früher eine ganze ökonomische Lokal- und Nationalentwicklung zugrund gehn konnte. Dieser Fall hat heute meist entgegengesetzte Wirkungen, wenigstens bei den großen Völkern: Der Geschlagne gewinnt auf die Dauer ökonomisch, politisch und moralisch manchmal mehr als der Sieger.

Mit dem Jus ist es ähnlich: Sowie die neue Arbeitsteilung nötig wird, die Berufsjuristen schafft, ist wieder ein neues, selbständiges Gebiet eröffnet, das bei aller seiner allgemeinen Abhängigkeit von der Produktion und dem Handel doch auch eine besondre Reaktionsfähigkeit gegen diese Gebiete besitzt. In einem modernen Staat muss das Recht nicht nur der allgemeinen ökonomischen Lage entsprechen, ihr Ausdruck sein, sondern auch ein in sich zusammenhängender Ausdruck, der sich nicht durch innere Widersprüche selbst ins Gesicht schlägt. Und um das fertigzubringen, geht die Treue der Abspiegelung der ökonomischen Verhältnisse mehr und mehr in die Brüche. Und dies umso mehr, je seltner es vorkommt, dass ein Gesetzbuch der schroffe, ungemilderte, unverfälschte Ausdruck der Herrschaft einer Klasse ist: Das wäre ja selbst schon gegen den »Rechtsbegriff«. Der reine, konsequente Rechtsbegriff der revolutionären Bourgeoisie von 1792–96 ist ja schon im *Code Napoléon* nach vielen Seiten gefälscht, und so weit er darin verkörpert, muss er täglich allerhand Abschwächungen erfahren durch die steigende Macht des Proletariats. Was den *Code Napoléon* nicht hindert, das Gesetzbuch zu sein, das allen neuen Kodifikationen in allen Weltteilen zugrunde liegt. So besteht der Gang der »Rechtsentwicklung« großenteils nur darin, dass erst die aus unmittelbarer Übersetzung ökonomischer Verhältnisse in juristische Grundsätze sich ergebenden Widersprüche zu beseitigen und ein harmonisches Rechtssystem herzustellen gesucht wird und dann der Einfluss und Zwang der ökonomischen Weiterentwicklung dies System immer wieder durchbricht und in neue Widersprüche verwickelt (ich spreche hier zunächst nur vom Zivilrecht).

Die Widerspiegelung ökonomischer Verhältnisse als Rechtsprinzipien ist notwendig ebenfalls eine auf den Kopf stellende: Sie geht vor, ohne dass sie den Handelnden zum Bewusstsein kommt, der Jurist bildet sich ein, mit aprioristischen Sätzen zu operieren, während es doch nur ökonomische Reflexe sind – so steht alles auf dem Kopf. Und dass diese Umkehrung, die, solange sie nicht erkannt ist, das konstituiert, was wir ideologische Anschauung nennen, ihrerseits wieder auf die ökonomische Basis zurückwirkt und sie innerhalb gewisser Grenzen modifizieren kann, scheint mir selbstverständlich. Die Grundlage des Erbrechts, gleiche Entwicklungsstufe der Familie vorausgesetzt, ist eine ökonomische. Trotzdem wird es schwer nachzuweisen sein, dass z. B. in England die absolute Testierfreiheit, in Frankreich deren starke Beschränkung in allen Einzelheiten nur ökonomische Ursachen haben. Aber in sehr bedeutender Weise wirken beide zurück auf die Ökonomie, dadurch, dass sie die Vermögensverteilung beeinflussen.

Was nun die noch höher in der Luft schwebenden ideologischen Gebiete angeht, Religion, Philosophie etc., so haben diese einen vorgeschichtlichen, von der geschichtlichen Periode vorgefundnen und übernommnen Bestand von – was wir heute Blödsinn nennen würden. Diesen verschiednen falschen Vorstellungen von der Natur, von der Beschaffenheit des Menschen selbst, von Geistern, Zauberkräften etc. liegt meist nur negativ Ökonomisches zugrunde; die niedrige ökonomische Entwicklung der vorgeschichtlichen Periode hat zur Ergänzung, aber auch stellenweise zur Bedingung und selbst Ursache, die falschen Vorstellungen von der Natur. Und wenn auch das ökonomische Bedürfnis die Haupttriebfeder der fortschreitenden Naturerkenntnis war und immer mehr geworden ist, so wäre es doch pedantisch, wollte man für all diesen urzuständlichen Blödsinn ökonomische Ursachen suchen. Die Geschichte der Wissenschaften ist die Geschichte der allmählichen Beseitigung dieses Blödsinns, resp. seiner Ersetzung durch neuen, aber immer weniger absurden Blödsinn. Die Leute, die dies besorgen, gehören wieder besondern Sphären der Teilung der Arbeit an und kommen sich vor, als bearbeiteten sie ein unabhängiges Gebiet. Und insofern sie eine selbständige Gruppe innerhalb der gesellschaftlichen Arbeitsteilung bilden, insofern haben ihre Produktionen, inkl. ihrer Irrtümer, einen rückwirkenden Einfluss auf die ganze gesellschaftliche Entwicklung, selbst auf die ökonomische. Aber bei alledem stehn sie selbst wieder unter dem beherrschenden Einfluss der ökonomischen Entwicklung. Z. B. in der Philosophie lässt sich dies am leichtesten für die bürgerliche Periode nachweisen. Hobbes war der erste moderne Materialist (im Sinn des 18. Jahrhunderts), aber Absolutist zur Zeit, wo die absolute Monarchie in ganz Europa ihre Blütezeit hatte und in England den Kampf mit dem Volk aufnahm. Locke war in Religion wie Politik der Sohn des Klassenkompromisses von 1688.

Die englischen Deisten und ihre konsequenteren Fortsetzer, die französischen Materialisten, waren die echten Philosophen der Bourgeoisie – die Franzosen sogar der bürgerlichen Revolution. In der deutschen Philosophie von Kant bis Hegel geht der deutsche Spießbürger durch – bald positiv, bald negativ. Aber als bestimmtes Gebiet der Arbeitsteilung hat die Philosophie jeder Epoche ein bestimmtes Gedankenmaterial zur Voraussetzung, das ihr von ihren Vorgängern überliefert worden und wovon sie ausgeht. Und daher kommt es, dass ökonomisch zurückgebliebne Länder in der Philosophie doch die erste Violine spielen können: Frankreich im 18. Jh. gegenüber England, auf dessen Philosophie die Franzosen fußten, später Deutschland gegenüber beiden. Aber auch in Frankreich wie in Deutschland war die Philosophie, wie die allgemeine Literaturblüte jener Zeit, auch Resultat eines ökonomischen Aufschwungs. Die schließliche Suprematie der ökonomischen Entwicklung auch über diese Gebiete steht mir fest, aber sie findet statt innerhalb der durch das einzelne Gebiet selbst vorgeschriebnen Bedingungen: in der Philosophie z. B. durch Einwirkung ökonomischer Einflüsse (die meist wieder erst in ihrer politischen usw. Verkleidung wirken) auf das vorhandne philosophische Material, das die Vorgänger geliefert haben. Die Ökonomie schafft hier nichts *a novo*, sie bestimmt aber die Art der Abändrung und Fortbildung des vorgefundnen Gedankenstoffs, und auch das meist indirekt, indem es die politischen, juristischen, moralischen Reflexe sind, die die größte direkte Wirkung auf die Philosophie üben.

Über die Religion habe ich das Nötigste im letzten Abschnitt über Feuerbach gesagt.

Wenn also Barth meint, wir leugneten alle und jede Rückwirkung der politischen usw. Reflexe der ökonomischen Bewegung auf diese Bewegung selbst, so kämpft er einfach gegen Windmühlen. Er soll sich doch nur den »18. Brumaire« von Marx ansehn, wo es sich doch fast nur um die besondre Rolle handelt, die die politischen Kämpfe und Ereignisse spielen, natürlich innerhalb ihrer allgemeinen Abhängigkeit von ökonomischen Bedingungen. Oder das »Kapital«, den Abschnitt z. B. über den Arbeitstag, wo die Gesetzgebung, die doch ein politischer Akt ist, so einschneidend wirkt. Oder den Abschnitt über die Geschichte der Bourgeoisie (24. Kapitel). Oder warum kämpfen wir denn um die politische Diktatur des Proletariats, wenn die politische Macht ökonomisch ohnmächtig ist? Die Gewalt (d. h. die Staatsmacht) ist auch eine ökonomische Potenz!

Aber das Buch zu kritisieren hab' ich jetzt keine Zeit. Der III. Band muss zuerst heraus, und übrigens glaube ich, dass auch z. B. Bernstein ganz gut das abmachen könnte.

Was den Herren allen fehlt, ist Dialektik. Sie sehn stets nur hier Ursache, dort Wirkung. Dass dies eine hohle Abstraktion ist, dass in der wirklichen Welt solche metaphysische polare Gegensätze nur in Krisen existieren, dass der ganze große Verlauf aber in der Form der Wechselwirkung – wenn auch sehr ungleicher Kräfte, wovon die ökonomische Bewegung weitaus die stärkste, ursprünglichste, entscheidendste – vor sich geht, dass hier nichts absolut und alles relativ ist, das sehn sie nun einmal nicht, für sie hat Hegel nicht existiert.

Was den Parteikrakeel angeht, so haben die Herren von der Opposition mich mit Gewalt hineingezerrt, und da blieb mir keine Wahl. Die Art, wie Herr Ernst mich behandelt hat, ist absolut unqualifizierbar, wenn ich ihn nicht einen Schuljungen nennen soll. Dass der Mann krank ist und schreiben muss, um zu leben, tut mir leid. Aber wer eine so starke Fantasie hat, dass er nicht eine Zeile lesen kann, ohne das Gegenteil des Gesagten herauszulesen, der kann seine Fantasie auf andern Gebieten anwenden als auf dem nicht fantastischen des Sozialismus. Er soll Romane, Dramen, Kunstkritiken und dergleichen schreiben, da schadet er nur der Bourgeoisbildung und nützt uns damit. Vielleicht kommt er dann auch so weit zur Reife, dass er imstande ist, auch auf unserm Feld etwas zu leisten. Aber das muss ich sagen: Solch ein Wust unreifen Zeugs und absoluten Blödsinns, wie diese Opposition zutage gefördert, ist mir noch nie und nirgends vorgekommen. Und diese grünen Jungen, die nichts sehn als ihren maßlosen Eigendünkel, wollen die Parteitaktik vorschreiben! Aus einer einzigen bebelschen Korrespondenz in der Wiener *Arb[eiter-]Z[ei]t[un]g* habe ich mehr gelernt als aus dem ganzen Wust dieser Leute. Und die bilden sich ein, mehr wert zu sein als dieser klare Kopf, der die Verhältnisse so wunderbar richtig auffaßt und so handgreiflich in zwei Worten schildert! Es sind alles missratne Belletristen, und selbst der wohlgeratne Belletrist ist schon ein schlimmes Tier.

Wenn die *Volks-Trib[üne]* unterginge, sollte mir das leidtun. Unter Ihrer Redaktion hat sich gezeigt, dass ein solches Wochenblatt mehr theoretischen als aktuellen Inhalts schon etwas leisten könnte – und ich weiß ja, welche Sorte Mitarbeiter Sie haben! Aber freilich, neben der *Neuen Zeit*, seitdem die wöchentlich geworden, wird's vielleicht fraglich, ob sie haltbar.

Jedenfalls werden Sie sich freuen, die Leiden und Freuden der Redaktion ablegen zu können und Zeit für andre als rein journalistische Arbeiten zu finden. Und auch in Berlin wird die nächste Zeit noch durch allerhand Nachklänge des letzten Krakeels beherrscht sein, und dabei kommt nichts heraus für den, der mitten drinsteht.

Der Abdruck der Stelle meines Briefs hat nichts geschadet, aber so etwas geschieht doch besser nicht. In Briefen schreibt man aus dem Kopf und rasch, ohne Nachschlagen etc., und da kann denn immer ein Ausdruck mit unterlaufen, an den sich dann einer von jenen, bei uns am Rhein als Korinthenscheißer bezeichneten, Leuten hängt und Gott weiß was für Blödsinn daraus ableitet.

Besten Dank für Ihre antizipierten Glückwünsche zu meinem 70. Geburtstag, zu dem es immer noch einen Monat Zeit hat. Es geht mir so weit noch recht wohl, nur dass ich meine Augen noch immer schonen muss und bei Gaslicht nicht schreiben darf. Wollen hoffen, dass es so bleibt.

Jetzt muss ich aber schließen.

Mit herzlichen Grüßen

IHR F. ENGELS

In: MEW, Bd. 37, S. 488–495.

Engels an W. Borgius in Breslau

LONDON, 25. JANUAR 1894 122,
REGENT'S PARK ROAD, N.W.

Sehr geehrter Herr,
Hier die Antwort auf Ihre Fragen!
1. Unter den ökonomischen Verhältnissen, die wir als bestimmende Basis der Geschichte der Gesellschaft ansehen, verstehen wir die Art und Weise, worin die Menschen einer bestimmten Gesellschaft ihren Lebensunterhalt produzieren und die Produkte untereinander austauschen (soweit Teilung der Arbeit besteht). Also die gesamte Technik der Produktion und des Transports ist da einbegriffen. Diese Technik bestimmt nach unserer Auffassung auch die Art und Weise des Austausches, weiterhin der Verteilung der Produkte und damit, nach der Auflösung der Gentilgesellschaft, auch die Einteilung der Klassen, damit die Herrschafts- und Knechtschaftsverhältnisse, damit Staat, Politik, Recht etc. Ferner sind einbegriffen unter den ökonomischen Verhältnissen die geografische Grundlage, worauf diese sich abspielen, und die tatsächlich überlieferten Reste früherer ökonomischer Entwicklungsstufen, die sich forterhalten haben, oft nur durch Tradition oder *vis inertiae*, natürlich auch das diese Gesellschaftsform nach außen hin umgebende Milieu.

Wenn die Technik, wie Sie sagen, ja größtenteils vom Stande der Wissenschaft abhängig ist, so noch weit mehr diese vom Stand und den Bedürfnissen der Technik. Hat die Gesellschaft ein technisches Bedürfnis, so hilft das der Wissenschaft mehr voran als zehn Universitäten. Die ganze Hydrostatik (Torricelli etc.) wurde hervorgerufen durch das Bedürfnis der Regelung der Gebirgsströme in Italien im 16. und 17. Jahrhundert. Von der Elektrizität wissen wir erst etwas Rationelles, seit ihre technische Anwendbarkeit entdeckt. In Deutschland hat man sich aber leider daran gewöhnt, die Geschichte der Wissenschaften so zu schreiben, als wären sie vom Himmel gefallen.

2. Wir sehen die ökonomischen Bedingungen als das in letzter Instanz die geschichtliche Entwicklung Bedingende an. Aber die Rasse ist selbst ein ökonomischer Faktor. Nun sind hier aber zwei Punkte nicht zu übersehen:

a) Die politische, rechtliche, philosophische, religiöse, literarische, künstlerische etc. Entwicklung beruht auf der ökonomischen. Aber sie alle reagieren auch aufeinander und auf die ökonomische Basis. Es ist nicht, dass die ökonomische Lage Ursache, allein aktiv ist und alles andere nur passive Wirkung. Sondern es ist Wechselwirkung auf Grundlage der in letzter Instanz stets sich durchsetzenden ökonomischen Notwendigkeit. Der Staat z. B. wirkt ein durch Schutzzölle, Freihandel, gute oder schlechte Fiskalität, und sogar die aus der ökonomischen Elendslage Deutschlands von 1648 bis 1830 entspringende tödliche Ermattung und Impotenz des deutschen Spießbürgers, die sich äußerte zuerst im Pietismus, dann in Sentimentalität und kriechender Fürsten- und Adelsknechtschaft, war nicht ohne ökonomische Wirkung. Sie war eins der größten Hindernisse des Wiederaufschwungs und wurde erst erschüttert dadurch, dass die Revolutions- und Napoleonischen Kriege das chronische Elend akut machten. Es ist also nicht, wie man sich hier und da bequemerweise vorstellen will, eine automatische Wirkung der ökonomischen Lage, sondern die Menschen machen ihre Geschichte selbst, aber in einem gegebenen, sie bedingenden Milieu, auf Grundlage vorgefundener tatsächlicher Verhältnisse, unter denen die ökonomischen, sosehr sie auch von den übrigen politischen und ideologischen beeinflusst werden mögen, doch in letzter Instanz die entscheidenden sind und den durchgehenden, allein zum Verständnis führenden roten Faden bilden.

b) Die Menschen machen ihre Geschichte selbst, aber bis jetzt nicht mit Gesamtwillen nach einem Gesamtplan, selbst nicht in einer bestimmt abgegrenzten gegebenen Gesellschaft. Ihre Bestrebungen durchkreuzen sich, und in allen solchen Gesellschaften herrscht ebendeswegen die Notwendigkeit, deren Ergänzung und Erscheinungsform die Zufälligkeit ist. Die Notwendigkeit, die hier durch alle Zufälligkeit sich durchsetzt, ist wieder schließlich die ökonomische. Hier kommen dann die sogenannten großen Männer zur Behandlung. Dass ein solcher und grade dieser zu dieser bestimmten Zeit in diesem gegebenen Lande aufsteht, ist natürlich reiner Zufall. Aber streichen wir ihn weg, so ist Nachfrage da für Ersatz und dieser Ersatz findet sich, *tant bien que mal* [recht oder schlecht]), aber er findet sich auf die Dauer. Dass Napoleon grade dieser Korse, der Militärdiktator war, den die durch eignen Krieg erschöpfte französische Republik nötig machte, das war Zufall; dass aber in Ermangelung eines Napoleon ein andrer die Stelle ausgefüllt hätte, das ist bewiesen dadurch, dass der Mann sich jedes Mal gefunden, sobald er nötig war: Cäsar, Augustus, Cromwell etc. Wenn Marx die materialistische Geschichtsauffassung entdeckte, so beweisen Thierry, Mignet, Guizot, die sämtlichen englischen Geschichtsschreiber bis 1850, dass darauf angestrebt wurde, und die Entdeckung derselben Auffassung durch Morgan beweist, dass die Zeit für sie reif war und sie eben entdeckt werden musste.

So mit allem andern Zufälligen und scheinbar Zufälligen in der Geschichte. Je weiter das Gebiet, das wir grade untersuchen, sich vom Ökonomischen entfernt und sich dem reinen abstrakt Ideologischen nähert, desto mehr werden wir finden, dass es in seiner Entwicklung Zufälligkeiten aufweist, desto mehr im Zickzack verläuft seine Kurve. Zeichnen Sie aber die Durchschnittsachse der Kurve, so werden Sie finden, dass, je länger die betrachtete Periode und je größer das so behandelte Gebiet ist, dass diese Achse der Achse der ökonomischen Entwicklung umso mehr annähernd parallel läuft.

Das größte Hindernis zum richtigen Verständnis ist in Deutschland die unverantwortliche Vernachlässigung in der Literatur der ökonomischen Geschichte. Es ist so schwer, nicht nur sich die auf der Schule eingepaukten Geschichtsvorstellungen abzugewöhnen, sondern noch mehr, das Material zusammenzutrommeln, das dazu nötig ist. Wer z. B. hat nur den alten G. v. Gülich gelesen, der in seiner trocknen Materialsammlung doch so viel Stoff enthält zur Aufklärung unzähliger politischer Tatsachen!

Übrigens sollte Ihnen doch, glaube ich, das schöne Exempel, das Marx im »18. Brumaire« gegeben hat, schon über Ihre Fragen ziemliche Auskunft geben, grade weil es ein praktisches Beispiel ist. Auch glaube ich im »Anti- Dühring« I, Kap. 9–11 und II, 2–4 sowie III, 1 oder Einleitung und dann im letzten Abschnitt des »Feuerbach« die meisten Punkte bereits berührt zu haben.

Ich bitte, in obigem die Worte nicht auf die Goldwaage zu legen, sondern den Zusammenhang im Auge zu behalten; ich bedaure, nicht die Zeit zu haben, Ihnen so exakt ausgearbeitet zu schreiben, wie ich es für die Öffentlichkeit müsste.

Herrn ..., bitte ich meine Empfehlung zu machen und ihm in meinem Namen zu danken für die Zusendung der ..., die mich sehr erheitert hat.

Hochachtend ergebenst

F. ENGELS

Nach: Der sozialistische Akademiker, Nr. 20, Berlin 1895, in: MEW, Bd. 39, S. 205–207.

Über Engels

Conrad Schmidt: Erinnerungen an Friedrich Engels

Es ist nicht viel, was ich zu berichten hätte, da ich nur einige Monate mit ihm persönlich verkehren durfte, aber dies wenige war für mich von unvergesslicher Bedeutung, und es legt Zeugnis ab vom Wesen und persönlichen Wirken des Mannes.

Als ich auf der Universität Nationalökonomie zu treiben begann, geriet ich gleich zuerst an das marxsche »Kapital«, das ich mit ungeheurem Interesse, wenn auch mit mangelhaftem Verständnisse las. Vor allem blieb mir, der ich unter dem Einfluss der kantischen Philosophie aufgewachsen war; das Wesen der »materialistischen Geschichtsauffassung« im »Kapital« und die Begründung des Sozialismus durch diese Geschichtsauffassung verborgen. Die Ökonomieprofessoren, die ich hörte, hatten erst recht keine Ahnung von diesem Zusammenhang, und so wurzelte sich bei mir die auch heute aus der offiziellen Literatur noch nicht ganz verschwundene Meinung ein, dass Marx den Sozialismus aus seiner Werttheorie gewissermaßen philosophisch deduziere. Durch diese Werttheorie werde die Exploitation von Mehrwert, die Ausbeutung der Arbeiterklasse durch das Kapital, mithin die Ungerechtigkeit der bestehenden Wirtschaftsordnung und die Notwendigkeit ihrer sozialistischen Umgestaltung bewiesen. Doktorarbeiten über soziale Fragen zeichnen sich gerne durch »Objektivität« aus, die bei Licht besehen meist nur naseweise Superklugheit ist. Jedenfalls traf das bei meiner eigenen zu, ich nahm die verschiedenen Lohntheorien vor, konstruierte eine sozialistische Lohntheorie, die ich dann mit wohlwollender Kritik widerlegte. Der Grundgedanke war jenes philosophische Vorurteil, dass Marx den Sozialismus aus seiner Werttheorie ableite. Ich suchte nun zu zeigen, dass diese Ableitung nicht zwingend sei. Kurz, ein Kampf gegen selbstkonstruierte Windmühlen!

Nach dem Examen hatte ich Gelegenheit, auf einige Monate nach London zu gehen. Ich hoffte, dort auch Engels zu sprechen und schickte ihm, als ein ganz Unbekannter, jene Doktorarbeit, von der ich natürlich große Stücke hielt, ein. Der damals 67-jährige Engels hatte wirklich die Geduld und Liebenswürdigkeit, in einem ausführlichen Brief auf meine »Widerlegung« einzugehen, mir die Irrtümer nachzuweisen (fürs erste natürlich ohne Erfolg) und mich in freundlichster Weise einzuladen, ihn zu besuchen, wir würden dann über diese Fragen weitersprechen.

Was ich von London für meine weitere Ausbildung nach Hause gebracht habe, verdanke ich alles ihm. Gleich als ich zum ersten Male ihn in seiner Wohnung aufgesucht hatte, war ich von ihm bezaubert. Nichts in ihm von den Schwächen, die sonst mit großen Leistungen so leicht verbunden sind. Keine Spur gelehrter Pedanterie, von würdevoll und überlegen tuender Zurückhaltung, keine Spur von jener Eitelkeit, die wie der Schatten sonst dem Ruhme folgt. Lustig und angeregt kam mir der 67-Jährige entgegen. Dass ich trank und rauchte, schien seine gute Laune zu erhöhen. Von meiner Arbeit war nicht weiter die Rede; vom Disputieren hielt er wohl nicht viel und ließ mich ruhig meine Gedankenwege weitergehen. Doch er lud mich zum Wiederkommen ein, und von dieser Erlaubnis habe ich denn mit der Unverzagtheit meiner jungen Jahre Gebrauch gemacht. Alle acht oder vierzehn Tage pilgerte ich abends zu seiner Wohnung im Nordwesten hinaus. Einer Augenschwäche wegen hatte ihm der Arzt das Lesen bei Licht verboten, und so durfte ich annehmen, dass meine Besuche ihn wenigstens in seiner Arbeit nicht stören würden.

Unvergesslich sind mir die Stunden, in denen ich ihn so am Kamin plaudern gehört habe. Immer wieder staunte ich über den Riesenumfang seiner Kenntnisse, von welchen er spielend jedem, der ihn hören mochte, gerne mitteilte. Politik, Geschichte, Kriegswesen, Sprachforschung, Gesetzgebung, Parteierinnerungen, Literatur, Naturwissenschaft, Philosophie, alles berührte sein prächtiges Gespräch, und schwer beladen mit einer Unmenge ganz neuer Anregungen trat ich dann gegen Mitternacht meinen dreistündigen Heimmarsch an, voll Dank und Glücksgefühl. Am nächsten Tage schrieb ich das Wesentlichste der Gespräche nieder, und wie oft habe ich diese Notizen noch in späteren Jahren durchgelesen! Ein wunderbarer Hauch von Frische und Glück strömt noch heute aus jenen Zeilen, die an die schöne Zeit erinnern, mir entgegen.

Ich sagte schon, dass Engels über meine Arbeit nicht weitersprach. Er hatte es auch nicht nötig, ganz ungewollt und unbeabsichtigt machte ich unter seinem Einfluss meine sozialistische Häutung still für mich selber durch. Das Wesen der materialistischen Geschichtsauffassung wurde durch seine Gespräche in mir lebendig; ich nahm das »Kapital« von Neuem durch, aber vor allem wirkte ein Büchlein, das Engels einmal aus einem ungeordneten Broschürenhaufen mir herauskramte und mit auf den Weg gab. Es war Engels' berühmter »Anti-Dühring«, den ich, da er unter dem Sozialistengesetz in Deutschland verboten war, bisher noch gar nicht in die Hand bekommen hatte. Was Engels mir über den verkehrten Standpunkt meiner Arbeit zu sagen gehabt hätte, das fand ich alles hier in klassisch-schöner Darstellung vor.

Und was war ich ihm, dem er von allem so verschwenderisch mitteilte? Nichts weiter als ein Unbekannter, der sich für-den Sozialismus interessierte. Aber er geizte nicht mit dem, was er geistig besaß, und wie Lessing streute er unbekümmert seine Saaten aus, wo nur Gelegenheit sich bot. Wie viele junge unbekannte Leute haben gleich mir sich fragend mit Briefen an ihn gewandt, und überall, wo er Interesse ahnte, antwortete er eindringlich, klar, ausführlich. Immer war sein Verstand gerüstet und kommandierte die wunderbare Schar seiner Kenntnisse mit größter Schlagfertigkeit. Was Lafargue einmal von Marx gesagt hat, dass sein Geist einem gewaltigen Kriegsdampfer gleiche, der reisefertig, zu jeder noch so langen Fahrt bereit, im Hafen liege, das galt von Engels auch.

Als ich London verließ, forderte er mich zu meiner großen Freude auf, an ihn auch weiterhin zu schreiben. Er hatte eine mächtig ausgedehnte Korrespondenz, war aber immer bereit, wenn er sich Nutzen davon versprach, dieselbe weiter auszudehnen. So ließ er sich von mir nicht nur über meinen weiteren

Entwicklungsgang berichten, sondern ging auf alles, was ich vorbrachte, in dem Wunsche, zu fördern und aufzuklären, mit der größten Bereitwilligkeit ein. Seine Briefe wie sein Gespräch waren äußerst lebendig und anregend, oft witzig und burschikos im Ausdruck. Wo irgendein Streben ihm ernst erschien, wusste er es merkwürdig anzuspornen und zu ermuntern. Wie viel Zeit und Kraft er in dieser absolut selbstlosen Arbeit aufwandte, wird die Publikation seiner Korrespondenz, die wir erwarten dürfen, zeigen. Eine ungefähre Vorstellung davon gibt bereits der neulich in der *Leipziger Volkszeitung* abgedruckte Brief, der fast drei Spalten des Blattes füllt und in wahrhaft glänzender Weise das Wesen der materialistischen Geschichtsauffassung erläutert. Man staunt, dass ein Mann, der von der öffentlichen Tribüne zu reden gewohnt ist, so viel Kraft an die Aufklärung des Einzelnen zu setzen gewillt war.

Aber es war auch nicht der Ruhm und der Glanz seines Namens, wonach sein Schaffen trachtete. Er hatte im größten Maße jene Bescheidenheit, die im Wirken für die Sache aufgeht und alle Wünsche des Ehrgeizes darüber vergisst. Wo er helfen und fördern konnte, half und förderte er, immer erfreut, wenn er durch seine Kraft die Kräfte anderer stärken konnte. Nur auf das Wirken, nicht darauf, dass das Wirken seinen Namen trug, sah dieser Mann.

Die schönen Worte, mit denen Sombart seine Engels-Artikel in der »Zukunft« schloss, treffen das Wesen von Engels: »Durch alle Bitternisse hindurch war seine Persönlichkeit menschlich und lebenswürdig geblieben. Und das ist ihm vergolten worden. Das klassenbewusste Proletariat vergöttert Lassalle, im Banne seiner glänzenden Persönlichkeit; in tiefer Ehrfurcht bewundert es Marx und blickt zu ihm auf wie zu einem wegweisenden hell glitzernden Stern; Friedrich Engels, soweit es ihn kannte, hat es schon bei seinen Lebzeiten geliebt und verehrt wie einen Freund und Vater. Das macht, er war ein guter Mensch.« [...]

Auszug aus: Mohr und General, Berlin 1983, S. 429–440.

Paul Lafargue: Persönliche Erinnerungen

Ich machte Engels' Bekanntschaft im Jahre 1867, dem Jahre der Veröffentlichung des ersten Bandes des »Kapitals«.

»Ich muss dich jetzt, wo du der Bräutigam meiner Tochter bist, Engels vorstellen«, sagte mir Marx, und wir reisten nach Manchester ab.

Engels lebte mit seiner Frau und deren Nichte, die damals sechs bis sieben Jahre alt war, in einem Häuschen am äußeren Ende der Stadt; einige Schritte weiter befand man sich schon im freien Felde. Er war zu jener Zeit Teilhaber an einem Unternehmen, das sein Vater gegründet hatte. Gleich Marx war er nach der Niederschlagung der Revolution auf dem Kontinent nach London geflüchtet, und er wollte sich ebenso wie dieser völlig der politischen Agitation und den wissenschaftlichen Studien hingeben.

Doch Marx hatte sein Vermögen und das seiner Frau im Sturme der Revolution verloren, und auch Engels besaß keine Hilfsmittel; er musste daher auf Einladung seines Vaters nach Manchester zurückkehren und in dessen Unternehmen die Stellung eines Kommis, die er schon 1843 bekleidet hatte, wieder einnehmen, während Marx durch seine wöchentlichen Korrespondenzen für die New-York Daily Tribune kaum die dringendsten Bedürfnisse seiner Familie zu befriedigen vermochte.

Engels führte von da bis 1870 eine Art Doppelleben: die sechs Wochentage war er von 10 bis 4 Uhr Kaufmann, der hauptsächlich die vielsprachige Korrespondenz des Hauses zu führen hatte und auf die Warenbörse ging; im Mittelpunkt der Stadt hatte er eine offizielle Wohnung, wo er seine Geschäftsfreunde empfing, während er in seinem kleinen Vorstadthäuschen nur seine politischen und wissenschaftlichen Freunde zuließ, unter ihnen der Chemiker Schorlemmer und Samuel Moore, der spätere Übersetzer des ersten Bandes des »Kapitals« ins Englische. Seine Gattin, von irischer Abstammung und eine heißblütige Patriotin, stand in fortgesetzter Verbindung mit Irländern, deren es in Manchester sehr viele gab, und war stets auf dem Laufenden über ihre Komplotte, mehr als ein Fenier fand Unterkunft in ihrem Hause, und ihr verdankte es der Führer des Handstreichs, der die zum Tode verurteilten Fenier auf dem Wege zum Galgen befreien wollte, dass er der Polizei entwischen konnte. Engels, der sich für die Fenierbewegung interessierte, hatte Dokumente zu einer Geschichte der englischen Herrschaft in Irland gesammelt; einige Teile davon müssen niedergeschrieben sein und sich unter seinen Papieren vorfinden.

Wenn er des Abends, befreit von der geschäftlichen Sklaverei, in sein Häuschen heimgekehrt, wieder ein freier Mensch wurde, so führte er tagsüber nicht nur das Geschäftsleben der Industriellen Manchesters, sondern er teilte auch ihre Vergnügungen; er nahm teil an ihren Versammlungen, an ihren Banketten und an ihren Sports. Als vortrefflicher Reiter besaß er ein eigenes Jagdpferd (hunter), um an den Fuchsjagden teilzunehmen; niemals versäumte er, dabei zu sein, wenn Adel und Gentry der Umgebung nach altem feudalem Brauche alle Reiter in der Runde einluden, die Fuchshatz mitzumachen: Er war der ersten einer unter den Eifrigsten bei der Verfolgung, der alle Gräben, Hecken und sonstigen Hindernisse nahm. »Ich fürchte immer eines Tages zu hören, dass ihm ein Unfall zugestoßen ist«, sagte mir Marx.

Ich weiß nicht, ob seine Bourgeoisbekannten Kenntnis von seinem anderen Leben hatten; die Engländer sind so ungemein diskret und so wenig neugierig für alles, was sie nichts angeht, aber auf alle Fälle wussten sie. absolut nichts von den hohen geistigen Eigenschaften des Mannes, mit dem sie täglich verkehrten, denn Engels zeigte ihnen sehr wenig von seinem Wissen. Er, den Marx als einen der gelehrtesten Männer Europas schätzte, war für sie nichts als ein lustiger Kumpan, der einen guten Tropfen zu würdigen wusste. So war die Meinung der Kaufleute von Manchester über ihn, wie sich einer von ihnen Frau Marx gegenüber äußerte. »Engels ist ein frivoler Mensch«, hatte eine Dame 1848 von ihm gesagt. Nie war ein Gelehrter weniger pedantisch als er.

Bis zum Ende seiner Tage ist er der heitere Gefährte, der angenehme Kamerad geblieben. Er liebte stets die Gesellschaft der Jugend, und er war stets ein gastfreier Wirt. Zahlreich sind die Sozialisten Londons, die durchreisenden Genossen, die Flüchtlinge aus allen Ländern, die am Sonntag sich an seinem brüderlichen Tische versammelten, und sie alle verließen sein Haus entzückt von diesen Abenden, die er durch seine hinreißende Lebhaftigkeit, seinen Geist, seine nie alternde Heiterkeit belebte.

Man kann an Engels nicht denken, ohne dass Marx unmittelbar in der Erinnerung auftaucht und umgekehrt: Ihre Existenzen haben sich so ineinander verflochten, dass sie sozusagen ein einziges Leben bildeten; dennoch waren sie stark ausgeprägte und sehr voneinander verschiedene Persönlichkeiten nicht bloß nach der äußeren Erscheinung, sondern auch nach Temperament, Charakter und nach der Art, zu denken und zu fühlen. In den letzten Novembertagen des Jahres 1842 lernten sie sich persönlich kennen, bei einem Besuch, den Engels der Redaktion der *Rheinischen Zeitung* abstattete. Als Marx »eine durch die Zensur verursachte Einstellung der *Rheinischen Zeitung* dazu benutzte, um zu heiraten« und nach Frankreich zu gehen, besuchte ihn Engels im September 1844 auf einige Tage in Paris. »Beide waren«, wie Engels in seiner Biografie von Marx mitteilt, »seit der gemeinsamen Arbeit an den ›Deutsch-Französischen Jahrbüchern‹ in Briefwechsel getreten, und von hier an datiert das Zusammenwirken beider, das nur mit dem Tode von Marx ein Ende nahm.«

Anfang 1845 wurde Marx durch das Ministerium Guizot auf das Verlangen der preußischen Regierung aus Frankreich ausgewiesen und zog nach Brüssel; bald darauf kam auch Engels dorthin, und als die Revolution von 1848 die *[Neue] Rheinische Zeitung* wieder ins Leben rief, war Engels an Marx' Seite und vertrat ihn in der Leitung der Zeitung, wenn dieser abwesend sein musste. Doch gewann Engels trotz seiner geistigen Überlegenheit nicht dieselbe Autorität wie Marx gegenüber seinen

Mitredakteuren, jungen Leuten, die sich alle durch Talent, revolutionären Geist und Kampfesmut auszeichneten. Marx erzählte mir, dass er nach der Rückkehr von seiner Reise nach Wien die Redaktion durch Streitigkeiten zersplittert fand, die Engels nicht hatte beilegen können; die Gegensätze waren so zugespitzt, dass man sie nur durch Duelle lösen zu können glaubte; es hätte seiner ganzen Diplomatie bedurft, um den Frieden wiederherzustellen. Marx war ein geborener Leiter der Menschen; er übte seinen Einfluss auf alle aus, die mit ihm in Verbindung traten. Engels war der Erste, dies anzuerkennen; oft hat er mir gesagt, dass Marx seit seiner frühesten Jugend allen durch die Klarheit und Entschiedenheit seines Charakters imponiert hätte, er war der wahre Führer, in den alle vollstes Vertrauen setzten, selbst bei Dingen, die außerhalb seiner Kompetenz lagen, wie folgende Tatsache beweisen mag. Wolff, dem der erste Band des »Kapitals« gewidmet ist, war in Manchester, wo er wohnte, schwer erkrankt. Die Ärzte gaben ihn auf, aber Engels und seine Freunde wollten den schrecklichen Urteilsspruch nicht glauben und erklärten einstimmig, Marx müsse telegrafisch herbeigerufen werden, um seine Meinung abzugeben.

Engels, der in England gelebt und daselbst die Theoretiker der politischen Ökonomie, die Lage der Arbeiter, die Bedingungen der Großindustrie und die chartistische Bewegung studiert hatte, nahm einen entscheidenden Einfluss auf die geistige Richtung von Marx, der bis dahin sich mehr mit Philosophie, Geschichte, Rechtswissenschaft und Mathematik befasst hatte. Er war die veranlassende Ursache, die diesen bestimmte, sich der politischen Ökonomie zu widmen, von der seine Familie und seine Universitätsprofessoren nur eine sehr geringe Meinung hatten. Bald wurde es Marx klar, dass in den ökonomischen Erscheinungen der Schlüssel zur Geschichte der Gesellschaft und der Ideen zu suchen sei. Engels erzählte mir, dass Marx 1844 in Paris im Café de la Régence, einem der ersten Zentren der Revolution von 1789, ihm zum ersten Mal den ökonomischen Determinismus seiner Theorie der materialistischen Geschichtsauffassung vortrug.

Engels und Marx hatten die Gewohnheit angenommen, zusammen zu arbeiten; Engels, der doch die Genauigkeit bis zum äußersten trieb, konnte dennoch manchmal über die Skrupulosität von Marx ungeduldig werden, der keinen Satz aufstellen wollte, den er nicht auf zehn verschiedene Arten beweisen konnte.

Nach der Niederwerfung der Revolution mussten die beiden Freunde sich trennen. Der eine ging nach Manchester, der andere blieb in London, aber sie hörten nicht auf, in Gedanken miteinander zu leben: Jeden Tag oder doch fast jeden Tag während siebzehn Jahren teilten sie sich durch Briefe ihre Eindrücke und ihre Betrachtungen über die politischen Ereignisse und die Fortschritte ihrer Studien mit. Diese Korrespondenz existiert noch. Engels verließ Manchester, sobald er sich von dem kaufmännischen Joch freimachen konnte, und eilte nach London, wo er sich in Regent's Park Road niederließ, zehn Minuten von Maitland Park, wo Marx wohnte. Jeden Tag gegen 1 Uhr begab er sich zu Marx, und wenn das Wetter schön und Marx disponiert war, so gingen sie zusammen nach der Heide von Hampstead spazieren; wenn nicht, dann blieben sie eine oder zwei Stunden beisammen, um zu plaudern, wobei sie im Arbeitszimmer von Marx auf und ab gingen, der eine in der einen Diagonale, der andere in der anderen. Ich entsinne mich einer Diskussion über die Albigenser, die sich durch mehrere Tage hinzog. Marx studierte eben die Rolle der jüdischen und christlichen Finanzmänner des Mittelalters. In den Zwischenzeiten bis zu ihrem Wiedersehen machten sie Nachforschungen über die strittige Frage, um zum gleichen Resultat zu gelangen. Keine andere Kritik ihrer Gedanken und Arbeiten hatte für sie dieselbe wichtige Bedeutung als ihre wechselseitige: Sie hatten die höchste Meinung voneinander. Marx wurde nicht müde, die Universalität des Wissens von Engels zu bewundern, wie auch seine wunderbare geistige Elastizität, die ihm gestattete, mit Leichtigkeit von einem Gegenstand zum anderen überzugehen, und Engels liebte es, die Macht von Marxens Analyse und Synthese anzuerkennen. »Gewiss«, sagte er mir eines Tages, »wäre man auf jeden Fall dahin gelangt, den Mechanismus der kapitalistischen Produktionsweise zu verstehen und auseinanderzusetzen und die Gesetze ihrer Entwicklung zu entdecken und zu erklären, allein man hätte viel Zeit dazu gebraucht, und die Arbeit wäre Stückwerk und Flickwerk gewesen. Nur Marx allein war imstande, alle ökonomischen Kategorien in ihrer dialektischen Bewegung zu verfolgen, ihre Entwicklungsmomente mit den sie bestimmenden Ursachen zu verbinden und den Bau der Gesamtheit der Ökonomie in einem theoretischen Monument zu rekonstruieren, dessen einzelne Partien sich gegenseitig stützen und beherrschen.«

Doch nicht nur arbeiteten ihre Gehirne gemeinsam, es beseelte sie auch die zärtlichste Zuneigung füreinander: Immer war der eine darauf bedacht, dem anderen eine Freude zu machen; der eine war auf den anderen stolz. Eines Tages bekam Marx einen Brief seines Hamburger Verlegers, der ihm von einem Besuch erzählte, den ihm Engels gemacht, und den er dabei als einen der reizendsten Menschen kennengelernt habe. »Ich wollte den sehen«, rief er sich beim Lesen unterbrechend aus, »der Fred nicht ebenso liebenswürdig als gelehrt findet!«

Alles hatten sie gemeinsam: die Börse und das Wissen. Als Marx mit der Korrespondenz für die *New-York Daily Tribune* betraut wurde, lernte er Englisch: Engels übersetzte seine Artikel, ja schrieb sie sogar, wenn es nötig war. Und als Engels seinen »Anti-Dühring« vorbereitete, unterbrach Marx seine Arbeiten, um für ihn eine ökonomische Abhandlung zu schreiben, von der Engels einen Teil benutzte, wie er öffentlich erklärt hat.

Engels dehnte seine Freundschaft auf die ganze Familie aus; die Töchter von Marx waren seine Kinder, sie nannten ihn ihren zweiten Vater. Seine Freundschaft ging bis über das Grab hinaus. Nach Marx' Tode war nur Engels imstande, seine Manuskripte zu sichten und seine nachgelassenen Werke herauszugeben. Er setzte seine allgemeine Philosophie der Wissenschaften zur Seite, an der er seit mehr als zehn Jahren arbeitete und für die er eine Übersicht über alle Wissenschaften und deren letzte Fortschritte gemacht hatte, um sich ganz der Veröffentlichung der beiden letzten Bände des »Kapitals« zu widmen.

Engels liebte das Studium um des Studiums willen: Ihn interessierten alle Gebiete. Nach der Niederwerfung der Revolution 1849 war er auf ein Segelschiff gegangen, um von Genua nach England zu gehen, da ihm die Reise von der Schweiz durch Frankreich unsicher schien. Diese Gelegenheit hatte er benutzt, um seemännische Kenntnisse zu erwerben; er hatte an Bord ein Tagebuch geführt, worin er die Veränderungen im Stande der Sonne, die Windrichtung, die Beschaffenheit des Meeres usw. notierte. Dieses Tagebuch muss sich unter seinen Papieren finden; denn der bewegliche, ungestüme Engels war methodisch wie eine alte Jungfer. Er bewahrte alles und registrierte es mit der peinlichsten Genauigkeit.

Philologie und Kriegskunst waren seine ersten Lieben gewesen; er wurde ihnen niemals untreu und hielt sich stets über ihre Fortschritte auf dem Laufenden. Die geringfügigsten Details erschienen ihm wertvoll; ich entsinne mich, wie er mit seinem Freunde Mesa, der aus Spanien kam, laut den »Romancero« las, um eine Lektion im Akzentuieren zu nehmen. Seine Kenntnis der europäischen Sprachen, ja sogar der Dialekte, war unglaublich groß. Als ich nach dem Falle der Kommune mit den Mitgliedern des Nationalrats der Internationale in Spanien zusammentraf, erzählten sie mir, dass ein gewisser Angel mich im Sekretariat des Generalrats für Spanien vertrete, der das reinste Kastilianisch schreibe; dieser Angel war der spanisch ausgesprochene Engels; als ich mich nach Lissabon begab, meldete mir Francia, der Sekretär des Nationalrats für Portugal, dass er von Engels Briefe im tadellosesten Portugiesisch bekäme – eine hübsche Leistung, wenn man die Ähnlichkeiten und kleinen Differenzen zwischen den beiden Sprachen untereinander und dem Italienischen bedenkt, das er mit gleicher Meisterschaft beherrschte. Er legte eine gewisse Koketterie darein, den Personen, mit denen er korrespondierte, in ihrer Muttersprache zu schreiben: Er schrieb russisch an Lawrow, französisch an Franzosen, polnisch an Polen usw. Er schwelgte in der Lektüre von Lokaldialekten, er beeilte sich, die populären Schriften von Bignami kommen zu lassen, die im Mailänder Dialekt abgefasst waren. Am Strande von Ramsgate zeigte ein Schaubudenbesitzer, der von einer Menge kleiner Leute aus London umlagert war, einen bärtigen Zwerg in brasilianischer Generalsuniform. Engels sprach ihn portugiesisch, dann spanisch an – keine Antwort. Endlich ließ der General ein Wörtchen fallen. »Aber«, rief Engels aus, »dieser Brasilianer ist ja ein Irländer!« – und er apostrophierte ihn in seinem heimischen Dialekt. Der arme Unglückliche weinte vor Freuden, als er ihn hörte. »Engels stottert in zwanzig Sprachen«, sagte ein Kommuneflüchtling, indem er sich über Engels' leichtes Stottern in Augenblicken der Erregung lustig machte.

Kein Gebiet war ihm gleichgültig; in seinen letzten Lebensjahren begann er Werke über Geburtshilfe zu lesen, weil eine bei ihm wohnende Frau Freyberger sich auf ein medizinisches Examen vorbereitete. Marx warf ihm vor, dass er sich so zersplittere, auf so vielerlei Gegenstände, nur zum Vergnügen, »ohne daran zu denken, für die Welt zu arbeiten«. Er gab ihm den Vorwurf zurück, indem er sagte: »Ich würde mit Vergnügen die russischen Veröffentlichungen über die Lage der Landwirtschaft verbrennen, die dich seit Jahren hindern, das ›Kapital‹ zu vollenden!«

Marx hatte sich nämlich an das Studium der russischen Sprache gemacht, weil einer seiner Freunde, Danielson aus Petersburg, ihm die zahlreichen und dicken Berichte einer landwirtschaftlichen Enquete geschickt hatte, deren Veröffentlichung von der russischen Regierung verboten worden war wegen der schrecklichen Zustände, die sie offenbarten.

Es genügte Engels, seinen Drang nach Erkenntnis zu befriedigen; doch war seine Wissbegierde erst befriedigt, wenn er sich bis ins kleinste Detail zum Herrn des Gegenstandes gemacht, den er studierte. Wenn man sich annähernd eine Vorstellung von der Ausdehnung und der unendlichen Mannigfaltigkeit seiner Kenntnisse gemacht hat und dabei sein tätiges Leben in Betracht zieht, muss man darüber erstaunen, wie Engels, der nichts vom Stubengelehrten an sich hatte, dahin gelangen konnte, eine solche Summe von Wissen in seinem Kopfe aufzuspeichern. Er verband mit einem ebenso sicheren wie umfangreichen und schlagfertigen Gedächtnis sowie mit einer außerordentlichen Schnelligkeit des Arbeitens eine nicht weniger bewunderungswürdige Leichtigkeit der Auffassung. Er lernte schnell und mühelos. In seinen beiden großen hellen Arbeitszimmern, deren Wände von Bücherschränken bedeckt waren, lag kein Schnipfelchen Papier auf dem Boden, und die Bücher, mit Ausnahme von etwa einem Dutzend auf dem Schreibtisch befindlichen, standen alle an ihrem Platze. Diese Räume erschienen eher als Empfangszimmer wie als Studierzimmer eines Gelehrten.

Seine eigene Person war ebenso sorgsam gehalten: Immer stramm und peinlich nett, sah er stets aus, als sei er bereit, bei einer Revue zu erscheinen, wie damals, wo er als Einjährig-Freiwilliger in der preußischen Armee diente. Ich kenne niemand, der so lange dieselben Kleider trug, ohne sie zu zerdrücken oder aus der Form zu bringen. War er für seine Person auch haushälterisch und machte bloß solche Ausgaben, die er für unbedingt nötig hielt, so war er doch von unbegrenzter Freigebigkeit gegenüber der Partei und den Parteigenossen, die in der Not sich an ihn wendeten.

Engels lebte in Manchester, als die Internationale gegründet wurde. Er dachte ziemlich skeptisch über die damaligen Aussichten einer Wiederbelebung der kommunistischen Bewegung, die in der Niederlage der Revolution von 1848 zusammengebrochen war; er hätte sich anfangs wenig dafür interessiert, wäre nicht Marx unter den Begründern der Organisation gewesen, der übrigens auch gezögert hatte, ehe er daran teilnahm. Engels unterstützte die Internationale pekuniär und arbeitete an deren Zeitung *The Commonwealth* mit, die der Generalrat gegründet hatte. Aber nach der deutsch-französischen Kriegserklärung und nach seiner Übersiedlung nach London widmete er sich ihrer Entwicklung mit jenem Eifer, der ihn bei allem auszeichnete, was er unternahm. Der Krieg begeisterte ihn zuerst als militärischen Taktiker; von Tag zu Tag verfolgte er die kriegführenden Armeen, und mehr als einmal kündigte er im Vorhinein die Maßnahmen des deutschen Generalstabs an, wie dies seine Artikel in der *Pall Mall Gazette* bezeugen. Zwei Tage vor Sedan hatte er die Umzinglung der napoleonischen Armee vorhergesagt.[1] Diese Voraussagungen, die übrigens in der englischen Presse viel bemerkt wurden, trugen ihm von Marx' ältester Tochter Jenny den Titel General ein. Nach dem Sturze des Kaiserreichs hatte er nur den einen Wunsch und die eine Hoffnung: den Triumph der französischen Republik. Engels und Marx hatten kein Vaterland; sie waren nach Marx' Ausspruch Weltbürger.

Aus: Mohr und General, Berlin 1983, S. 429–440.

1 Vgl. Friedrich Engels: Über den Krieg – XII, in: MEW, Bd. 17, S. 68–71.

Friedrich Engels, um 1893

Literatur

Werk- und Sammelausgaben

Gustav Mayer: Friedrich Engels. Schriften der Frühzeit. Aufsätze, Korrespondenzen, Briefe, Dichtungen aus den Jahren 1838 bis 1844 nebst einigen Karikaturen und einem unbekannten Jugendbildnis des Verfassers, Berlin 1920.

David Rjazanov (Hrsg.): Friedrich Engels. Werke und Schriften bis Anfang 1844 nebst Briefen und Dokumenten, Berlin 1930.

Hartmut Mehringer/Gottfried Mergner: Friedrich Engels – Studienausgabe, 4 Bände, Reinbek 1973.

Karl Marx/Friedrich Engels: Werke [MEW], 44 Bände, Berlin 1956ff.

Karl Marx/Friedrich Engels: Gesamtausgabe [MEGA^2], Vier Abteilungen, Herausgegeben von der Internationalen Marx-Engels-Stiftung Amsterdam, Berlin 1975ff.

Literatur über Engels

Max Adler: Engels als Denker, in: ders.: Marx und Engels als Denker, Frankfurt am Main 1972 [1920], S. 149–223.

Theodor Bergmann u.a. (Hrsg.): Zwischen Utopie und Kritik. Friedrich Engels – ein »Klassiker« nach 100 Jahren, Hamburg 1996.

Hans-Peter Bleuel: Friedrich Engels. Bürger und Revolutionär, Bern/München 1981.

Willy Brandt: Friedrich Engels und die soziale Demokratie, Bonn 1970.

Auguste Cornu: Karl Marx und Friedrich Engels. Leben und Werk, 3 Bände, Berlin 1954ff.

Helmut Fleischer: Marx und Engels. Die philosophischen Grundlinien ihres Denkens, Freiburg/München 1970.

Heinrich Gemkow: Friedrich Engels. Eine Biographie, Berlin 1972.

Jürgen Herres: Marx und Engels. Porträt einer intellektuellen Freundschaft, Ditzingen 2018.

Helmut Hirsch: Friedrich Engels, Reinbek 1968.

Tristram Hunt: Friedrich Engels. Der Mann, der den Marxismus erfand, Berlin 2012.

Eberhard Illner: Das Textilunternehmen Engels in Manchester, in: Marx-Engels-Jahrbuch 2011, Berlin 2012, S. 94–112.

Manfred Kliem: Ich erinnere mich gern. Zeitgenossen über Friedrich Engels, Frankfurt am Main 1971.

Ders. (Hrsg.): Friedrich Engels – Dokumente seines Lebens 1820–1895, Leipzig 1977.

Gerhard Kluchert: Geschichtsschreibung und Revolution. Die historischen Schriften von Karl Marx und Friedrich Engels 1846 bis 1852, Stuttgart 1985.

Johann-Günter König: Friedrich Engels. Die Bremer Jahre 1838 bis 1841, Bremen 2008.

Klaus Körner: »Wir zwei betreiben ein Compagniegeschäft«. Karl Marx und Friedrich Engels. Eine außergewöhnliche Freundschaft, Hamburg 2009.

Eike Kopf: Marxismus ohne Engels?, Köln 2017.

Michael Krätke: Kritik der politischen Ökonomie heute. Zeitgenosse Marx, Hamburg 2017.

Ders.: Karl Marx' unvollendetes Projekt, Hamburg 2020.

Sven-Erik Liedman: Das Spiel der Gegensätze. Friedrich Engels' Philosophie und die Wissenschaften des 19. Jahrhunderts, Frankfurt/New York 1986.

Hartmut Mehringer/Gottfried Mergner: Debatte um Engels, 2 Bände, Reinbek 1973.

Hans Pelger (Hrsg.): Friedrich Engels 1820–1970. Referate. Diskussionen. Dokumente, Hannover 1971.

Regina Roth: Die Herausgabe von Band 2 und 3 des »Kapital« durch Engels, in: Marx-Engels-Jahrbuch 2012/2013, Berlin 2013, S. 168–182.

Maximilien Rubel: Nach hundert Jahren: Plädoyer für Friedrich Engels, in: Internationale Wissenschaftliche Korrespondenz für die Geschichte der Arbeiterbewegung, 31 (1995), S. 520–531.

Harry Schmidtgall: Friedrich Engels und Manchester, in: MEGA-Studien, 2/1996, S. 16–39.

Ders.: Friedrich Engels und Manchester. Teil II: Die Chartisten und das Fabriksystem, die Lage der Arbeiterklasse, Manchester und seine soziale Exploration, in: MEGA-Studien, 1/1998, S. 64–87.

Richard Sperl (Hrsg.): Friedrich Engels. Biographische Skizzen, Berlin 1967.

Gareth Stedman Jones: Engels und die Geschichte des Marxismus, in: ders., Klassen, Politik und Sprache, Münster 1988, S. 231–275.

Horst Ullrich: Der junge Engels. Eine historisch-biographische Studie seiner weltanschaulichen Entwicklung in den Jahren 1834–1845, Erster Teil, Berlin 1961, Zweiter Teil, Berlin 1966.

Carl-Erich Vollgraf/Richard Sperl/ Rolf Hecker (Hrsg.): Das Spätwerk von Friedrich Engels. Zur Edition in der Marx-Engels-Gesamtausgabe, Beiträge zur Marx-Engels-Forschung Neue Folge 2008, Hamburg 2008.

Jehuda Wallach: Die Kriegslehre von Friedrich Engels, Frankfurt a.M. 1968.

Biografische Daten

28. November 1820 — Geburt von Friedrich Engels in Barmen als Sohn des Baumwollfabrikanten Friedrich Engels und seiner Ehefrau Elisabeth

1834 – September 1837 — Gymnasium Elberfeld; Engels verlässt auf Drängen seines Vaters vorzeitig das Gymnasium.

1837–1841 — Lehre als Handlungsgehilfe im väterlichen Betrieb in Barmen, ab 1838 in Bremen

März – April 1839 — Engels veröffentlicht die »Briefe aus dem Wuppertal« anonym im *Telegraph für Deutschland.*

Herbst 1841 – Herbst 1842 — Militärdienst (als Einjährig-Freiwilliger) in Berlin, Engels besucht Vorlesungen an der Berliner Universität.

April – Dezember 1842 — Korrespondent für die *Rheinische Zeitung*

November 1842 — Erste Begegnung mit Karl Marx in Köln

Winter 1842 – Herbst 1844 — Ausbildung zum Kaufmann und Manager in Manchester

Anfang 1843 — Engels lernt Mary Burns kennen.

Ende August 1844 — Engels unterbricht seine Rückreise von Manchester nach Elberfeld in Paris und besucht dort Marx. Beginn ihrer lebenslangen Freundschaft und Zusammenarbeit.

1844–1845 — Engels schreibt in Barmen sein Buch über die »Lage der arbeitenden Klasse in England«.

Februar 1845 — Als erstes Gemeinschaftswerk von Marx und Engels erscheint die »Heilige Familie«.

Juli – August 1845 — Gemeinsame Reise von Marx und Engels nach London und Manchester

1847–1848 — Engels in Brüssel und Paris

Januar 1847 — Engels wird Mitglied des Bundes der Gerechten.

Oktober 1847 – Februar 1848 — Marx und Engels arbeiten am »Manifest der Kommunistischen Partei«.

1848–1849 — Redakteur der *Neuen Rheinischen Zeitung* mit Marx als Chefredakteur

Mai – Juli 1849 — Engels nimmt am Elberfelder und Badischen Aufstand teil; nach deren Niederschlagung Emigration über die Schweiz und Frankreich nach London.

1850 — Umzug nach Manchester und Anstellung in der Firma Ermen & Engels

1853 — Engels wird Mitglied der Börse von Manchester.

1860 — Engels wird Prokurist der Firma Ermen & Engels.

März 1860 — Engels' Vater stirbt, Engels kehrt zum ersten Mal seit 1849 nach Barmen zurück.

Januar 1863 — Tod von Mary Burns

1864 — Engels wird Teilhaber der Firma Ermen & Engels.

1865 — Engels wird Mitglied der Internationalen Arbeiter-Assoziation.

14. September 1867 — Der erste Band von Marx' »Kapital« erscheint in Hamburg.

20. September 1870 — Friedrich Engels übersiedelt mit Lydia Burns nach London.

1870–1871 — Deutsch-Französischer Krieg – Engels schreibt darüber 59 Artikel in der *Pall Mall Gazette*.

1870–1872 — Mitglied im Generalrat der ersten Internationalen Arbeiterassoziation

1873–1883 — Friedrich Engels arbeitet mit Unterbrechungen an Studien zur Entwicklung der modernen Naturwissenschaften und zur Wissenschaftstheorie.

September 1878 — Engels zweite Frau, Lydia Burns, stirbt. Engels heiratet sie einen Tag vor ihrem Tod

Dezember 1881 — Marx' Frau Jenny stirbt, Engels hält die Grabrede.

14. März 1883 — Marx stirbt in London.

Juli 1885 — Der zweite Band des marxschen »Kapital« erscheint, herausgegeben von Engels.

August – September 1888 — Reise in die USA und nach Kanada

August – September 1893 — Engels reist nach Deutschland, in die Schweiz und nach Österreich und nimmt als Ehrenpräsident am Internationalen Sozialistischen Arbeiterkongress in Zürich teil.

Dezember 1894 — Der dritte Band des marxschen »Kapital« erscheint in Hamburg, herausgegeben von Engels.

Januar 1895 — Engels beginnt mit der Vorbereitung einer Marx-Gesamtausgabe.

5. August 1895 — Engels stirbt in London.

Der Herausgeber

Michael Krätke (*1949) studierte Politikwissenschaften, Soziologie und Ökonomie an der FU Berlin und gehört zu den profiliertesten Engels-Kennern. Er war Professor für Politische Ökonomie an der Universiteit van Amsterdam und an der Lancaster University. Er ist Mitherausgeber verschiedener Zeitschriften (u. a. *spw – Zeitschrift für sozialistische Politik und Wirtschaft)* und Buchreihen (Historical Materialism) sowie Mitglied in den wissenschaftlichen Beiräten der »Beiträge zur Marx-Engels-Forschung. Neue Folge«, der Rosa-Luxemburg-Stiftung und von Attac Deutschland.

Er schreibt regelmäßig als Wirtschaftsjournalist für die Wochenzeitungen *Freitag* und *WOZ*. Zuletzt erschien von ihm »Kritik der politischen Ökonomie heute. Zeitgenosse Marx« im VSA-Verlag. Dort erscheint demnächst auch sein Buch »Karl Marx' unvollendetes Projekt: Was tun mit dem ›Kapital‹ im heutigen Kapitalismus?«.